侯鲜明 著

国际货物贸易法理论和实践问题研究

GUOJI HUOWUMAOYIFA LILUN HE
SHIJIAN WENTI YANJIU

中国政法大学出版社

2023·北京

图书在版编目（ＣＩＰ）数据

国际货物贸易法理论和实践问题研究/侯鲜明著.—北京：中国政法大学出版社，2023.8
ISBN 978-7-5764-1071-6

Ⅰ.①国… Ⅱ.①侯… Ⅲ.①国际贸易－贸易法－研究 Ⅳ.①D996.1

中国国家版本馆 CIP 数据核字(2023)第 164168 号

出 版 者　　中国政法大学出版社

地　　址　　北京市海淀区西土城路 25 号

邮寄地址　　北京 100088 信箱 8034 分箱　邮编 100088

网　　址　　http://www.cuplpress.com (网络实名：中国政法大学出版社)

电　　话　　010-58908586(编辑部) 58908334(邮购部)

编辑邮箱　　zhengfadch@126.com

承　　印　　固安华明印业有限公司

开　　本　　720mm×960mm　1/16

印　　张　　13.5

字　　数　　240 千字

版　　次　　2023 年 8 月第 1 版

印　　次　　2023 年 8 月第 1 次印刷

定　　价　　59.00 元

前　言

国际贸易由来已久，源远流长，是国际经济活动不可缺少的重要组成部分。国际贸易法是国际经济法中最古老、最成熟，同时也是发展最快的一个分支。随着经济全球化的发展和世贸组织多边贸易体制的建立，国际贸易法的发展又取得了新的突破，它所调整的范围已经从传统的货物贸易领域扩展至技术贸易、服务贸易等领域。形成的有关国际贸易管理和规则的规范，已得到国际社会的普遍遵守。然而，近年来贸易保护主义、单边主义抬头，逆全球化潮流若隐若现，多边贸易体制遭遇困境。种种迹象表明，第二次世界大战以来逐步建立的国际贸易法治正面临前所未有的危机。

我国改革开放四十多年，经济发展取得显著成就，对外贸易快速增长并成长为世界第一大货物贸易国。随着经济实力的上升，我国也积极参与国际贸易规则的制定。我国经济和对外贸易的迅猛发展有力地推动了国际贸易法学研究的繁荣。改革开放四十多年来，尤其我国加入世贸组织以来，国内外关于国际贸易法，特别是关于世贸组织法和我国对外贸易法的研究成果如雨后春笋，源源问世。

本书选取传统的国际货物贸易法作为研究对象，分为六个章节展开分析论述。第一章从基本概念入手，分析国际贸易法的渊源，考察国际贸易法的历史发展。第二章是有关国际货物贸易的重要法律与惯例，对于在当今国际货物贸易中起着调整或促进作用的《联合国国际货物销售合同公约》《国际商事合同通则》和《国际贸易术语解释通则》进行详细阐述与分析。第三章探讨国际货物贸易合同的有关问题，介绍国际货物贸易合同成立过程中的要约和承诺，围绕《联合国国际货物销售合同公约》，着重分析国际货物贸易合同中的风险转移问题。国际货物运输是国际贸易的重要组成部分，本书以历史最悠久、法律规定最为全面的海上运输为重点，在第四章对海上货物运输的三部国际公约进行对比分析，并探讨国际货物运输的世纪公约——《鹿特丹规则》。第五章围绕有关国际货物贸易支付的法律与惯例，重点讨论托收、信用证和国际保理等支付方式的理论及实践中的法律问题。世贸组织作为当今唯一的协调和管理国际贸易关系的全球性国际经济组织，其法律体系庞大，内容丰富。第六章选取世贸组织制度中最核心、最独特的内容——争端解决机制，重点分析争端解决机制的性质，探讨近年来逆全球化趋势下争端解决机制面临的危机和改革问题。

　　本书紧跟国际货物贸易法的发展趋势，在广泛查阅和吸收大量国内外文献资料和最新研究成果的基础上，对选取的国际货物贸易法相关问题进行较系统的深入分析，内容丰富新颖。当然，该研究成果只是笔者从自己的经验和认知角度对国际货物贸易法的一种诠释。由于笔者时间、精力和能力的局限，有些内容的研究未能深入或者涉及，也难免存在缺陷或不足，恳请读者批评指正。如果该研究成果能够成为读者评判的对象从而能加深读者对国际货物贸易法的学习和认识，笔者将深感荣幸；如果对该研究成果的批评有理有据从而能让笔者获得新知，笔者将深表谢意。

侯鲜明

2023 年 3 月

目 录

第一章

国际贸易法的概念和历史

国际贸易法是国际经济法中最古老、最成熟，同时也是发展最快的一个主要分支。随着 1995 年 1 月 1 日世界贸易组织（WTO）的正式建立和全球经济一体化的飞速发展，国际贸易法的发展又取得了新的突破，进入一个新阶段。它所调整的范围已经从传统的货物贸易领域扩展至技术贸易、服务贸易等领域。为了更好地了解国际贸易法，本章将从国际贸易法的概念入手，分析其法律渊源，并梳理其历史发展。

一、国际贸易法的概念界定

什么是国际贸易法？许多学者都试图通过揭示国际贸易法的概念来简要回答。国际贸易法的概念，应能体现国际贸易法的内涵和外延。有学者认为，"国际贸易法是调整国际贸易领域中各种经济关系的法律规范的总和"。[1]有学者认为，"国际贸易法是调整各国之间的贸易关系以及与贸易有关的其他各种关系的法律规范的总和"。[2]也有学者认为，"国际贸易法是调整各国之间商品、技术、服务以及与这种交换关系有关的各种法律制度与法律规范的总和，包括国际条约、国际商业惯例以及各国有关对外贸易方面的法律、制度、法令与规定"。[3]还有学者认为，"国际贸易法是调整国与国之间的货物贸易、技术贸易和服务贸易关系以及与这些贸易关系有关的法律规范的总和"。[4]

---

[1]　陈安主编：《国际贸易法》，鹭江出版社 1987 年版，第 1 页。
[2]　冯大同编著：《国际贸易法》，北京大学出版社 1995 年版，第 1 页。
[3]　王传丽：《国际贸易法——国际货物贸易法》，中国政法大学出版社 1999 年版，第 13 页。
[4]　沈木珠：《国际贸易法研究》，法律出版社 2002 年版，第 1 页。

可以看出，学者们对国际贸易法基本概念的描述大致是相同的，都在于说明和揭示：（1）国际贸易法是一系列法律规范和法律制度的总和；（2）这些法律规范和法律制度调整的是国际货物贸易、国际技术贸易和国际服务贸易的交换关系；（3）与国际货物贸易、国际技术贸易和国际服务贸易交换关系有关的其他各种关系，如运输、保险、支付、争端解决等都属于国际贸易法的调整范围。这也就是国际贸易法的基本含义，因此，我们不再另辟蹊径给国际贸易法下一个所谓的"定义"。

任何法律部门都有自己的调整对象，而法律的调整对象就是法律所调整的社会关系。国际贸易法的调整对象就是国际贸易关系，即各国之间的货物贸易关系、技术贸易关系、服务贸易关系以及与这些贸易关系相关联的其他各种关系，这些关系均是因国际贸易法的主体包括国家、国际经济组织、营业地位于不同国家的法人和自然人从事上述管理协调活动或从事贸易交换活动以及其他活动而产生的。

从国际贸易法调整的关系来看，其所涉及的范围极为广泛和复杂，因此，调整这些关系的法律规范也是丰富多样的。一般认为，国际贸易法的调整范围包括：（1）关于国际货物买卖以及与之密切相关的国际货物运输与保险、国际贸易支付等方面的法律规范；（2）关于国际技术贸易包括有关专利、专有技术、商标、版权等的跨国转让和国际保护方面的法律规范；（3）关于国际服务贸易方面的法律规范；（4）关于各国政府与国际组织管理对外贸易方面的法律规范，例如各国颁布实施的外贸法、海关法、关税法、外汇管理法、反倾销法、反补贴法、保障措施法、反垄断法等，世界贸易组织以及一些区域性国际组织所缔结的一系列规范国际贸易活动的公约、协定等；（5）关于解决国际贸易争端方面的法律规范。

鉴于国际贸易法体系庞大，内容丰富，本书主要围绕国际贸易的核心部分，即国际货物买卖以及与之相关的运输、支付和争端解决等方面的法律制度进行阐述。

二、国际贸易法的渊源探寻

"法的渊源"一词可以在多种意义上使用，其实质渊源是指法的效力产生的根据，其形式渊源是指法的规范的表现形式，其历史渊源是指法的规范第一次出现的处所。此处"法的渊源"主要是指法的形式渊源，即那些具有法的效力作用和意义的法的外在表现形式。[1]研究国际贸易法的渊源,不仅可以丰富国际贸易法基本理论,还有助于更全面地理解国际贸易法的体系,促进国际贸易法在司法实务中的有效实施。国际贸易法的渊源既包括国内法方面的渊源,又包括国际法方面的渊源。国内渊源主要是各国的国内立法,有些国家还包括法院判例;国际渊源包括国际贸易条约、国际贸易惯例以及重要国际组织关于国际贸易方面的规范性决议。

(一)国际贸易条约

国际贸易条约是国家之间、国际组织之间或国家与国际组织之间为确定彼此间的经济权利义务关系而达成的协议。虽然条约出现的历史久远,但在相当长的历史时期内,国际法中并没有专门调整国际贸易关系的国际条约,国际贸易关系最初是由综合性的国际条约调整的。随着国际贸易的不断发展,从18世纪开始,国际上逐渐出现了一些专门调整国际贸易关系的国际条约。

现行国际贸易条约,依据规范性质的不同,可以分为公法性贸易条约和私法性贸易条约。公法性贸易条约是协调国家之间对外贸易管理的政策措施的条约,例如WTO《反倾销协定》。私法性贸易条约是国家之间为促进彼此间的对外贸易,统一彼此间的商事交易规则,消除国内法的分歧而参加或缔结的国际条约,其实质是缔约国就私法领域的某个或者某些问题共同进行的统一立法,例如1980年《联合国国际货物销售合同公约》,1924年《统一提单的若干法律规则的国际公约》等。依据缔约方的数目,国际贸易条约可以分为双边条约和多边条约。双边贸易条约是由两个国家签订的,是确定两国间经济贸易关系的重要依据。多边贸易条约是由许多国家通过参加国际组织或者国际会议而共同制定的国际条约。多边贸易条约的名称主要有"公约""协定""条约""议定书""宪章"等。

目前在国际贸易法领域,常见的多边贸易条约主要有:在国际贸易管理方面,主要有《国际货币基金协定》(1944年)、《马拉喀什建立世界贸易组织的协定》(1994年)及其附件中的相关协定等。在国际货物买卖方面,主要有《联合国国际货物销售合同公约》(1980年)、《国际货物买卖合同成立统一法公约》(1964年)、《国际货物买卖时效期限公约》(1974年)、《国际货物销售代理公约》(1983年)和《国际货物买卖合同法律适用公约》(1985

---

[1] 张文显主编:《法理学》,法律出版社1997年版,第77页。

年）。在国际货物运输方面，主要有《统一提单的若干法律规则的国际公约》
（1924 年）、《修改统一提单的若干法律规则的国际公约的议定书》（1968 年）、
《联合国海上货物运输公约》（1978 年）、《联合国国际货物多式联运公约》
（1980 年）、《联合国全程或部分海上国际货物运输合同公约》（2008 年）、
《统一国际航空运输某些规则的公约》（1929 年）、《统一非缔约承运人所履行
国际航空运输某些规则以补充华沙公约的公约》（1961 年）、《国际铁路货物
运输公约》（1938 年）、《国际铁路货物联运协定》（1951 年）、《联合运输单
证统一规则》（1973 年）等。在国际贸易支付方面，有《统一汇票与本票法
公约》（1930 年）、《统一支票法公约》（1931 年）和《联合国国际汇票和国
际本票公约》（1988 年）等。在技术贸易领域，也即与贸易有关的知识产权
条约主要有《保护工业产权巴黎公约》（1883 年）、《国际商标注册马德里协
定》（1891 年）、《保护文学艺术作品伯尔尼公约》（1886 年）、《保护表演者、
唱片制作者和广播组织罗马公约》（1961 年）、《专利合作条约》（1970 年）、
《世界版权公约》（1952 年）、《关于集成电路的知识产权条约》（1989 年）、
《与贸易有关的知识产权协定》（1994 年）和《世界知识产权组织版权公约》
（1996 年）等。在服务贸易方面，主要有 WTO 体制下的《服务贸易总协定》
（1994 年）及以后通过的有关服务贸易的各项具体协议等。在解决国际贸易
争议方面，有《关于争端解决规则与程序的谅解》（1994 年）、《承认及执行
外国仲裁裁决公约》（1958 年）、《联合国国际贸易法委员会调解规则》（1980
年）等。

　　国际贸易条约是国际协调意志的体现，根据"条约必须信守"这一古老
的原则，各缔约国的国内法应当与本国缔结或者参加的国际条约保持一致。
原则上，条约只对缔约国具有约束力，但根据条约的措辞和目的，其某些条
款也可以是"自我执行"的。相应地，有关国内法院必须确保该条约义务在
本国得以履行，此时该特定条款就成了"可直接适用"条款而具有"直接效
力"。[1]还有一些重要的国际贸易条约也规定了在一定条件下对缔约国和非缔
约国之间的贸易关系也有效，例如 1980 年《联合国国际货物销售合同公约》
不排除依据国际私法中的准据法规则适用于缔约国与非缔约国之间，甚至非

---

〔1〕 单文华主编：《国际贸易法学》（上册），北京大学出版社 2000 年版，第 14 页。

缔约国之间的国际货物买卖行为。[1]

（二）国际贸易惯例

国际贸易惯例是指在长期的国际贸易交往中逐渐形成的，经过反复使用而被国际贸易交易的参加者承认并遵守的习惯做法或通例。国际贸易惯例不仅为国际贸易活动提供了统一的交易规则，而且也为国家单独或集体进行国际贸易立法提供了范例或者素材。

作为国际贸易法的渊源，国际贸易惯例具有以下特点：其一，普遍接受性。普遍接受要求国际贸易惯例有一个长期的反复使用过程才能形成。正如英国学者施米托夫所言，它常常始于一些有影响的企业的商业活动过程，而后成为建立在共同行为基础上的特定贸易中的一般做法，进而发展成为贸易习惯性做法，最终取得了稳定性的惯例的地位。[2]其二，确定性。成文的国际贸易惯例都是实体性规则，含有明确的权利和义务的规定，内容十分具体，能够判定特定交易中当事人的权利义务关系，是解决国际贸易纠纷的重要依据。其三，任意性。国际贸易惯例不是法律，对当事人不具有强制性。通常只有当事人在合同中明确约定适用惯例时，才对当事人具有法律约束力。即使当事人选择适用某一贸易惯例，还可以通过协商对惯例的内容进行相应的修改和增减。

国际贸易惯例是国际贸易中的一种特殊行为规范，它不是法律，不具有法律所具备的普遍约束力，但在国际商业社会中又可以起到一定的、不完全的法律调节作用。这些作用只限于国际商业交往，只限于国际贸易当事人之间的相互约定。目前，国际贸易惯例的主要形式有两种：一种是有影响力的国际组织或民间商业团体编纂成文的国际贸易惯例。例如，国际统一私法协会制定的《1932 年华沙—牛津规则》和《国际商事合同通则》（2010 年）、国际海事委员会制定的《约克—安特卫普规则》（2004 年）、国际商会编纂制定的《跟单信用证统一惯例》（2006 年）和《国际贸易术语解释通则》等，这些规则都已得到各国的普遍承认与采用。另一种是各类贸易协会、行业公会、专业团体以及某些国际组织制定的国际标准合同和标准合同条款。国际

---

〔1〕　丁伟主编：《国际贸易法》，中国政法大学出版社 2006 年版，第 7 页。

〔2〕　［英］施米托夫：《国际贸易法文选》，赵秀文选译，中国大百科全书出版社 1993 年版，第 7 页。

标准合同中数量最多的是由各类贸易协会制定的标准合同，例如国际油、油籽和油脂协会（FOSFA）、谷物及饲料贸易协会（GAFTA）、国际毛纺织组织（IWTO）、国际棉花协会（ICA）等制定的有关本行业商品交易的标准合同。而标准合同条款则是这类行业协会或国际组织将有关商品交易合同中经常使用的那部分条款标准化，以供当事人在合同中约定采用。由于这些标准合同或标准合同条款在有关商品交易中被广泛采用，因此逐渐产生了行业惯例的约束效力。

（三）国际贸易判例

国际贸易判例作为国际贸易法的渊源，在英美法系国家与大陆法系国家的认识并不一致。在英美法系国家，上级法院作出的判决对下级法院具有判例作用，在以后的类似案件中，下级法院要遵循该判例进行审判。所以，判例是这些国家的法的重要渊源。在不少著名的案例中，法官归纳总结出了一系列法律原则，对国际贸易活动产生了深刻影响。而在大陆法系国家，一般视成文法为法律渊源，并不承认判例是法律渊源。在国际层面上，WTO 争端解决机制虽未明确提出遵循判例的原则，但在争端解决实践中，专家组和上诉机构经常引用争端解决机构以往通过的具有裁决效力的报告内容作为判断或解释当前案件的依据，从而形成类似国内法中的判例。[1]国际法院在审理案件时也常将判例所确定的原则运用到审判当中。可见，司法判例在国际贸易法的渊源中是不可缺少的一部分内容。

因此，无论不同国家的观点和做法如何，一些权威性的国际仲裁机构作出的国际贸易仲裁裁决和国内法院作出的国际贸易判例，均对后来的裁决和判决具有约束作用，因此说国际贸易判例是国际贸易法的又一渊源并不无道理。即使大陆法系国家也不得不承认国际贸易判例在英美法系国家的重要地位。其实，当大陆法系国家的法官在审理国际贸易纠纷案件时，如果参考或采纳了同类判例，则该类判例实际上就起到了法律的作用。因此重要的国际贸易判例的影响力是不容忽视的。

（四）国内立法

从前面论述以及学者的观点可知，国际贸易条约和国际贸易惯例是现代国际贸易法的主要渊源。但是，从国际社会现存的国际贸易条约和国际贸易

---

〔1〕 朱榄叶主编：《国际经济法学》，北京大学出版社、上海人民出版社 2005 年版，第 25 页。

惯例所调整的范围可以看出，它们并不足以涵盖和规范国际贸易各个领域中的所有问题。国际贸易条约必须由各国采纳才能约束当事人，而迄今为止尚无任何一项国际贸易条约在国际范围内获得普遍接受，即使已经加入了国际贸易条约的各成员方，为了本国利益都会尽力利用有关公约的不足或空缺以国内立法方式加以规定；而国际贸易惯例需要当事人明示或默示选择才会对有关当事人有效。因此，在处理许多与国际贸易有关的法律问题时，仍然需要适用各国国内法中的专门规定，故国内立法作为国际贸易法的渊源之一是显而易见的。

国内立法作为国际贸易法的渊源，通常是各国制定的关于调整本国对外贸易关系的法律规范。由于国际经济的发展，一国为了便于进行对外贸易活动，往往采纳国际上通行的做法或规定，再结合本国国情，从而制定本国专门适用于对外贸易关系的法律法规，如对外贸易法、外汇管理法、海关法、进出口许可证法、商品检验检疫法、反倾销法、反补贴法等，这些法律法规当然成为国际贸易法的重要国内渊源。此外，有些既调整涉外民商事又调整国内民商事的法律法规，如专利法、版权法、商标法、合同法等，也是国际贸易法的国内渊源。

作为国际贸易法渊源的国内立法按照性质不同可以分为两类：一类是调整横向的国际贸易交易关系的私法规范。这类规范属于任意性规范，主要调整平等主体建立在合同基础之上的国际贸易交易关系。这类规范既包括合同法、公司法、保险法、海商法、票据法、代理法等民商事领域的实体法规范，也包括国际民事诉讼、国际商事仲裁等程序性规范。作为任意性规范，双方当事人可以通过约定排除适用，例如可以在不违反强行性规范的条件下约定不适用某一特定国家的实体法。在国际商事仲裁中，在仲裁规则允许的情况下，双方当事人也可以选择适用约定的程序规则。[1]另一类是调整纵向的国际贸易管理关系的公法规范。这类规范属于强制性规范，主要是调整国家外贸管理机关、业务主管部门与从事对外贸易活动的当事人在对外贸易活动中所发生的管理关系，如进出口许可证、关税、商检及货物监管、外汇管理、反倾销等。作为强制性公法规范，当事人不能通过约定加以排除。一般而言，这类公法规范只能在其本国范围内适用，但在一定条件下还可能在其领土之

---

〔1〕　丁伟主编：《国际贸易法》，中国政法大学出版社 2006 年版，第 9 页。

外适用，即所谓的"域外适用"（extraterritorial application）。例如，美国 1996 年出台的《赫尔姆斯—伯顿法》第 3 条规定，如果外国公司与利用古巴革命后没收的个人财产组建的古巴企业进行贸易与投资活动，这些财产的原所有者可以通过美国法院对这些外国公司提起诉讼，要求赔偿损失。[1]

（五）国际组织决议

在现代国际贸易法律制度中，国际组织特别是普遍性的国际组织在其职权范围内根据国际法一般原则作出的有关国际贸易问题的决议，在国际贸易法中的渊源地位正在得到巩固和提升。例如，1974 年 5 月 1 日联合国大会第六届特别会议通过的《建立国际经济新秩序宣言》和《建立国际经济新秩序行动纲领》所确立的建立国际经济新秩序的基本原则，1974 年 12 月 12 日联合国大会第 29 届会议通过的《各国经济权利和义务宪章》所确立的国家经济主权原则等，均已被国际社会公认，具有国际法的效力。诸如此类的决议对国际条约的制定均起指导性作用，因而它们也都是国际贸易法渊源中一个不可分割的组成部分。但应当明确指出，并不是所有的国际组织的决议都能够成为国际贸易法的渊源，只有那些符合国际法公认的准则，能够反映国际贸易法原则、规则和制度，在国际贸易法中发挥重要作用的国际组织的决议才是国际贸易法的渊源。

三、国际贸易法历史发展之考察

国际贸易法是在一定的历史条件下产生并逐渐发展起来的，它的产生可以追溯到古希腊时期的罗得法，古罗马时期的万民法以及中世纪的商人法。19 世纪末 20 世纪初，国际社会出现了对国际贸易法的统一与编纂工作。但是作为国际经济法的一个分支，国际贸易法体系的建立则是在第二次世界大战以后，在联合国国际贸易法委员会主持下对国际贸易法进行系统编纂的基础上日益发展与健全起来的。因此，归纳起来，到目前为止，国际贸易法经历了萌芽、形成、国内化与统一化四个阶段。

（一）国际贸易法的萌芽：从罗得法到罗马法

早在公元前 1200 多年前，地中海地区就出现了国际贸易活动。当时腓尼

---

[1] 薛荣久、崔凡：《经贸竞争与合作——国际经贸关系的构筑与维护》，中国经济出版社 1997 年版，第 88 页。

基人（Phoenicians）和希腊人创造了最早的海上殖民帝国，建造了众多复杂的港口进行商品贸易。[1]其活动范围不断拓展，至公元前 10 世纪左右，推进到了西欧与北非。此后，希腊曾长期称雄地中海地区的国际贸易，直到公元 1 世纪初，其地位才逐渐为罗马帝国所取代。在长期的贸易实践中，各国商人约定俗成，逐步形成了处理国际贸易关系的各种习惯和规则。这些习惯和规则有的由有关国家的法律加以吸收，成为处理涉外商务的成文规则，多数则由各种商人法庭援引作为处理国际商务纠纷的断案依据，日积月累，逐步形成为具有约束力的判例法或习惯法。这些商法规则与商事惯例可以说是国际贸易法的最初萌芽。[2]其中，腓尼基人发展了世界上最早的海商法，也可以说是发展了世界上最早的国际贸易法。

此后，希腊的雅典和罗得岛（Rhodes）是新兴的海商贸易中心，其海上贸易惯例与立法也有相当的发展。例如，在希腊法律中就已有关于"海商借贷"（maritime loan）即以海运货物提单作为抵押借贷的规定，而位于地中海东部的罗得岛更是当时亚非欧海上交通要冲与国际贸易的中心。这一时期发展起来的商事惯例不仅为商人与商事法庭所频繁援引，更被汇辑成法典，这就是传说中的"罗得法"（Lex Rhodia）。尽管其具体内容已难以查考，但罗得法的权威性与国际性却得到广泛承认。

在罗马法中，有市民法与万民法之分。其中，万民法支配着罗马境内绝大多数类型商业交易，尤其是那些涉及远距离货物运输的商业交易。有关这方面的贸易纷争，均由"外事裁判官"审理。罗马的法学家以及裁判官往往将买卖、雇佣、合伙及商务等重要的商事契约划归万民法调整。罗马时期逐步形成的船东对船长签订的契约负责的制度、船长对旅客行李及托运货物所受损害承担赔偿责任的制度等，开创了后世国际贸易中代理制度和有关损害赔偿制度的先河。[3]作为商品生产者社会的第一个世界性法律，罗马法对后世各国法律影响至深，在国际贸易法方面也不例外。事实上，欧洲中世纪的商人法在很大程度上正是"得益于反映在优士丁尼安法律文本中的罗马法"。[4]

---

〔1〕　[美] 林肯·佩恩：《海洋与文明》，陈建军、罗燚英译，天津人民出版社 2017 年版，第 81 页。

〔2〕　曾华群：《国际经济法导论》，法律出版社 1997 年版，第 2 页。

〔3〕　陈安主编：《国际经济法学专论》（上编：总论），高等教育出版社 2006 年版，第 31 页。

〔4〕　Harold J. Berman, *Law and Revolution*, Harvard University Press, 1983, p. 339.

然而，无论是在罗得法中，还是在罗马法中，商法都没有成为与普通法相对的特别法，更没有成为一个特别的法律体系。罗马法本身就是一个商法化了的法律体系，它是法学家们对流行于地中海的商事习惯等整理编纂的产物，已完全可以满足商业发展的需要，因而没有感到有必要在普通法律之外另行制定一套特别商法。因此，这一时期只能看作是国际贸易法的萌芽阶段，有关法律与惯例为中世纪商人法的形成与发展奠定了基础。

（二）国际贸易法的形成：中世纪的商人法

10 世纪晚期至 12 世纪，西欧农业生产迅速发展，城市的规模和数量急剧扩大并增加。同时还出现了一个新的职业商人阶层，他们在乡村与城市从事大规模的商业交易。[1]然而，"无论是重新发现的罗马市民法，还是仅仅残存的罗马习惯法，包括万民法，都不足以应付在 11 世纪晚期至 12 世纪出现的各种国内和国际商业问题"。[2]同时，商人们通过长期的实践，逐步自发地形成了一些习惯做法与规则。这种商业习惯做法与规则最初出现于威尼斯，后来随着航海贸易的发展逐步扩展到西班牙、法国、德国及英国，其主要内容涉及货物买卖合同的标准条款、两合公司、合伙、代理、海上运输与保险、汇票以及破产程序等。[3]例如，在 13 世纪产生了对后世影响极大的三部海法：一是《巴塞罗那海法》，也称《康索拉多海法》（Lex Consolato）。它是 13 世纪至 14 世纪在西班牙巴塞罗那地方根据当时的海事习惯所汇编而成的，属于当时西班牙、法国、意大利以及地中海沿岸各港口所通行的海事习惯的一种综合汇辑，被后世称为国际法与国际私法的渊源。二是《奥列隆法典》（Lex OLeron），也称《海事判例集》。它产生于 13 世纪，收集了 12 世纪该岛国际海事法庭的判决书和所适用的习惯法，因此亦称《奥列隆裁判录》。三是《维斯比海法》（Law of Wisby），它是 14 世纪至 15 世纪在瑞典的维斯比城编纂的。该法以《奥列隆法典》为蓝本，在继承该惯例的基础上，适用于波罗的海和北海沿岸地区，在 17 世纪至 19 世纪时以不同的文本印发，广泛流传。

大约在 11 世纪至 15 世纪间，地中海沿岸和北大西洋沿岸出现了各种商

---

〔1〕 [美] 哈罗德·J. 伯尔曼：《法律与革命——西方法律传统的形成》，贺卫方等译，中国大百科全书出版社 1993 年版，第 413 页。

〔2〕 [美] 哈罗德·J. 伯尔曼：《法律与革命——西方法律传统的形成》，贺卫方等译，中国大百科全书出版社 1993 年版，第 420 页。

〔3〕 沈达明、冯大同编著：《国际贸易法新论》，法律出版社 1989 年版，第 2 页。

业行会，这些行会采用各种商业习惯做法来调整有关的贸易关系、解决贸易纠纷。17 世纪中叶以前的这种"事实上支配那些往返于商业交易所在文明世界的各港口、集市之间的国际商人团体普遍适用的一整套国际习惯法规则"，就是中世纪商人法（Law Merchant），或称旧商人法。可见，"中世纪商人法是为了弥补国家法律不完善而发展起来的"。[1]

中世纪商人法具有三个显著特征：其一是国际性，它是中世纪欧洲各国普遍适用的规范。其二是行业性，即它只适用于商人之间的交易，与当时封建王朝的法律毫不相干。其三是自治性。商人们不仅发展了自己的商业交易规则，而且也建立了自己的纠纷裁决机构体系——商事法院。商人之间发生纠纷，由当事人选择法官组成法庭，无论法庭设于何处，都适用统一的商人法裁决纠纷。商事法院在程序上具有迅速、非正式的特点，案件审理期限很短，上诉常常被禁止，通常按照公平与善意原则处理商业纠纷。事实上，这种法院并非真正意义上的国内法院，它更接近现代的国际商事仲裁庭，可以说是现代国际商事仲裁的雏形。[2]由于各种类型的商事法院都适用统一的商人法，这使得商人法的国际性和普遍性得到了最后的有力的保障。

中世纪商人法在人类历史上第一次确立了关于国际贸易的一个独立的、自治的法律体系，被公认为是国际贸易法的雏形，它的出现标志着国际贸易法的初步确立。中世纪商人法的许多制度，在国际贸易法制历史上影响深远，其使用的许多术语、商业票据、载货证券以及租船运输、商业公司等在当代国际贸易法上仍然沿用。

（三）国际贸易法的国内化：近代各国商法

15 世纪，西欧各国在封建制度瓦解、资本主义成长的基础上形成了中央集权的民族统一国家，建立了君主专制制度，国家主权观念随之兴起。过去由国王、贵族、自治城市和行会分别行使的立法权、司法权逐渐统一到国王（政府）手中，于是，国际贸易法（商人法）进入了一个新的发展时期，即国际贸易法（商人法）国内化时期。这一时期国王（政府）拥有了统一的立法权，它要求由国家来制定与编纂所有部门的法律而不允许有例外。因此，

---

[1]　[英]施米托夫：《国际贸易法文选》，赵秀文选译，中国大百科全书出版社 1993 年版，第 85 页注②。

[2]　单文华主编：《国际贸易法学》（上册），北京大学出版社 2000 年版，第 31 页。

各国立法活动日益频繁，颁布了商法典与海商法典，虽然这类法典实质上不过是中世纪商人法的翻版，但从此以后，商人法却是以国家立法的形式存在和发展了。[1]

商人法国内化的过程始于16世纪，终于19世纪，但高潮在17世纪，多数国家的商法典是在这个时期编纂的。不过，由于各国的具体政治、社会与法律背景不同，各国商人法国内化的方法并不相同。在法国，全国性的商法典编纂工作始于路易十四时期，法国于1673年和1681年先后颁布了《商事条例》和《海事条例》。这两部法律实际上是将中世纪的商事惯例和海事惯例法典化了，并奠定了后来欧洲大陆法系国家商法典的基础。1807年根据这两个条例形成了《法国商法典》，该法典与1804年颁布的《法国民法典》共同形成了欧洲大陆国家民商分立的法律制度。在德国，商法典的编纂是在民法典的编纂之前进行的。1861年《德国普通商法典》颁布实施，1897年新的《德国民法典》出台。在法国和德国，商人法的国内化与政治统一运动密不可分，每一次编纂热潮都是政治统一运动发展的产物。而在意大利、土耳其等国家，商人法被纳入到民法典中，形成了民商合一的法律制度。

在英国，由于一直保持判例法传统，对编纂法典持否定态度，没有加入欧洲大陆制定商法典的行列中，仍长期适用共同商业习惯。18世纪中叶，商事法院衰落以后，对于普通法院而言，就要求当事人对商事惯例提出专门举证，这显然是非常困难和不合时宜的。况且，商事惯例的准确内容与普遍采纳情况很难确认。为了革除这种弊端，从1756年至1788年，在王座法院首席大法官曼斯菲尔德（Mansfield）的主持下，一方面制定了一套切合时宜而且公正的实体商法，大大简化了商事程序；另一方面力图使商事惯例与普通法的各项原则协调一致，融为一体。事实证明这一改革是成功的，得到了商人和法学家们的普遍赞赏。通过曼斯菲尔德的改革，商法在普通法系国家失去了独立性，成为普通法的一部分。

可见，商人法的国内化是时代和经济的必然产物，是与民族国家的兴起和中央集权的加强分不开的。显然，无论是大陆法系国家还是普通法系国家，商人法的国内化都是时代进步的标志之一。然而，在欧洲各国以不同的方式将具有国际性质的中世纪商人法纳入国内法制度中时，事实上并没有任何一

---

[1] 林榕年主编：《外国法律制度史》，中国人民公安大学出版社1992年版，第123页。

个国家把商法完全纳入到国内法中，在这一时期，商法的国际性痕迹依然存在。"就是曼斯菲尔德本人也没有打算把商人习惯法与其古老起源割裂开来，恰恰相反，他反复强调商人习惯法是国际性的。"[1]正是由于商法国际性部分的保留，从而出现了在更高层次上的20世纪国际贸易法统一化进程，成为各国缔结国际贸易条约或者民间组织编纂成文国际贸易惯例的基础。

（四）国际贸易法的统一化：现代国际贸易法

19世纪末20世纪初，随着以电力的发明与广泛应用为标志的第二次科技革命的完成，生产的社会化程度大大提高，进一步扩大并加强了世界各国的经济联系，形成了统一的全球市场。全球市场的形成与全面发展使世界经济进入现代市场经济国际化发展的新阶段。这种国际化的世界经济必然要求国际性的贸易规则。

然而，运用16世纪以来形成的国内商法加上冲突法来调整商事交易的模式不能适应新形势的需要。首先，商人们在订立贸易合同时，就要面对法律选择的问题，由于双方当事人互不了解对方国家的商法，往往不愿意选择对方的法律作为准据法，这就给合同达成带来了困难。其次，同样性质的贸易纠纷，在不同国家的法院或仲裁庭可能会有不同的裁决结果，这使得国际贸易的安全性和可预见性受到严重影响。最后，由于各国的政治和经济利益不同，国内商法主要是根据本国情况而不是根据国际贸易的一般需要制定的，因而在适用于国际贸易纠纷时，可能无法解决国际贸易中的某些特殊问题。[2]

为克服上述弊端，此时国际商业界与各国政府共同努力，编纂了大量的国际贸易惯例，制定了许多统一国际贸易法的公约，国际贸易法迈向了统一化的新里程，或称为国际贸易统一法运动的历程。从商人法的角度来看，这一时期又被称为商人法的复兴或国际贸易法领域中的国际主义复归时期，或称"新商人法"时期。正如施米托夫所指出的，"我们正在开始重新发现商法的国际性，国际性——国内法——国际法这个发展轮回已经自行完成；各地商法发展的总趋势是摆脱国内法的限制，在朝着国际贸易法这个普遍性与国

---

[1]　[英]施米托夫：《国际贸易法文选》，赵秀文选译，中国大百科全书出版社1993年版，第11页。

[2]　左海聪、陆泽峰主编：《国际贸易法学》，武汉大学出版社1997年版，第25页。

际性的概念发展"。[1]现代国际贸易法的统一化运动最突出的表现之一就是国际贸易惯例的大量涌现与广泛采用。20世纪初开始，一些国际商业组织特别是国际商会等，掀起了编纂国际贸易惯例的热潮，将一些中世纪以来逐步形成的国际贸易惯例分门别类编纂成文，提供给从事国际贸易的商人们自由采用，例如，1932年国际统一私法协会制定的《华沙—牛津规则》，1936年国际商会制定的《国际贸易术语解释通则》。

第二次世界大战以后，世界发生了以计算机、新能源、生物工程等发明与应用的第三次科技革命，国际分工与协作进一步深化，体现在资本、经济市场及资源配置等方面进一步国际化。世界市场不仅形成，而且已成为发展工业化、现代化国家赖以生存的经济环境。相应地，国际贸易惯例的编纂工作再掀高潮。原有的编纂机构，如国际商会，不断更新修订原有贸易惯例并制定新的惯例，一些新出现的编纂机构如联合国欧洲经济委员会、各种贸易协会以及其他商业团体，也纷纷制定各种各样的标准合同与标准合同条款。1966年联合国大会决议设立的联合国国际贸易法委员会则致力于一些国际条约与示范法的草拟工作以及各种编纂机构之间的协调工作，直接或间接地推动了国际贸易惯例的发展。

从总体上讲，此时的国际贸易惯例固然与中世纪的贸易惯例有许多相似之处，但其特征是明显的。一方面，它不再是杂乱无章和任意形成的，而是由许多非政府的、具有一定权威性的国际组织和商业团体审慎地编纂制定并以公约或文件形式加以公布的。另一方面，它的国际性是真正意义上的国际性。由于中世纪并未形成民族意义上的近代国家，其商人法的国际性其实只能被称为普遍性；现代商人法则是超越了市场经济国家与计划经济国家、普通法系国家与大陆法系国家的界限，而成为真正的"国际性"的规范。这种国际性还表现在，它虽然不是国际立法，但它在各国的司法制度中都得到适用，为主权国家所承认，尽管这些国家可以公共秩序为由予以保留或限制。[2]

现代国际贸易法的统一化运动另一个突出表现就是国际贸易法领域的国

---

〔1〕[英]施米托夫：《国际贸易法文选》，赵秀文选译，中国大百科全书出版社1993年版，第12页。

〔2〕[英]施米托夫：《国际贸易法文选》，赵秀文选译，中国大百科全书出版社1993年版，第230~231页。

际条约不断涌现。这方面，联合国国际贸易法委员会、联合国贸易与发展会议、国际统一私法协会、海牙国际私法会议、世界贸易组织以及一些区域性贸易组织发挥了巨大作用。上述组织和机构制定的 1924 年《统一提单的若干法律规则的国际公约》、1930 年至 1931 年的四个"日内瓦票据法公约"、1929 年《统一国际航空运输某些规则的公约》、1978 年《联合国海上货物运输公约》、1980 年《联合国国际货物销售合同公约》、1980 年《联合国国际货物多式联运公约》、1988 年《联合国国际汇票和国际本票公约》以及 1996 年《联合国国际贸易法委员会电子商务示范法》等诸多国际条约，有力地推动了国际贸易法的统一化进程。

1994 年 4 月结束的乌拉圭回合谈判通过了《马拉喀什建立世界贸易组织的协定》，由此世界贸易组织诞生。随着以世界贸易组织法律制度为基轴的新的多边贸易法律体制的确立，国际贸易法也进入了全面变革的新阶段，迈进了"世界贸易法"时代。然而自 2001 年以来，世界贸易组织发起的新一轮多哈回合谈判始终未能取得实质性进展，而国际经贸领域的多边主义与区域主义之争一直呈此消彼长之势，这使得多边贸易体制在世界范围内遇到前所未有的质疑和困难。在当今贸易保护主义抬头，经济民粹主义升温的背景下，国际贸易法也面临着新的发展机遇和挑战。

第二章

国际货物贸易的重要法律与惯例

　　国际货物贸易法是一个内容极为丰富且体系复杂庞大的领域，它既涉及私法方面调整货物贸易关系的各国国内立法、有关货物贸易的国际条约与惯例，又涉及公法方面各国制定的管理对外贸易的法律与制度，有关国际组织所制定的一系列调整和规范国际贸易关系的国际条约和惯例。本章所述的重要法律与惯例，是指对当前国际货物贸易，尤其是在货物买卖合同、货物运输和贸易支付等领域中起着重要调整或促进作用的国际条约与惯例，它们主要包括《联合国国际货物销售合同公约》《国际商事合同通则》《国际贸易术语解释通则》《跟单信用证统一惯例》等。

一、《联合国国际货物销售合同公约》的适用问题

　　《联合国国际货物销售合同公约》（The United Nations Convention on Contracts for the International Sale of Goods，简称 CISG 或《公约》），是由联合国国际贸易法委员会主持制定，于 1980 年在维也纳举行的外交会议上获得通过，1988 年 1 月 1 日正式生效。该《公约》作为当事人从事国际货物销售的共同法律语言，是迄今为止最为成功的国际统一私法运动成果。[1]《公约》目前已有 95 个缔约国，几乎涵盖了世界所有主要经济体。[2]《公约》建立了现代统一而公正的国际货物销售合同制度，为提升国际贸易的法律确定性、降低交易成本提供了重要依据。

---

　　[1] 韩世远：“CISG 在中国国际商事仲裁中的适用”，载《中国法学》2016 年第 5 期，第 218 页。

　　[2] “关于《联合国国际货物销售合同公约》的签署生效状况”，载 https://uncitral.un.org/zh/texts/salegoods/conventions/sale_ of_ goods/cisg/status，访问日期：2023 年 3 月 10 日。

（一）关于《公约》的适用范围

1. 适用《公约》的货物销售合同

与任何国际条约以及各国的国内立法一样，《公约》作为具有约束力的规则，有其规定的适用范围。与实践中发生的国际货物买卖相比，该范围要窄一些。《公约》第一章规定了其适用范围。第 1 条第（1）款是《公约》适用范围的一般性原则，即《公约》适用于营业地在不同国家的当事人之间所订立的货物销售合同：（a）如果这些国家是缔约国；或（b）如果国际私法规则导致适用某一缔约国的法律。该条规定包括下列含义：

（1）合同当事人的营业地应位于不同的国家。《公约》不考虑当事人的国籍，不考虑货物是否跨越一国国界，不考虑合同的民事或商事性质，其目的是减少当事人因合同的国际性而产生的争执，减少援引国际私法规则。因此，如果当事人的营业地位于同一个国家，则他们之间的货物销售合同一般应受到该国国内法的约束，而不适用《公约》的规定。

（2）当事人的营业地仅仅位于不同的国家仍然不足以使它们之间的销售合同适用《公约》，只有有关的两个国家都是《公约》的缔约国，当事人没有在合同中明示排除适用《公约》或通过选择其他准据法默示排除适用《公约》，这样它们之间的销售合同才能适用《公约》的规定。

（3）如果当事人有两个以上营业地时，依据《公约》第 10 条的规定，应以与合同及合同的履行关系最密切的营业地为其营业地，但要考虑到双方当事人在订立合同前任何时候或订立合同时所知道或所设想的情况。如果当事人没有营业地，则以其惯常居住地为准。

（4）因国际私法规则而导致的扩大适用。根据《公约》第 1 条第（1）款（a）项的规定，本来《公约》适用于双方营业地所在国均为缔约国的情况，如果双方营业地均不位于缔约国或者只有一方位于缔约国，则均不适用《公约》。而根据（b）项的规定，即使双方或一方的营业地不在缔约国，但只要依据国际私法规则应适用缔约国的法律，则适用《公约》。例如，位于 A 国的甲方和位于 B 国的乙方订立了货物销售合同，A 国是《公约》的缔约国而 B 国不是，本来合同不应适用《公约》，但合同是在 A 国订立，如果法院地国规定，合同关系适用合同订立地法，即 A 国法，则依据（b）项的规定，当国际私法规则指向缔约国的法律时应适用《公约》，于是双方的货物销售合同适用《公约》。考虑到各国加入《公约》时的态度，《公约》允许对此项扩大适用进行保留。[1]我国加入《公约》时就对此作出了保留，即我国仅同意《公约》适用于当事人营业地位于不同缔约国的货物销售合同，而不同意扩大适用于因国际私法规则导致适用某一缔约国法律的情形。

2.《公约》排除适用的货物销售合同

《公约》并没有从正面定义适用于《公约》的货物销售合同范围，学界一般认为《公约》所称的货物是"有形动产"。因此，并非所有的国际货物销售合同都适用《公约》，《公约》第2条以排除法确定了适用《公约》的货物销售范围。具体而言，《公约》不适用于下列销售：

（1）供私人、家人或家庭使用的货物的销售，这是从购买货物的目的上进行的排除。该项规定表明《公约》主要适用于一般的国际货物商业销售，而供私人、家人或家庭使用的货物的销售属于消费合同，涉及消费者权益保护问题，各国的规定差异较大而且多数具有强制性，在许多国家，对消费者有专门的法律而且往往是强制性的法律保护。《公约》的制定者不希望与各国的国内法发生冲突。此外，实践中消费者直接从国外购买个人消费品的不是很多，多数消费合同都是国内合同。《公约》是否适用，并不取决于货物本身，《公约》着重于购买的目的和用途。但是，如果卖方在订立销售合同时，不知道也没有理由知道这些货物的销售属于消费者购买货物的范畴，那么《公约》的规定仍将予以适用。

（2）通过拍卖方式进行的销售和因执行法律令状而进行的销售，这两项排除是从交易的方式上进行的排除。此类通过拍卖方式进行的销售和因执行法律令状而进行的销售均属于比较特殊的情况。首先，它们都受特别的国内法律规则的约束，难以用国际条约进行统一。其次，虽然有些货物销售合同的买方可能是他国当事人，但是毕竟这类由外国人购买的情形比较少见，因此，《公约》认为应当仍然由各国的国内法来调整这两类交易。

（3）公债、股票、投资证券、流通票据或货币的销售，这是从货物性质上进行的排除。此类销售属于有价证券的销售，对于有价证券，有些国家不认为是货物，因为证券交易的目的是获取其所代表的价值，而非证明价值载体的证券本身。证券的交易也不同于通常的国际贸易，其具有明显的特殊性。

---

[1]《公约》第95条规定："任何国家在交存其批准书、接受书、核准书或加入书时，可声明它不受本公约第一条第（1）款（b）项的约束。"

例如，股票、债券的买卖只能通过证券交易所进行，交易必须符合法律法规和交易所的规则，并受到严格监管。货币的交易往往受到更加严格的管制。因此，考虑到这些因素，《公约》将此类交易排除在适用范围之外。

（4）船舶、气垫船或飞机的销售，此项也是从货物的性质上进行的排除。船舶和飞机虽然从物理属性上属于可以移动的动产，但由于其标的巨大、转让并不频繁等原因，很多国家的法律对于此类标的的交易进行了类似不动产交易的处理，规定这类标的交易必须履行登记过户手续，不登记不能对抗第三人。而哪些需要登记，如何登记，哪些不需要登记，各国的法律规定差异较大。由于船舶和飞机的国际交易的特殊性，为避免在《公约》适用时遇到不同和复杂的解释问题，因此《公约》不予适用，但是对于船舶及飞机零部件的销售合同，《公约》是适用的。

（5）电力的销售，这是从标的的性质上进行的排除。电力的销售排除适用是因为该标的不可触及的特殊性。电力在一些国家中不被视为货物，电力的国际销售所遇到的问题与一般国际销售不同，因此被排除在《公约》的适用范围之外。

3. 《公约》排除对提供劳务或服务的合同的适用

根据《公约》第 3 条第（2）款之规定，《公约》不适用于供货方的绝大部分义务在于提供劳务或服务的合同。因此，下列两种合同排除适用：其一，通过劳务合作方式进行的购买，如补偿贸易；其二，通过货物买卖方式进行的劳务合作，如技贸结合。《公约》不适用于这两种合同实际上反映了《公约》适用范围的一般原则，即《公约》适用于货物的国际销售，而不是用于劳务或服务合同，因为劳务或服务合同与货物销售合同有着明显的差别。排除的原因是这两种销售方式中，供方的义务主要是提供劳务或服务，而不是提供货物，因此会产生一些调整单纯的货物销售的《公约》无法解决的问题，从而影响《公约》作为统一法的适用。但是，如果上述合同中提供的劳务或服务没有构成供方的"绝大部分义务"，则仍被《公约》视为是货物销售合同。另外，如果合同是由销售和劳务两部分组成，则《公约》只适用于销售合同部分。

《公约》第 3 条第（1）款也反映了上述基本原则。该款规定："供应尚待制造或生产的货物合同应视为销售合同，除非订购货物的当事人保证供应这种制造或生产所需的大部分重要材料。"这一款规定的含义是，如果货物的生产或制造所需要的大部分材料是由订购方提供的，该合同实质上是供货方在提供制造或生产服务，或是加工服务，即卖方的主要义务是提供劳务或服务。根据前述原则，《公约》将不适用于这类合同。近年来，也有学者主张将《公约》的适用范围扩大到服务贸易，因为促进国际商业法的统一是《公约》的目的之一，如果《公约》仅适用于货物贸易而不适用于服务贸易，将不利于促进该目的的实现。并且，如果《公约》第3条的本意是排除单纯的服务贸易，《公约》应当明文排除，但实际上《公约》并无这样的规定，那么《公约》应可以适用于服务贸易。[1]

4.《公约》没有涉及的法律问题

纵观《公约》全文，《公约》并没有涉及国际货物销售的所有方面，因此，即使某一个合同的确属于国际货物销售合同，也符合前面的各项要求，但《公约》在对该合同适用时仍然有一些限制。因为《公约》第4条明确规定，除非另有明文规定，《公约》只适用于销售合同的订立和买卖双方因合同而产生的权利和义务。《公约》未涉及下列问题：

（1）合同的效力，或其任何条款的效力或任何惯例的效力。合同的效力是一个十分复杂的问题，涉及当事人缔约能力的有无、意思表示是否真实、合同内容的合法性以及合同形式的合法性等因素。对于这些问题，各国法律虽有规定，但差别很大，而且有些规定具有强制规范的性质。对于这些差别，《公约》没有能力统一，各国也很难达成一致意见，因此《公约》采取了回避态度，未涉及这些问题。

（2）合同对所售货物所有权可能产生的影响。各国法律对于所有权转移的规定差异较大。例如，1979年《英国货物买卖法》关于货物所有权转移问题区分特定物买卖与非特定物买卖，以及卖方保留对货物的处分权和保留所有权等不同情况予以分别规定。[2]《美国统一商法典》将货物特定化作为所有权转移的标志，[3]而《法国民法典》采用在合同成立时货物所有权发生转移的原则。[4]《公约》不可能使各国的规定统一，因此没有将其纳入调整的

---

〔1〕　Karen B. Giannuzzi, "The Convention on Contracts for the International Sale of Goods: Temporarily out of 'Service'?" *Law and Policy in International Business*, Vol. 28, 1997, pp. 991~1020.

〔2〕　参见1979年《英国货物买卖法》第17条、第18条和第19条。

〔3〕　参见《美国统一商法典》第2-501条。

〔4〕　参见《法国民法典》第1583条。

范围。实际上，一些国际贸易惯例如《国际商事合同通则》也回避了货物所有权转移问题。

（3）卖方对于货物给任何人造成的伤害或死亡的责任问题。对于因销售的货物造成的人身伤害或死亡，在许多国家属于产品责任问题。产品责任的产生并不要求当事人之间必须存在合同关系，相反，它的产生更多是一种基于非合同关系的侵权行为。产品责任诉讼的对象可以是生产者，而不仅仅是产品的直接销售者，起诉的主体不限于销售合同的买方。因此，由产品责任而产生的权利义务关系显然超出了销售合同的范围，它不是由销售合同而产生的，与《公约》调整的范围相悖，所以也被排除在《公约》适用范围之外，而由各国的国内法调整。

5. 《公约》适用的任意性

《公约》第 6 条规定："双方当事人可以不适用本公约，或在第十二条的条件下，减损本公约的任何规定或改变其效力。"该条明确说明《公约》的适用并不是强制性的。《公约》适用的任意性表现在以下方面：

第一，当事人可以通过选择其他法律而排除《公约》的适用。也就是说，即使销售合同的双方当事人的营业地分处两个缔约国，本应适用《公约》，但是如果他们在合同中约定适用其他法律，则排除了《公约》的适用。当然，当事人不能"默示"地排除《公约》的适用，即当事人如果没有明确排除《公约》的适用，则《公约》仍然得以适用。如果双方当事人没有明确排除《公约》的适用，则《公约》自动适用于他们之间的销售合同。如果当事人在合同中选择适用了某一国际贸易惯例，如某一国际贸易术语，则不能认为是排除了《公约》的适用。因为贸易术语主要是解决买卖双方在交货方面的责任、费用及风险划分等问题，而没有涉及违约以及违约救济等方面的问题，贸易术语和《公约》在内容上是相互补充的，因此，《公约》仍应对合同适用。

第二，当事人可以在销售合同中约定部分地适用《公约》，或对《公约》的内容进行改变。但是，当事人的此项权利受到一定的限制，即如果当事人营业地所在国在加入《公约》时已提出保留的内容，当事人必须遵守而不得排除或改变。可见，《公约》的这种非强制性的法律特征来源于《公约》的国际性。作为一项调整国际货物销售的统一法典，要为不同社会、政治、法律制度以及不同经济发展水平的国家所接受，必须彻底扫清适用上的障碍。

在适用原则上，明确宣布《公约》的非强制性，有利于消除主权国家的重重顾虑，能让更多国家接受。

另外，《公约》的非强制性特征与《公约》主要是调整私人间权利义务关系的实际状况是密切相关的。传统的私法理论认为，有关私人间权利义务关系的法律主要是任意法，应体现当事人的契约自由、意思自治原则，因此，《公约》第6条的规定与传统的私法理论是相吻合的，充分肯定当事人的协议，确认当事人的自由意志在决定合同的条款和条件时所起的首要作用。[1]在这里，合同的条款优于《公约》的规定，当事人可以通过合同选择完全适用《公约》，或完全排除《公约》的适用，或对《公约》的规定加以补充或修改。

（二）《公约》在我国法院的适用问题

《公约》自1980年通过以来，已经走过40多年的历程。《公约》是各国有关国际货物销售争议解决的最大公约数，是维持国际贸易稳定、发展多边主义的重要途径。我国是《公约》的首批成员国，《公约》对我国的合同立法产生了重大影响。[2]从司法层面看，自1988年1月《公约》对我国生效以来，我国法院坚持条约必须遵守原则以及善意解释条约原则，应用尽用《公约》，并在适用《公约》的过程中最大程度上尊重《公约》原文的规定。

1. 适用《公约》的逻辑起点

根据《维也纳条约法公约》第2条的规定，传统上国际条约仅指国家间缔结的以国际法权利义务为内容的国际书面协定。随着经济全球化的深入发展，国际条约的适用范围逐渐扩张，涌现出各国之间缔结的以私人权利义务为内容的国际条约，最典型的就是《公约》。这类条约的缔约主体仍是主权国家，但从内容来看，已经不再调整国际法权利义务，而是以私人权利义务为规制对象，可以在民事诉讼中作为调整当事人之间权利义务的规范，因此，有必要区分国际条约的实施和适用。国际条约的实施解决国际条约的转化或并入问题，国际条约的适用解决的是经过转化或并入的国际条约适用于特定

---

〔1〕 张玉卿、姜韧、姜凤纹编著：《联合国国际货物销售合同公约释义》，辽宁人民出版社1988年版，第39页。

〔2〕 韩世远："中国合同法与CISG"，载《暨南学报（哲学社会科学版）》2011年第2期；王利明："《联合国国际货物销售合同公约》与我国合同法的制定和完善"，载《环球法律评论》2013年第5期。

民事案件的问题。[1]具体而言，在我国《民法典》出台之前，根据《民法通则》第142条第2款的规定，在民商事领域，对我国生效的国际条约直接纳入我国法律体系；而被纳入的国际条约，以1980年《公约》为例，能否适用于特定民商事案件，则取决于《公约》第1条至第6条规定的适用条件是否满足。根据《公约》的规定，缔约国法院应该首先依据第1条第（1）款判断合同是否属于《公约》所调整的国际货物销售合同。如果答案是肯定的，则进而依据第2条和第3条，从货物和销售的角度，并依据第4条和第5条从事项角度判断合同具体的系争事项是否在《公约》的调整范围之内。如果答案依然是肯定的，则最后依据第6条判断合同当事人是否有效排除了《公约》的适用，以最终确定《公约》是否适用。[2]

需要说明的是：其一，由于我国根据《公约》第95条规定对第1条第（1）款（b）项作出了保留，因此我国法院只对营业地位于不同缔约国的当事人间的合同适用《公约》的规定；其二，如果争议涉及《公约》调整范围之外的事项，则需要根据冲突规则确定解决争议的准据法，通过适用该准据法调整这些问题；其三，鉴于当事人意思自治是国际私法领域的一项基本原则，如果当事人有明确且合法有效的选择，法院就没有理由否定当事人选择不将《公约》适用于他们之间的货物销售。

2. 我国法院适用《公约》的情形解析

由于我国对《公约》第1条第（1）款（b）项作出了保留，《公约》在我国只有两种适用的情形：第一种情形，因当事人的营业地分属不同的《公约》缔约国，根据《公约》第1条第（1）款（a）项适用《公约》。换言之，人民法院适用《公约》需满足三个条件：一是双方当事人营业地所在国为不同国家；二是双方当事人营业地所在国家均为《公约》的缔约国；三是双方没有排除适用《公约》。第二种情形，一方或双方当事人的营业地位于非《公约》缔约国，因当事人的选择而适用《公约》。

（1）根据《公约》第（1）条第1款（a）项适用。在第107号指导案例，即中化国际（新加坡）有限公司诉蒂森克虏伯冶金产品有限责任公司国

---

　　[1]　万鄂湘、余晓汉："国际条约适用于国内无涉外因素的民事关系探析"，载《中国法学》2018年第5期，第12~14页。

　　[2]　刘瑛："论《联合国国际货物销售合同公约》在中国法院的适用"，载《法律科学（西北政法大学学报）》2019年第3期，第192页。

际货物买卖合同纠纷案中,最高人民法院认为,双方当事人在合同中约定应当根据美国纽约州当时有效的法律订立、管辖和解释,该约定不违反法律规定,应认定有效。由于本案当事人营业地所在新加坡和德国均为《公约》缔约国,美国亦为《公约》缔约国,且在一审审理期间双方当事人一致选择适用《公约》作为确定其权利义务的依据,并未排除《公约》的适用,一审法院适用《公约》审理本案是正确的。对于审理案件中涉及的《公约》没有规定的事项,则应当适用当事人选择的美国纽约州法律。[1]

该案为我国法院适用《公约》明确了三个基本标准:其一,当事人的营业地分属不同的《公约》缔约国时,《公约》应当优先适用;其二,当事人排除《公约》的适用,需要在审判程序中明确提出;其三,在《公约》适用的前提下,当事人约定的准据法仅解决《公约》未予规定的问题。

(2)根据当事人意思自治适用《公约》。在合同一方或双方当事人的营业地位于非《公约》缔约国时,《公约》第1条第(1)款(a)项不能适用,即便当事人选择某一缔约国的法律,由于我国所提出的保留,我国法院也不能通过第1条第(1)款(b)项适用《公约》。因此,只有在当事人明确选择《公约》调整发生的争议时,我国法院才可以根据当事人的选择适用《公约》。实际上,这一选择应当视为当事人将《公约》作为了双方订立合同的内容。

此外,关于我国是否应当撤回对《公约》第1条第(1)款(b)项所作保留的问题,国内有学者认为我国当初作出这项保留的政治和法律环境已经发生改变,适时取消这项保留将有助于消除法律适用的不确定和复杂性,因此应撤回保留。[2]笔者认为,第1条第(1)款(b)项的目的是扩大《公约》的适用范围,但也给司法实践带来复杂的法律适用问题。对第1条第(1)款(b)项没有作出保留的缔约国法院,在处理营业地位于《公约》缔约国和非《公约》缔约国的当事人之间所订立的货物销售合同是否适用《公约》这一问题时,需要区分销售合同当事人选择非缔约国法律、选择作出保留的缔约国法律以及选择没有作出保留的缔约国法律三种情形。特别是对于

---

〔1〕 参见最高人民法院 2019 年 2 月 25 日发布的指导案例 107 号:中化国际(新加坡)有限公司诉蒂森克虏伯冶金产品有限责任公司国际货物买卖合同纠纷案。

〔2〕 李巍:"论中国撤回对于《联合国国际货物销售合同公约》第 1 条 b 项的保留",载《法学家》2012 年第 5 期,第 101~103 页。

销售合同当事人选择作出保留的《公约》缔约国法律时，《公约》能否适用，目前各国的司法实践并不统一。因此，从简明法律适用、统一裁判标准的角度而言，目前我国不宜撤回对第 1 条第 （1） 款 （b） 项的保留。

3. 我国法院适用《公约》存在的困难及问题

以 "联合国国际货物销售合同公约" 为检索词，根据中国裁判文书网的统计，2010 年以来我国法院适用《公约》的案件数量整体呈现出增长趋势。这一趋势一方面说明我国对外开放的程度越来越高，另一方面说明贸易量的增长与贸易纠纷的上升呈正相关，且与我国作为贸易大国的地位相吻合。从审判程序来看，一审案件、二审案件和再审案件数量是逐级递减的，再审案件的比例较低。这说明两个问题：一是案件上诉比例较高，一审法院在对《公约》的理解和把握上存在一定不足；二是二审程序的纠错力度较大，当事人通过两审程序基本可以服判息诉，不需要通过再审程序予以纠正。尽管我国法院适用《公约》审理案件的数量总体呈上升趋势，但法院在适用《公约》时仍然存在不少困难和问题，涉及对《公约》的认识、理解和把握。

（1） 关于法院忽视《公约》适用的问题。在满足《公约》第 1 条第 （1） 款 （a） 项适用条件的前提下，有的法院通过当事人意思自治、特征性履行方法或最密切联系原则适用我国法律，这种适用方法实际上违背了我国所应承担的实施《公约》的国际法义务。尽管多数情况下二审法院对此种法律适用错误予以纠正，但仍有个别判决显示一审、二审法院都忽视了适用《公约》的可能。例如，在中国裁判文书网公布的某案中，一方当事人为韩国公司，一审法院、二审法院皆根据当事人在庭审中选择我国法律，依据当事人意思自治原则适用我国法律。但外方当事人在上诉请求中已经明确提及该案需要适用《公约》，但原审法院却忽视查明外方当事人的营业地，进而也没有在此基础上判断《公约》是否适用。

在另一案中，二审法院认为，某公司住所地在德国，双方约定如发生纠纷适用德国法律，德国是《公约》的缔约国，某公司主张根据德国法律规定涉外买卖合同可以适用《公约》，并选择适用《公约》作为准据法，符合当事人约定和法律规定，一审法院以《公约》处理案件并无不当。但原审法院同样忽视了对当事人营业地的判断，也忽视了《公约》第 1 条第 （1） 款 （a） 项。假设案涉当事人的营业地在德国，由于德国本身系《公约》缔约国，除非当事人排除《公约》适用，否则本案应直接适用《公约》的规定，而不是根据当事人选择或冲突规则确定是否适用《公约》。换言之，废止前的《民法通则》第 142 条第 2 款是我国法院适用国际条约的国内法依据，在此基础上，对于营业地位于不同缔约国的当事人，我国法院应当根据《公约》的规定考察案件事实是否满足《公约》的适用条件，而无需再根据当事人选择或冲突规则判断是否适用《公约》。

（2）关于《公约》的解释问题。在《公约》适用的前提下，我国法院通常直接适用《公约》的条款，结合案件事实对诉争问题作出认定。在这类案件中，适用《公约》的主要问题在于需要解释《公约》条款时，联合国国际贸易法委员会编制的《关于〈联合国国际货物销售合同公约〉判例法摘要汇编》（以下简称《判例法摘编》）能否作为我国法院作出裁判的理由或依据？对于此问题，最高人民法院在指导案例 107 号中明确指出，《判例法摘编》并非《公约》的组成部分，不能作为审理案件的法律依据，但在如何准确理解《公约》相关条款的含义方面，其可以作为适当的参考资料。最高人民法院也是参考《判例法摘编》提供的其他国家裁判对《公约》中关于根本违约条款的理解，对案件作出了认定。[1]

（3）关于对《公约》未调整事项的处理。对于《公约》未涉及的问题，需要区分两种情况：第一种情况是系争问题不属于《公约》调整的范围。例如《公约》第 4 条提及的合同效力问题以及所有权问题，对于这些问题应通过当事人选择的准据法予以解决。需要指出的是，有一些问题不属于《公约》明确排除的范围，但也应被理解为不属于《公约》的调整范围。例如，判断合同是否存在这一问题，尽管《公约》第二部分有关于合同成立的规定，但我国司法实践通常将合同是否存在视为事实问题，需要通过当事人的举证予以证明，而不是适用《公约》的规定。[2]又如，诉讼时效这一问题也应被排除在《公约》调整范围之外。[3]

第二种情况是系争问题属《公约》调整范围，但《公约》未作规定。根据《公约》第 7 条第（2）款的规定，对此类问题，应首先寻求《公约》所

---

[1] 参见最高人民法院 2019 年 2 月 25 日发布的指导案例 107 号：中化国际（新加坡）有限公司诉蒂森克虏伯冶金产品有限责任公司国际货物买卖合同纠纷案。

[2] 参见最高人民法院〔2020〕最高法民申 4239 号民事裁定书。

[3] 参见浙江省高级人民法院〔2017〕浙民终 128 号民事判决书。

体现的一般法律原则，再通过准据法予以解决。[1]例如，《公约》第 26 条规定："宣告合同无效的声明，必须向另一方当事人发出通知，方始有效。"但该条并未明确宣告合同无效声明生效的时间，即发出生效，还是送达生效？对此，在某案中，[2]二审法院结合《公约》第 27 条有关通知迟延的规定，区分宣告合同无效声明与《公约》第 47 条第（2）款卖方不履行通知义务，认定宣告合同无效声明应采取发送生效原则。又如，根据《公约》第 78 条的规定，"如果一方当事人没有支付价款或任何其它拖欠金额，另一方当事人有权对这些款额收取利息……"但《公约》没有规定利息的计算方式，并且《公约》所依据的一般法律原则也没有关于利息计算的规定，因此，这就需要参考当事人选择的销售合同准据法有关利息的计算方式予以明确。[3]

（4）关于默示排除适用《公约》的问题。《判例法摘编》指出，《公约》的案文删除明确提及默示排除的可能性，仅仅是为了防止特别提及默示排除可能会鼓励法院在缺乏充分理由的情况下就得出结论，认为《公约》的适用被全部排除了。[4]根据这一观点，至少从《公约》本身的规定来看，并不排斥当事人默示排除《公约》的适用，其排斥的是法院武断地以当事人默示排除为由不适用《公约》。从《判例法摘编》提供的各国司法实践来看，各国法院对于默示排除的认定方式并不一致。[5]在我国法院适用《公约》的案件中，大多数情况下当事人同意适用我国法律，这就产生了一个解释上的问题，即该种选择是确定针对《公约》未规定事项的准据法，还是可以等同于默示排除？

从指导案例 107 号体现的精神来看，当事人选择《公约》缔约国的法律不能等同于排除《公约》的适用。在查询到的一起选择适用我国法律而排除

---

〔1〕《公约》第 7 条第（2）款规定："凡本公约未明确解决的属于本公约范围的问题，应按照本公约所依据的一般原则来解决，在没有一般原则的情况下，则应按照国际私法规定适用的法律来解决。"

〔2〕参见天津市高级人民法院［2019］津民终 90 号民事判决书。

〔3〕参见浙江省高级人民法院［2019］浙民终 1707 号民事判决书。

〔4〕联合国国际贸易法委员会《关于〈联合国国际货物销售合同公约〉判例法摘要汇编》（2016 年版），第 34 页。

〔5〕联合国国际贸易法委员会《关于〈联合国国际货物销售合同公约〉判例法摘要汇编》（2016 年版），第 34 页。

适用《公约》的案例中，[1]二审法院认为，尽管当事人营业地分属《公约》的不同缔约国，在讼争买卖合同不另作法律选择的情况下，合同将自动适用《公约》的有关规定，但由于双方当事人在诉讼中已明确表示同意以我国法律作为解决案件争议的准据法，而《公约》对案件双方争议的主要问题即交易主体的认定方面并无具体规定，故一审法院根据当事人在诉讼中的选择适用我国法律作为解决案件争议的准据法是正确的。显然，促使该案原审法院适用我国法律的原因，不在于当事人默示排除《公约》的适用，而是由于案涉争议不属于《公约》调整的范围。

还有一些法院将当事人同意适用我国法律理解为选择了针对《公约》未规定事项的准据法。在某案中，[2]二审法院认为，奥斯特公司为在澳大利亚联邦注册成立的企业法人，本案为国际买卖合同纠纷，我国与澳大利亚均为《公约》的成员国，本案首先适用《公约》。一审中奥斯特公司及木可多公司均同意适用我国法律作为处理本案实体争议的准据法，因此，在《公约》没有规定的情况下，应适用我国法律解决本案的实体争议。尽管原审法院忽视了对营业地的考察，但在满足《公约》第1条第（1）款（a）项适用条件且当事人没有明确排除《公约》适用之合意的前提下，选择我国法律应理解为选择我国法律作为《公约》未规定事项之准据法。

此外，当事人如果明确选择了某国家具体法律作为解决争议的法律依据时，是否意味着明确排除了《公约》的适用？对于这一问题，《判例法摘编》指出，"当然，如果双方当事人明确选择某一缔约国的国内法来适用于其合同，则本《公约》必须视为被排除"。[3]由此可认为，在当事人已经明确选择具体合同法作为解决争议的法律依据时，已经表明其愿意受具体合同法的规制，排除了对《公约》的适用。这一认识亦与前述《判例法摘编》体现的规则一致。但实践中，有法院持相反观点，比如在某案中，双方当事人均援引我国合同法作为解决争议的法律依据，但二审法院根据最高人民法院《关于适用〈中华人民共和国涉外民事关系法律适用法〉若干问题的解释（一）》第7条，将当事人选择我国合同法理解为双方当事人就讼争的法律关系应适用的

---

〔1〕 参见广东省广州市中级人民法院［2013］穗中法民四终字第10号民事判决书。

〔2〕 参见山东省高级人民法院［2017］鲁民终1141号民事判决书。

〔3〕 联合国国际贸易法委员会《关于〈联合国国际货物销售合同公约〉判例法摘要汇编》（2016年版），第34页。

法律作出了选择，即将中国法律作为案件争议的准据法，并据此认定双方并没有明确排除《公约》的适用，案涉买卖合同的处理应首先适用《公约》。

4. 解决我国法院适用《公约》难题的建议

我国法院准确适用《公约》，对于平等保护中外当事人合法权益，提高我国司法在国际上的影响力，促进国际贸易规则的发展完善具有重要意义。解决实践中存在的困难问题，需要从提高认识、强化能力、完善规则、统一标准等多方面着手。

（1）强化我国法院对《公约》缔约国的查明能力。《公约》自 1988 年 1 月即对我国生效，但实践中部分法院忽视《公约》的可适用性问题已成为我国履行《公约》义务的重要阻碍。究其原因主要在于法官对适用《公约》的认识尚不到位，忽视《公约》第 1 条第（1）款（a）项之规定，怠于履行查明《公约》缔约国的义务。因此，调动法院积极履行查明《公约》缔约国的义务和强化法官对《公约》缔约国的查明能力是当务之急。其中，提升法院履行查明《公约》缔约国义务的积极性，首先需要法官了解《公约》在促进国际贸易发展中发挥的重要作用，以及我国法院在履行国际条约义务上肩负的重大使命；其次需要将积极、正确适用包含《公约》在内的我国参加的国际条约作为涉外商事审判法官实际办案工作量的测算依据之一。在强化法官对《公约》缔约国的查明能力上，可对涉外商事审判法官进行培训，使其掌握如何正确查找《公约》缔约国的方法，并培养其在审理国际货物销售合同纠纷案件时应先查明双方当事人的营业地是否在《公约》缔约国的意识。

（2）提升法官对《公约》第 6 条的理解和适用水平。针对法院在适用《公约》上存在的诸多问题，提升我国涉外商事审判系统对《公约》第 6 条的理解和适用水平是十分必要且迫切的。[1]建议由最高人民法院发布涉及《公约》适用的裁判文书写作规范，为各级法院正确运用《公约》及其第 6 条提供明确具体的指引。该写作规范的核心内容可以包括以下内容：一是法院在确定涉案争议为国际货物销售合同纠纷后应首先依职权主动考察《公约》是否适用，在《公约》初步适用的情况下应进一步判断当事人是否存在真实的排除《公约》适用的意图。二是在分析过程中，我国实体法和冲突规范并没

---

〔1〕《公约》第 6 条规定："双方当事人可以不适用本公约，或在第十二条的条件下，减损本公约的任何规定或改变其效力。"

有适用空间，法院只能依据《公约》的相关条文规定进行分析。三是《公约》第 6 条不仅包括明示排除方式，即当事人在合同中约定排除或在诉讼中一致同意排除《公约》适用，还包括默示排除方式，即当事人选择适用非《公约》缔约国法律、选择适用已签署但未批准《公约》的国家法律、选择适用《公约》缔约国中某一不适用《公约》的地方法、选择适用《公约》缔约国有关货物销售的具体法律等。四是法院在《公约》默示排除条款的适用上应采用严格的方法，确保当事人排除《公约》适用的意图是清楚、明确和肯定的。双方当事人在合同中或一审期间笼统选择适用某一《公约》缔约国法律（或该缔约国的州法律），未具体至该国有关货物销售的法律，也未约定排除《公约》适用，则此种选择法律的行为不应发生排除《公约》适用的法律效力，即当事人不具有排除《公约》适用的真实意图。双方当事人在诉讼中基于某一国法律进行抗辩且未提出异议的，应视为双方就该国法律的适用达成一致意见，但若当事人自始至终未意识到《公约》的可适用性，则此种协议选择法律的行为也不发生排除《公约》适用的法律效力。

（3）增强指导案例在统一《公约》第 6 条裁判规则中的作用。截至 2022 年底，最高人民法院已经发布三批共 28 个涉"一带一路"建设典型案例、一批涉外指导案例，充分发挥了典型案件的示范作用，为各级人民法院正确处理《公约》在我国的司法适用、《公约》的法律位阶以及《公约》与准据法的关系提供具体的指引，持续增强商业预期，降低市场交易成本。其中，在作为第一批涉"一带一路"典型案例之一的德国蒂森克虏伯冶金产品有限责任公司与中化国际（新加坡）有限公司国际货物买卖合同纠纷案中，最高人民法院未因当事人选择《公约》缔约国法律而轻易地排除该《公约》的适用，正确地处理了《公约》与当事人协议选择的法律的适用关系，准确理解并适用了《公约》第 6 条。

鉴于最高人民法院通过发布指导案例的方式在提升涉外审判质量上取得的显著成就，建议建立常态化的《公约》指导案例发布机制，逐步统一《公约》的裁判规则，提升裁判质量。首先，系统完整的《公约》数据库中心不仅方便我国法官准确高效地查找涉及《公约》案件，提高我国法院审判质量和统一审判实践，还有利于学术界深入研究《公约》在我国的司法适用情况，另外也有助于对外展示我国积极拥护《公约》和坚定践行国际法的良好形象。考虑到最高人民法院已经在"中国裁判文书网"数据库和"法信"数据库中收录了一些适用《公约》的案件，建议将这些数据库进行整合，建立完善《公约》的案件数据库。需要注意的是，因我国现有数据库中收录的一些《公约》案件在适用《公约》上存在诸多问题，为避免这些案件对其他法院适用《公约》产生负面影响，建议由最高人民法院组织法官、学者和律师等专家团队定期对这些案件进行遴选，对于正确适用《公约》的案件在数据库中予以标记。其次，考虑到《公约》已于 2022 年 12 月 1 日在香港特别行政区生效实施，建议该数据库扩展收录香港地区的相关案件，便于相互参照、自觉趋同。最后，我国《公约》数据库也应与国外知名高校法学院的《公约》数据库相对接。由最高人民法院组织定期遴选和翻译正确适用《公约》且说理充分的案件并推荐收录至后者数据库中，提升我国在《公约》解释规则上的话语权。

（4）明确我国法院实施《公约》的国内法依据。《民法通则》被废止后，我国现行立法中没有关于民商事领域国际条约如何实施的规定，这不仅使得我国法院缺乏实施该领域国际条约的国内法依据，也不利于我国法院正确地适用该领域的国际条约。可以考虑通过全国人大常委会的立法解释或最高人民法院的司法解释明确我国法院适用国际条约的国内法依据，或者考虑修改缔结条约程序法，明确对我国生效的国际条约应如何实施。

二、《国际商事合同通则》的相关问题

国际商事活动往往是通过合同这种法律形式进行的，不同国籍或营业地或惯常居所位于不同国家的当事人之间订立的商事交易合同，称之为国际商事合同或国际贸易合同。可以作为调整国际商事合同关系的条约除了 1980 年《公约》和其他少数条约外，几乎没有全球性的统一规定。国际货物销售合同固然可以适用 1980 年《公约》，但由于 1980 年《公约》适用范围的局限性及本身存在的不足，至于种类繁多的其他国际商事合同显然不是 1980 年《公约》所能调整的。因此，许多国际商事合同只能依靠国际惯例或有关国内法予以调整。

为了消除因国际商事合同适用各国国内法而产生的冲突，也为了进一步完善国际商事惯例，1994 年国际统一私法协会通过了《国际商事合同通则》（Principles of International Commercial Contracts，简称 PICC 或《通则》）。这是国际统一私法协会组织众多来自不同法律文化和职业背景的合同法和国际

贸易法专家、学者、法官、律师共同研究和制定的一部关于国际商事合同的重要规则，其旨在通过对合同法的一般原则加以阐释，以反映世界各大法系的主要特点，从而构建一个能够在国际商事交易中获得广泛适用的合同法体系。由于《通则》不是国际条约，属于不具有当然拘束力的"软法性质"的文件，因此，对《通则》的接受和认可将在很大程度上依赖于《通则》本身的权威性。[1]为此，随着国际商事实践的不断发展，为了针对国际商业社会中出现的各种利益问题提出法律上的解决途径，国际统一私法协会 2004 年和 2010 年对《通则》进行了修订。

作为一部具有现代性、广泛代表性、权威性与实用性的商事合同统一法，《通则》自其公布以来在国际商事领域取得了巨大的成功。根据《通则》前言，《通则》制定的目的及作用在于为国际商事合同制定一般的规则，也为某些无法明确相关规则的问题提供解决办法；《通则》可用于解释和补充国际统一法律文件和国内法，也可作为国内法和国际立法的范本。由于《通则》的制定不用考虑使每个法律体系对每个问题都有同等的影响力，不一定以多数国家同意为标准，而是以更有说服力、更适合国际商业活动为标准，由于它的很多规定被认为更合理而被誉为"法律思考向全球化迈进的重要一步"。[2]

（一）关于《通则》性质之辨析

对于《通则》的性质，目前学者们有不同看法。有学者认为《通则》应列入国际惯例的范畴；[3]有学者则认为《通则》不是国际性条约或公约，它是以一般法律规则的面目出现的；[4]还有学者认为，《通则》的性质应该是不同于国际条约和国际惯例的国际统一合同法的第三种表现形式——国际合

---

〔1〕 国际统一私法协会理事会在 1994 年《通则》序言中指出，"在将《国际统一私法协会国际商事合同通则》提供给国际法律界和国际商业界之时，理事会清楚地意识到《通则》并不是一项立即产生约束力的法律文件，因此，对《通则》的接受和认可将在很大程度上依赖于《通则》本身具有说服力的权威"。

〔2〕 郭瑜：《国际货物买卖法》，人民法院出版社 1999 年版，第 102 页。

〔3〕 黄涧秋："《国际商事合同通则》法律适用规则评析"，载《苏州大学学报》2002 年第 1 期，第 41~42 页。

〔4〕 吴兴光："合同法统一化进程的第二个里程碑——《国际商事合同通则》探讨（一）"，载《国际经贸探索》1997 年第 1 期，第 43~44 页。

同示范法。[1]关于这些学者的观点，我们可以作简要评析。

将《通则》视为国际商事惯例的观点，显然是强调《通则》对国际商事主体的约束力。但我们知道，尽管《通则》中某些规定是对国际商事合同惯例的编纂，但其中也有些规定显然是起草者通过理性推理作出的新发展，而且《通则》从整体上显然还不构成一项系统的成文惯例。因此，认为《通则》是国际惯例并未真实反映《通则》在现实中的地位，具有一定的主观臆断成分。而将《通则》看作是一般法律原则的观点虽然指出了《通则》的某些规则是各国合同法的一般原则这一事实，但是，如果要把《通则》整体视为一般法律原则，则与事实不完全相符，因为《通则》中很多规定是国际商业活动中的特殊规则，这些规则在国内合同法中并无相应的条款，当然也就谈不上是一般合同法原则。至于有学者将《通则》的性质界定为国际合同示范法，尽管《通则》序言中即阐明了《通则》的功能之一是"作为国内立法和国际立法的范本"，但示范法只是《通则》的诸多功能之一，而且不是《通则》最主要的功能，以此来界定《通则》的性质显然是不全面的。

值得注意的是，意大利著名学者迈克尔·J. 博内尔（Michael J. Bonell）认为，《通则》不是简单的合同示范法，也不是具有法律约束力的国际条约，而是一种国际法律重述，[2]同时它也是对现存的国际统一法的解释和补充。[3]德国学者约瑟夫·洛克斯科（Joseph Lookofsky）也认为《通则》是一种法律重述。[4]作为起草《通则》的工作组主席，意大利学者迈克尔·J. 博内尔的观点显然具有一定的权威性，但如果仅仅将《通则》视为一种法律重述而不说明《通则》的其他现实功能和未来在性质上可能的变化，这种定性仍然是不尽完善的。笔者以为，只有从多角度考察《通则》的目的和特质，才可能全面客观地认识《通则》性质。

---

　　[1]　傅静坤：《契约冲突法论》，法律出版社 1999 年版，第 156 页。

　　[2]　Michael Joachim Bonell, *A New Approach to International Commercial Contracts*: *The UNIDROIT Principles of International Commercial Contracts*, Kluwer Law International, 1999, pp. 3~4.

　　[3]　Michael Joachim Bonell, *A New Approach to International Commercial Contracts*: *The UNIDROIT Principles of International Commercial Contracts*, Kluwer Law International, 1999, pp. 3~4.

　　[4]　Joseph Lookofsky, "The Limits of Commercial Contract Freedom: Under the UNIDRIOT 'Restatement' and Danish Law," *The American Journal of Comparative Law*, Vol. 46, Iss. 3, 1998, pp. 486~508.

首先，从静态的角度看，《通则》是一部法典化的国际商事合同法律重述。从结构上看，现行的 2010 年《通则》包括序言和 11 章共 211 条，分别是总则、合同的订立与代理权、合同效力、合同解释、合同内容与第三方权利、合同履行、合同不履行、抵销、权利转让、债务转移和合同转让、时效期间、多个债务人与多个债权人等。《通则》在形式上与大陆法系国家的法典很相似，系统性强，结构较严谨，内容较完整协调。《通则》没有采用国际条约这一硬法的方式，也没有采用示范法、指南的方式，而是采用了对国际商事合同的一般原则进行重述的方式，这在国际商事统一法领域还是第一次。《通则》起草者们的灵感来源于美国法学会所进行的法律重述工作。在美国，为了克服判例法的日益不确定性和过分复杂性，美国法学会全面收集有关领域的判例法，从中抽象出一般规则并编纂成法律条文，即将判例法系统化、条理化和简单化，这就是所谓的法律重述。[1]法律重述具有自身独特的形式，即包括黑体条文（black-letter clause）、正式评论、实例阐释和报告员注释四个部分。除非被法域中最高级别的法院正式采纳为法律，否则法律重述中的条款对法院并无约束力。《通则》在形式上也包括黑体条文、正式评论、实例阐释等几部分的内容，整体上对法院和仲裁机构也没有约束力，这些与美国的法律重述都很相似。但《通则》有着美国合同法重述所不具备的功能和特点，《通则》可以作为国际商事合同的适用法。

其次，《通则》可作为国际商事合同的准据法。美国法学会的法律重述，对于法官来说，只是作为其确定所适用的法律规则的参考，其作用只比重要的教科书略大。[2]但《通则》的立法目的并不限于此，其更深远的目的是成为国际商事合同所适用的法律。根据 UNILEX 的数据，《通则》实际被采纳的情况远远超过了 1994 年公布时最为乐观的预测，而且在仲裁或诉讼实践中作为合同准据法的实例也在不断上升。由于 UNILEX 数据库无法囊括所有的实例，现实中《通则》被适用的实例肯定将超过数据库中的数字。这表明《通则》既不是纸面上的法律，也不是纯粹的学理知识，而是真实的解决国际商事合同纠纷的重要法律渊源之一。

---

〔1〕 薛波主编：《元照英美法词典》，法律出版社 2003 年版，第 1191 页。

〔2〕 ［德］K. 茨威格特、H. 克茨：《比较法总论》，潘汉典等译，法律出版社 2004 年版，第 367 页。

最后，《通则》与国际商事合同惯例有密切的关联性。美国法学会的法律重述是全面收集有关方面的判例法，从中抽象出一般规则并编纂成法律条文。其重述的对象仅限于判例法，不涉及惯例和习惯。而《通则》的起草者们不仅从判例法中抽象出一般规则，也运用比较法从各国合同法中归纳出相同的规则，即合同法的一般法律原则，并以国际商业惯例和习惯作为其起草渊源。在现实中，《通则》的部分条文已被视为对国际商事合同惯例的编纂而得到适用。

总之，对《通则》性质的界定需要从多角度多层面进行考察。《通则》是对合同法的一般法律原则加以重述和阐释，对国际商事合同惯例进行成文编纂的、法典化的国际商事合同法重述。[1]

（二）《通则》的适用范围

与1980年《公约》相比，《通则》的适用范围非常广泛，涉及一切国际商事性质的合同。《通则》主要是为国际商事合同制定一般的规则，并认为"商事合同"这一概念应在尽可能宽泛的意义上来理解，以使它不仅包括提供或交换商品或服务的一般贸易交易，还可以包括其他类型的经济交易，如投资、特许协议、专业服务等。关于商事合同的性质界定，《通则》并不主张适用各国法律中对"民事"和"商事"当事人或这两种交易的传统界定概念，而主张根据合同当事人的身份或交易的性质来确定，如果合同当事人具有商人的身份或交易具有商业性质，则该商事合同可以适用《通则》。因此，不属于《通则》适用范围的主要是消费合同，因为此类合同在各国通常要受到某些旨在保护消费者权益的强制性规范的支配。[2]而关于国际商事合同"国际性"的认定，《通则》并没有采用1980年《公约》的以当事人营业地位于不同国家为其国际性的标准，而主张对"国际性"这一概念作尽可能广泛的解释，凡合同中所含因素与一个以上国家有关，该合同即为国际合同。"国际性"因素包括：合同的主体具有国际因素，订立或履行国际商事合同的行为发生在不同的国家，作为国际商事合同标的的财产或其他权利利益必须经过跨国或跨境流转才能实现合同主体的合同目的。

---

〔1〕　左海聪："试析《国际统一私法协会国际商事合同通则》的性质和功能"，载《现代法学》2005年第5期，第180页。

〔2〕　对外贸易经济合作部条约法律司编译：《国际统一私法协会国际商事合同通则》，法律出版社1996年版，第2页。

在《通则》与契约自由原则、各国强制性规范以及国际惯例或习惯的关系上，《通则》与1980年《公约》的规定一致，除了某些体现诚实信用原则和公平交易原则的条款外，《通则》允许合同当事人可以约定排除《通则》的适用，或者减损、变更《通则》任何条款的效力。同时，《通则》明确规定各国强制性规范的效力高于《通则》，《通则》的适用不能排除各国强制性规范的管辖。合同当事人业已同意的惯例和他们之间确定的习惯做法，应具有高于《通则》规定的效力。

关于国际商事合同的实体有效性问题，由于涉及各国公共秩序和法律强制性规定，历来是合同法统一化过程中的难点，1980年《公约》就明确规定其不涉及合同及合同条款的效力问题。《通则》第三章"合同的效力"中虽然对合同因当事人无行为能力、无授权以及合同内容不道德或违法而导致无效等问题未作出规定，但在下列涉及合同及合同条款有效性的事项方面，还是作了统一详尽的规定。首先，关于国际商事合同的效力是否必须要有对价或约因的存在为基础。《通则》第3.2条明确规定，"合同仅由双方的协议订立、修改或终止，除此别无其他要求"。这就排除了普通法系国家和一些大陆法系国家分别以对价和约因作为合同有效性和当事人变更或终止合同的前提条件要求，进一步强调了合同的有效性和基础在于当事人之间的合意，从而更符合现代国际商事交易的现实需要。其次，关于因错误、欺诈、胁迫和显失公平等情形而影响合同的效力问题，各国合同法上虽然均有所规定，但并不完全一致。《通则》在第三章第二节对影响合同或某些条款效力的上述四种情形，分别作了较为详尽的规定和说明，明确了在何种条件下和程度范围内受这类不正当行为影响的合同当事人可以宣告合同无效或个别条款无效，以维护诚信原则和公平交易原则。最后，关于当事人自始不能履行、条款待定合同的效力、艰难情势（情势变更）对合同效力的影响，以及宣告合同无效的通知、追溯力和合同部分无效等问题，《通则》也作了具体规定，弥补了1980年《公约》在这些事项上规定的空白和欠缺，从而在合同效力问题方面促进了国际合同法统一化的进程。

（三）《通则》的适用问题

与1980年《公约》的立法宗旨不同，《通则》制定者的目的并不在于通过国际条约立法的途径制定一部具有统一约束力的商事合同法律规则，从而取代各国现行的国内商事合同法，而是采用类似美国法律重述的方式，通过阐述各国合同法的一般的、共有的原则和规则，对国际商事合同的一般法律规则和惯例进行诠释。《通则》适用于调整商事合同关系，但在很大程度上取决于合同当事人的协议选择。《通则》具有科学性、合理性和实用性，从而较1980 年《公约》也具有更广泛的适用性。[1]

1. 当事人明确选择其合同受《通则》管辖时，可以适用《通则》

《通则》序言部分认为，《通则》代表一种合同法规则体系，这些规则为各国现存法律体系普遍采用或者最能适应国际商事交易的特殊要求，因此，当事人有理由明确选择《通则》作为其合同的适用法以替代选择某一国内法。在国际贸易实务中，有相当一部分当事人明确选择《通则》作为其合同适用的法律。其中，有的是以单独一个条款作出选择，有的则是与纠纷解决条款结合作出选择。这种选择的效果也有所不同，有的能导致内国法院或国际仲裁机构对《通则》的援引，有的则不能。同时，内国法院与国际仲裁庭对当事人这种选择的态度亦有所不同，我们可以从国内法院与国际仲裁机构两个方面论述当事人的明确选择对《通则》适用的影响。

（1）从内国法院来看，因当事人选择方式不同而态度不同。当事人的选择方式有以下三种：其一，当事人选择《通则》作为其合同适用的法律等同于使《通则》取得了合同"准据法"的地位，其后果是，当事人之间合同中的一切法律问题（程序问题除外）都应按照《通则》来解决。不过，在此会遇到一个有争议的问题。按照传统的、并且现在仍较为流行的观点，内国法院应适用其本国的法律，包括相关的冲突规则，而这些冲突规则限制了对国际贸易合同可适用的法律的选择——它决定了能被选择的只能是某一国家的法律，而不可能是诸如《通则》之类的跨国法或国际规则。这一点在 1980 年欧共体成员签署的《罗马国际合同义务法律适用公约》中得到确认。该公约以"公约指定的法律"（第 2 条）、"当事人选择的法律"（第 3 条）、"最密切联系国家的法律"（第 4 条第 1 款）为当事人合同义务的适用法。这清楚地表明，在相关案件中可以适用的法律必须是某一特定国家的法律。[2]但是，从1994 年《美洲国家间关于国际合同法律适用公约》的相关内容看，却并非完

---

〔1〕［意〕米切尔·波乃尔："国际商事合同通则与国际贸易货物销售合同公约——是二者择一或相互补充"，梁慧星译，载《外国法译评》1999 年第 2 期，第 12～16 页。

〔2〕Filip De Ly, *International Business Law and Lexa Mercatoria*, Emerald Publishing, 1992, p. 163.

全如此，例如该公约第 9 条第 1 款第 2 款以及第 10 条的规定。[1] 因此，依据《美洲国家间关于国际合同法律适用公约》的上述条款规定，《通则》可以作为合同的适用法律，当事人有明确选择时如此，甚至当事人没有明确选择时结果也一样。其二，当事人选择《通则》作为合同适用的法律仅等同于将《通则》并入其合同中，这样导致的后果就是，管辖合同的法律还须由国际私法加以确定，《通则》只在其不违背应适用的法律的强制性规定范围内对当事人具有约束力。其三，当事人选择《通则》作为合同适用的法律是以这样一种方式进行的——类似格式合同中经常遇到的情境一样，在一些案件中一方当事人单方选择适用《通则》，而另一方当事人则在没有获得充分谈判机会的情况下签订了合同，或者《通则》甚至被作为合同标准条款应用，那么，这种情况下效果又如何？有学者认为，该合同要遵守内国法中关于合同标准条款的特别限制规定。[2] 然而，这种把《通则》看成为标准条款的观点实际上没有考虑到以下事实，即《通则》是作为适用于一般国际商事合同而不是适用于某一特殊合同而被制定的，所以，《通则》针对的不是某一单一的职业群体（如出卖人、出租人、承运人等），而是针对两种抽象的当事人——债权人与债务人。另外，《通则》目的绝不仅在于创制一个单边规则，而是为了给当事人之间的合同条款提供一个监督机制以防产生不公，防止权利滥用，包括保护在格式合同中处于弱势地位的一方当事人。

（2）从仲裁机构来看，当事人的选择往往可导致《通则》的适用。如果当事人选择《通则》作为其合同适用的法律，同时又决定将因该合同产生的争议提交仲裁机构仲裁，仲裁员可以直接适用《通则》而无需将其决定建立在某一特定的内国法之上。《通则》在序言部分建议当事人在明示选择《通则》时最好与仲裁条款一同使用。因为在仲裁程序中，如果当事人授权仲裁员根据"公平及善意原则"裁决，仲裁员当然可以依据当事人所选择的《通

---

〔1〕《美洲国家间关于国际合同法律适用公约》第 9 条规定："如果当事人没有选择准据法，或者他们的选择证明是无效的，合同应受与其具有最密切联系的国家的法律支配。法院应考虑合同的所有主客观因素，以确定与之具有最密切联系的国家的法律。国际组织认可的国际商法的一般原则也应予以考虑。"第 10 条规定："除前述条款的规定外，为满足特殊案件的公正及公平的要求，也可以适用国际商法中的准则、习惯和原则以及普遍接受的商业惯例和习惯。"

〔2〕 Michael Joachim Bonell, "The UNIDROIT Principles and Transnational Law", *Uniform Law Review*, Vol. 5, Iss. 2, 2000, p. 201.

则》作为适用的法律；即便没有这一授权，仲裁员也可以依据国内法之外的法律规则作出裁决也是一种发展趋势。例如，1985 年《联合国国际贸易法委员会国际商事仲裁示范法》第 28 条第（2）款，[1]以及 1965 年《解决国家与他国国民间投资争端公约》第 42 条第（1）款[2]均规定，仲裁庭可以适用国内法之外的法律规则。但是，如果争议由法院审理，法院可能不会作这样的选择。

现在，越来越多的国际的或国内的仲裁法，特别是 1985 年《联合国国际贸易法委员会仲裁示范法》，在规定准许当事人选择有关合同实体问题之适用法律时，都使用了"法律规则"（rules of law）代替"法律"（law），这就是为了明确当事人的选择自由不仅是选择内国法的自由，也包括选择国际法律规则和习惯的自由。更为重要的是，在实务中已有许多案例，当事人要求仲裁庭"根据《通则》"或"根据《通则》并结合相关的国内法"对合同纠纷进行裁决。这种要求的表达方式多种多样：有的只在合同的争议解决条款中约定"管辖的法律为《通则》"，没有其他更多的要求；有的则在合同中约定"当事人同意的法律，如果需要并合适的话，适用《通则》"；[3]有的在合同中约定"秉着公平原则，根据《通则》裁决"。[4]而且，迄今为止，尚无仲裁机构的裁决因适用《通则》导致违反内国法中的强行法而被撤销的实例。

2. 当事人同意其合同受一般法律原则、商人习惯法或类似规范管辖时，可以适用《通则》

《通则》序言部分认为，迄今当事人适用超国家的或跨国性质的、内容不甚明确的规则一直受到批评，因为这些概念极端模糊。在这种情况下，为避免或尽量减少此类模糊概念给确定合同内容时造成的不确定性，最好是求助

---

[1]《联合国国际贸易法委员会国际商事仲裁示范法》第 28 条第（2）款规定："如当事各方没有任何规定，仲裁庭应适用它认为可以适用的法律冲突规则所确定的法律。"

[2]《解决国家与他国国民间投资争端公约》第 42 条第 1 款规定："仲裁庭应依照双方可能同意的法律规则对争端作出裁决。如无此种协议，仲裁庭应适用作为争端一方的缔约国的法律（包括其冲突法规则）以及可能适用的国际法规则。"

[3] Michael Joachim Bonell, *An International Restatement of Contract Law: The UNIDROIT Principles of International Commercial Contracts*, 2nd., Transnational Publishers, 1997, p. 253.

[4] UNIDROIT, "ICC Award No. 1795 of 1 December 1996 by the National and International Court of Arbitration of Milan," *Uniform Law Review*, Vol. 2, 1997, p. 602.

于像《通则》这样一套系统和界定明确的规则。《通则》认为，它与商人习惯法、一般法律原则具有密切的联系，它的许多规定可以说就是对商人习惯法、一般法律原则的编纂。如果当事人选择适用商人习惯法、一般法律原则，就可以适用《通则》。这表明《通则》对商人习惯法的认同，对存在一套合同法一般原则的确认，这种共识是对合同法进行国际重述的基础。《通则》进行的系统性编纂实质性地解决了商人习惯法、一般法律原则的模糊性问题，从而为商人习惯法、一般法律原则的发展作出了决定性的贡献。

从国际仲裁实践看，《通则》已在多种场合被作为商人习惯法或一般法律原则的一种渊源而援用。例如，国际商会仲裁院（ICC）在其 7110 号案件的部分裁决（Partial Awards）就是一个很好的注解。这一争议涉及一家英国公司与中东某国政府部门之间关于供应设备的若干合同。在这些合同中，大部分都没有关于适用法律的选择条款，而另外一些合同只规定按照"公平原则"处理。在一份最初的部分裁决中，关于适用法律问题，仲裁庭指出，大多数人认为，当事人已意图排除任何一特定国家的内国法的适用，并意图使其合同受一般法律原则和规则管辖，这些一般法律原则与规则虽然没有载入任何特定国家的法律体系中，但它们是应国际交易的需要而被特别采用并在国际范围得到广泛认同的。按照该仲裁庭的意见，这种被国际社会广泛认同的一般原则与规则主要是指《通则》。所以，仲裁庭得出结论："如不带偏见地考察这些合同的规定与相关的贸易习惯……这些合同中的且在《通则》涵盖范围内的事项应受《通则》管辖并按照《通则》来解释。"[1] 所以，在其他部分裁决中，在处理实体问题时，该仲裁庭引用了《通则》之第 1.7 条、第 2.1.14 条、第 2.1.18 条、第 7.1.3 条和第 7.4.8 条，把它们看成是通常接受的法律原则的一种表达。

3. 当事人未明确选择合同所适用的法律时，可以适用《通则》

《通则》序言部分指出，当事人没有选择任何法律管辖其合同时，可以适用《通则》。理由在于：如果当事人没有选择管辖合同的法律，则必须依据国际私法的相关规则确定合同适用的法律。但在国际商事仲裁的情况下，关于法律适用的规则相当灵活。例如，2021 年 1 月 1 日生效的《国际商会仲裁规

---

〔1〕 ICC, *International Court of Arbitration Bulletin*, ICC Publishing S. A, Vol. 10, Iss. 2, 1999, pp. 39~57.

则》第 21 条第 1 款,[1]2023 年 1 月 1 日生效实施的《斯德哥尔摩商会仲裁院仲裁规则》第 27 条第 1 款,[2]都允许仲裁庭适用其认为适当的（appropriate）或最合适的（most appropriate）法律规则。通常情况下，仲裁庭将适用某一特定的国内法作为合同的准据法。但在特定情况下，仲裁庭可能会适用非国内的或超国家的规则，例如《通则》。

仲裁庭适用《通则》的特定情形包括：仲裁庭从案件情势推断出当事人意图排除任何国内法时，例如当事人一方是国家或政府机构，并且双方当事人均已表明不接受另一方的国内法或某第三国国内法的管辖；合同表明，与多个国家相关的连接因素中没有一个具有充分的重要性使仲裁庭有理由适用一国的国内法而排除其他国家法律的适用。[3]当事人未选择合同适用的法律时，仲裁员基于尊重国际商事惯例，基于《通则》更适合于国际商事交易特定需要等因素考虑，或从当事人意欲排除国内法适用的角度出发，均可以适用《通则》。这开辟了另外一条摆脱国内法而适用《通则》的道路，它与当事人摆脱国内法而明确选择《通则》作为准据法的道路平行。《通则》在两条道路上并驾齐驱，不断扩大其在国际商事合同实践中的影响力。

4. 《通则》被作为解释和补充国际统一法律文件而适用

《通则》序言部分指出，《通则》可用于解释和补充国际统一法律文件。何谓国际统一法律文件，《通则》并没有给予明确的范围和界定。尽管如此，国际统一法律文件的某些条款可能会产生解释问题，而且还会出现法律空白。传统上，在面临上述问题时，是依据国内法的原则和标准进行解释和补充国际统一法律文件。该国内法可以是法院地法，也可以是根据国际私法规则确定的可适用的法律。近年来，法院和仲裁庭更多地倾向于摒弃这种"冲突式"的解决方式，转而以自治性的和国际统一的原则和标准来解释和补充国际统一法律文件。[4]这种做法在一些国际条约中已得到明确的认可，例如 1980 年

---

〔1〕　《国际商会仲裁规则》第 21 条第 1 款规定："当事人有权自由约定仲裁庭处理案件实体问题所应适用的法律规则。当事人对此没有约定的，仲裁庭将决定适用其认为适当的法律规则。"

〔2〕　《斯德哥尔摩商会仲裁院仲裁规则》第 27 条第 1 款规定："仲裁庭应当根据当事人约定的法律或法律规则裁决案件。如果没有约定，仲裁庭应当适用其认为最为合适的法律或法律规则。"

〔3〕　对外贸易经济合作部条约法律司编译：《国际统一私法协会国际商事合同通则》，法律出版社 1996 年版，第 8~9 页。

〔4〕　UNIDROIT Principles of International Commercial Contracts 2004, Preamble Comment 5.

国际货物贸易法理论和实践问题研究

《公约》第 7 条之规定。〔1〕在实践当中，《通则》也经常被法院和仲裁庭在具体案件中用于解释和补充国际条约，而典型做法就是解释或补充 1980 年《公约》。例如，在维也纳联邦经济会国际仲裁中心（VIAC）审理的两个案件中，均涉及赔偿金的利息支付问题，但 1980 年《公约》第 78 条却没有规定如何确定利率。审理案件的仲裁员根据 1980 年《公约》第 74 条所规定的对当事人的损失实行"完全补偿原则"（general principle of full compensation），适用《通则》第 7.4.9 条第 2 款来补充解释 1980 年《公约》第 78 条。仲裁员的理由是，《通则》和 1980 年《公约》均规定了完全补偿原则，而《通则》构成了对这一原则更为完整的表述。〔2〕

　　实践中之所以经常把《通则》用于解释或补充 1980 年《公约》，主要是 1980 年《公约》在制定过程中，各缔约国法律传统的差异性难以协调，导致在一些重要的事项上难以作出明确统一的规定，甚至会留下空白和漏洞。而作为相对独立于各国国内法的国际统一法条约，就其本质而言需要以国际统一的原则或标准来解释，才能保证其在世界范围内以统一法方式适用的原有特性。而《通则》正可以发挥这样的作用，即使有关的统一法条约已经过缔约国的立法程序并被纳入国内法中，在进行解释和补充时同样可以援引《通则》。〔3〕《通则》在阐明其作为解释和补充国际统一法律文件的理由时，显然是要摒弃传统的"冲突式"的方法而要求用统一的方式来解释统一法。《通则》精辟地指出，国际商事统一法即便并入了国内法，仍然是一个自主发展的独立法律部门。毫无疑问，《通则》体现了统一法的理念和商人自治法的观念。

　　5.《通则》被作为解释和补充国内法而适用

　　《通则》在序言部分规定，《通则》也可用于解释和补充国内法。这主要针对以下情况：在适用特定的国内法时，或许由于有不同的可替代的标准，

〔1〕　1980 年《公约》第 7 条规定："（1）在解释本公约时，应考虑到本公约的国际性质和促进其适用的统一以及在国际贸易上遵守诚信的需要。（2）凡本公约未明确解决的属于本公约范围的问题，应按照本公约所依据的一般原则来解决，在没有一般原则的情况下，则应按照国际私法规定适用的法律来解决。"
〔2〕　吴德昌："论《国际商事合同通则 2010》解释补充 CISG 的理论依据和实践建议"，载《兰州教育学院学报》2014 年第 8 期，第 154 页。
〔3〕　对外贸易经济合作部条约法律司编译：《国际统一私法协会国际商事合同通则》，法律出版社 1996 年版，第 8~10 页。

或似乎根本没有特定的标准，法院和仲裁庭可能对根据该法律所采纳的适当标准存在疑惑。特别是当争议与国际商事合同相联系时，求助于作为一种指导源泉的《通则》应该是可取的。这样就可以按照国际上接受的标准或跨界贸易关系的特定需要来解释和补充所涉及的国内法律。[1]

如果说《通则》解释和补充国际统一法律文件是为了维持这些文件在国际上的统一性的话，在我们看来，它作为解释和补充国内法的工具，则是希望从国内层面维护国际商事交易法律的统一性。归根结底，两者的目的都是让国际商事纠纷的解决方法更加一致，更符合商业实践和商人利益，更容易被人们所预期。可见，为实现和谐之目的，《通则》不仅仅在规则的设计上精心策划，同时又在规则的适用方面颇费心思，是一部统一性质极其浓厚的法律文件。

《通则》解释和补充国内法的愿望是良好的，却也不得不面对一个实质性的问题：作为国际层面私人立法性质的文件，它为什么能解释和补充国内法？学者们的意见分为截然相反的两派。坚持传统的人认为，上述情况下法院应适用法院地法，从而明确否定以《通则》替代国内法的可能。更多学者还是持肯定态度，援引《通则》可以减少国内法不确定或无法确定时寻找法律的高昂代价，进一步说，能增加法律确定的成分。

在我们看来，将《通则》作为解释和补充国内法而适用是很有意义的：其一，能够为相关问题提供更为科学的处理依据。《通则》源于国际商事实践，目的也是服务国际商事实践，比起国内规则而言，它更有针对性。正如阿根廷法学家安东尼奥·博吉亚诺（Antonio Boggiano）所言："《通则》可以帮助解释、补充和适用那些由当事人选择的或按照国际私法冲突规则适用的国内法，这些可以适用的国内规则可能被证明为太生硬或不大适合国际合同。"[2]在克劳斯·彼德·伯杰（Klaus Peter Berger）教授看来："《通则》中富有建设性的方法可以帮助人们打破内国法律体系与国际商事习惯法之间的隔阂，避免跨国法与国内法的冲突。"[3]其二，能够在法律缺失状态下寻找确

---

〔1〕 UNIDROIT Principles of International Commercial Contracts 2004, Preamble Comment 6.

〔2〕 Antonio Boggiano, "La Convention Interaméricaine Sur La Loi Applicable Aux Contrats Internationaux et les Principes d' Unidroit", *Uniform Law Review*, Vol. 1, Iss. 2, 1996, p. 220.

〔3〕 Klaus Peter Berger, "International Arbitral Practice and the UNIDROIT Principles of International Commercial Contracts," *The American Journal of Comparative Law*, Vol. 46, Iss. 1, 1998, p. 139.

定方案。实际上，目前还有许多欠发达国家的法律体系并不完备，甚至没有相关立法。面对此情形，《通则》合理的体系和细致的规定正好能够填补这些国家法律的空白。需要指出的是，这并不与《通则》的示范法功能相重合，前者不需要将《通则》纳入国内法体系便能适用，而后者主要是指国家能将《通则》作为立法或修改法律的示范文本。据 UNIDRIOT 的统计，有一半以上的裁决或多或少引用过《通则》对国内法进行解释和补充。可以认为，这是《通则》实践意义很强的一项功能。[1]

6. 《通则》作为国内和国际立法的范本而适用

《通则》是由代表世界不同法律文化的众多合同法和国际贸易法专家、学者、法官、律师以个人身份进行起草工作的，不囿于各自国家的法律原则和观点，因而能够充分吸收现代合同法的最新成果，提炼和确立许多过去国际条约所没有的一般法律原则。例如，关于合同效力问题的规定、关于标准合同条款的规定、关于艰难情势的规定等。这些从国际商事实践总结升华的最新法律原则具有科学性、合理性、实用性，克服了 1980 年《公约》的局限性，在更大范围内统一了合同法。

随着国际经济贸易的深入发展，促使各国经济贸易交往日益紧密，同时也使各国商事法律逐渐相互靠近。在国际贸易领域方面的国际性公约或条约，也促使缔约国在国内立法中作出相应的调整和修改。当今世界各国在制定新法、修订旧法时都十分注重借鉴其他国家和国际条约的立法成果和经验。《通则》不是国际性条约或公约，它是以一般法律规则的面目出现的。《通则》本身的国际性决定了《通则》可以作为国内和国际立法的范本，《通则》所采用的较为中性的法律术语如果为国内和国际立法所采纳，则可避免各国立法在术语问题上的冲突和不一致。可以预见，由于《通则》的科学性、合理性、实用性及其规范的全面性，其在国际商事实践中将为越来越多的合同当事人所认识和接受，其具体规定和法律原则也必将越来越多地为各国的商事立法所采纳。

（四）《通则》与 1980 年《公约》的关系

《通则》是继 1980 年《公约》之后国际贸易法统一化进程中取得的又一

---

[1] 朱雅妮："《国际商事合同通则》作为补充或解释相关法律文件的原理及实践"，载《湖南社会科学》2009 年第 5 期，第 211 页。

重大成果。《通则》的制定继承了 1980 年《公约》的一些制度，但在很大程度上又具有自己的特点。将《通则》与 1980 年《公约》进行比较，可以得出以下几点结论：

1. 立法初衷的不同决定了二者在法律性质和法律效力上的不同

1980 年《公约》从一开始就是基于统一各国国内立法以使之在国际层面上达到最大限度的统一这样一种思路。在历经半个世纪的艰苦努力后，才在各方的妥协下达成了一致并最终获得通过，成为一个有拘束力的国际贸易条约，并对有关当事各方产生当然的法律约束力。而《通则》的制定者国际统一私法协会，基于 1980 年《公约》所获得的巨大成功以及《公约》在制定上的艰难和内容上的不足等方面的考虑，决定制定一个不具有法律拘束力的有关国际商事交易的一般规则，为此，国际统一私法协会构想在国际层面实现类似美国法律重述那样的规则。由于《通则》的目的不是要统一国内法，而只对现存的国际契约法加以重述，因此在制定的过程中没有必要将世界上所有国家的一切法律都加以考虑，这样，在必须从不同国家的相互对立的规则中选择其一时，选择的标准不是看某规则是否为大多数国家所采用，而是看该规则对于国际商事交易是否最具价值或者特别适合。这样的努力达到了非常满意的效果，以至于有人评价它是"对商事习惯法最具权威且最有价值的记述"。从前文分析可以看出，《通则》不是国际条约，甚至不能算是一个真正意义上的国际惯例，充其量可以算作一个一般法律规则，或者是对国际契约法的重述。《通则》这种不具有拘束力的特性使得其在适用上的法律效力大打折扣，当事人选择《通则》作为合同的准据法能否得到有关法院和仲裁庭的认可也存在变数。

2. 适用范围的不同决定了二者事实上属于一种并存而非对立的关系

1980 年《公约》的适用范围较为有限，仅仅适用于营业地位于不同缔约国的当事人之间所订立的货物销售合同。而且，1980 年《公约》还采用排除的方法列举了不适用《公约》的货物销售以及销售合同的某些方面。而《通则》的适用范围较为广泛，即适用于一切国际商事合同，不仅包括国际货物销售合同，而且包括其他类型的国际商事合同，如国际投资、特许协议、专业服务合同等。这样，在货物销售合同以外的其他合同领域，二者不会发生适用上的重复，即 1980 年《公约》不适用而可能适用《通则》。

即使在货物销售合同方面，这种情况也可能发生，例如，在非公约缔约国的当事人之间订立的货物销售合同不适用 1980 年《公约》的情况下，《通则》就有可能作为国际统一规则的替代而被加以适用。退一步讲，即使在货物销售合同适用 1980 年《公约》的情况下，《通则》也并非完全不能适用，当事人可以就 1980 年《公约》未包括的事项约定适用《通则》，甚至可以用《通则》中的有关条款来取代 1980 年《公约》的相关条款加以适用。

3. 《通则》在一定程度上对 1980 年《公约》起着补充和完善的作用

由于旨在成为一个有拘束力的国际统一法，因此作为代价，1980 年《公约》对许多问题没有作出规定，并且对某些问题的规定进行模糊化处理。《通则》的制定借鉴了 1980 年《公约》的部分内容，在某些问题上的规定可以说是原文照搬了或实质上采用了 1980 年《公约》相关条款的规定，例如《通则》第二章第一节"合同的订立"中有关要约和承诺的规定与 1980 年《公约》的规定是完全一致的，《通则》第一章"总则"的部分条款（如第 1.2 条、第 1.5 条、第 1.8 条）与 1980 年《公约》的有关条款（如第 11 条、第 6 条、第 9 条）也是基本一致的。

然而，《通则》的有关条款规定要比 1980 年《公约》的相关规定更加明确具体。例如，1980 年《公约》第 25 条和《通则》第 7.3.1 条都规定根本违约或根本不履行可以导致合同的解除或终止，但在"何为根本违约或根本不履行"这个问题上，1980 年《公约》的规定十分笼统含混，即"一方当事人违反合同的结果，如使另一方当事人蒙受损害，以致于实际上剥夺了他根据合同规定有权期待得到的东西，即为根本违反合同"。[1]相比之下，《通则》的规定就较为具体。《通则》第 7.3.1 条第 2 项规定了判断不履行合同义务是否构成根本不履行应特别考虑的情况或因素：（1）不履行实质上剥夺了受损害方当事人根据合同有权期待的利益，除非另一方当事人并未预见而且也不可能合理地预见到此结果；（2）对该项未履行义务的严格遵守是合同的实质性约定；（3）不履行是有意所致还是疏忽所致；（4）不履行使受损害方当事人有理由相信，不能信赖另一方当事人的未来履行；（5）若合同被终止，不履行方当事人将因已做的准备或履行而蒙受不相称的损失。[2]

此外，《通则》还规定了许多 1980 年《公约》未涉及的事项，例如，合

---

〔1〕 参见《公约》第 25 条。

〔2〕 参见《通则》第 7.3.1 条。

同的效力、恶意谈判、保密义务、利益冲突、艰难情势等。这样，在 1980 年《公约》没有规定或规定不明确的情况下，《通则》可以起到拾遗补阙的作用。实践中，维也纳国际仲裁中心（VIAC）和国际商会国际仲裁院（ICC International Court of Arbitration）都曾援引《通则》的有关条款对 1980 年《公约》未规定的事项作出解释。

　　援用《通则》作为对国际性文件的补充，其好处在于可以提高国际商事争议解决的一致性和公平性。利用与国际贸易的目标相一致的规则而不是国内法规则和标准来填补 1980 年《公约》留下的空缺，更容易实现判决结果的一致性。同时，运用《通则》而不是国内法也不会导致判决的不公平性，因为这样可以避免适用对某一方当事人明显不利的法院地法或适用法院地的冲突规则所确定的法律。使用《通则》作为补充，与一些国际条约的指导思想也是一致的，即解释条约时应根据条约的国际性质并考虑促进其适用的统一性。[1]例如，1980 年《公约》第 7 条第（1）款、[2]1994 年《美洲国家间关于国际合同法律适用公约》第 4 条，[3]以及 1991 年《联合国国际贸易运输港站经营人赔偿责任公约》第 14 条[4]等，都提出了这样的指导思想。这就意味着，这些国际性文件中所包含的观念和政策应根据其国际背景赋予其含义，而不能赋予其某一特定法律制度所固有的含义。

　　综上所述，《通则》与 1980 年《公约》之间并非对立的关系，而是并存互补的关系。可以预见，以 1980 年《公约》为主，以《通则》为辅的格局将在较长的时间内继续维持，即以 1980 年《公约》为合同的准据法，以《通则》拾遗补漏。《通则》的存在并不会对 1980 年《公约》的权威性构成较大的威胁，相反，只会提高 1980 年《公约》的权威性，至少在目前及不久的将来也是这样。然而，随着时间的推移，《通则》会被越来越多的国际商事合同

---

　　〔1〕　Alejandro M. Garro, "The Gap——Filling Role of the UNIDROIT Principles in International Sales Law: Some Comments on the Interplay Between the Principles and the CISG", *Tulane Law Review*, Vol. 69, Iss. 1, 1995, p. 1154.

　　〔2〕　1980 年《公约》第 7 条第（1）款规定："在解释本公约时，应考虑到本公约的国际性质和促进其适用的统一以及在国际贸易上遵守诚信的需要。"

　　〔3〕　《美洲国家间关于国际合同法律适用公约》第 4 条规定："为解释和适用本公约的目的，应该考虑其国际性质和促进其适用的一致性的需要。"

　　〔4〕　《联合国国际贸易运输港站经营人赔偿责任公约》第 14 条规定："在解释本公约时，应考虑到公约的国际性质和促进其适用的统一的必要性。"

当事人所认识和接受，并在国际商事实践中得到越来越广泛的援引和采用，《通则》必将成为真正意义上的国际商事惯例，从而在国际商事交易中发挥更大的作用。

三、《国际贸易术语解释通则》的变化与适用问题

《国际贸易术语解释通则》（International Rules for the Interpretation of Trade Terms）是国际商会（ICC）为统一规范和解释贸易术语而邀请各方面的专家学者在 1936 年制定的一套国际规则。《国际贸易术语解释通则》习惯上被简称为 Incoterms®。一般认为，Incoterms®是 In（ternational）+Co（mmercial）+Terms 的缩写，意为国际贸易术语，是指在国际货物买卖中，以英文缩写字母或简短的概念来表示买卖双方在交易中的责任、费用和风险划分的专门用语。贸易术语在我国外贸实务中被习惯称为"价格术语""价格条件"。按照不同的贸易术语确定双方的权利义务，大大简化了交易程序，缩短了磋商时间，节省了交易成本和费用，因此在国际贸易实践中得到广泛应用。就其本质而言，贸易术语就是国际货物买卖中常用的标准合同。[1]贸易术语不具有法律约束力，供商人选择适用。如果双方当事人在合同中采用了某个贸易术语，则该贸易术语规定的基本权利义务对双方均有约束力。

（一）《国际贸易术语解释通则》的产生与发展

贸易术语是国际贸易长期实践的产物，有的贸易术语已有 200 多年的历史。例如，最古老的贸易术语"船上交货"（FOB）可以追溯到 17 世纪后期，在 19 世纪初已有相关的法院判例。[2]当时，由于通讯、运输工具的落后，银行、保险事业不发达，从事航海贸易的商人必须亲自随船出海到世界各地采购货物。如果找到合适的卖方及需要的货物，便进行交易洽谈，当场成交，然后指定卖方将货物交到船上，并对货物进行最后的检验。如果货物符合其先前看到的样品，当即就支付价款。在这里，买卖双方的风险负担显然是以装船为界限，由此就形成了在装运港船上交货的 FOB 贸易术语。可以说，传统的 FOB 贸易术语是在特定的历史条件下应运而生的，乃至成为当时国际贸易中最主要的贸易术语。

---

〔1〕 工传丽：《国际贸易法——国际货物贸易法》，中国政法大学出版社 1999 年版，第 42 页。
〔2〕 David M. Sassoon, *C. I. F. and F. O. B. Contracts*, 4th ed., Sweet & Maxwell, 1995, p. 347.

随后，由于科技的进步，交通运输、通讯的发展和银行、保险业的崛起，特别是定期班轮运输的出现，使航运和买卖逐渐分离，商人们不必再亲自到国外采购，而是要求卖方将货物交给专门负责运输的船东，于是就出现了 CIF 贸易术语，免除了买方安排运输和办理保险的责任。于是 CIF 逐渐取代 FOB 而成为国际贸易中使用最广泛的贸易术语。

但是，由于第一次世界大战造成的船舶短缺，运价迅猛上涨，依据 CIF 贸易术语成交的贸易数额一落千丈，而以 FOB 贸易术语完成的交易额则东山再起。第二次世界大战以后，许多新兴独立国家大力发展海运业和保险业，为了节省大量海运费和保险费支出，缓解外汇严重短缺问题，这些国家鼓励或限定进口必须采用 FOB 贸易术语，出口必须采用 CIF 贸易术语，即用本国货币在国内租船订舱和办理保险。例如巴西规定，所有进口商品的保险必须向进口国设立的保险公司投保。因此，巴西停止在 CIF 基础上的进口，这一措施可以使巴西保险市场每年的保险费增加约两千万美元。[1] 这类人为的因素必然扩大了 FOB 和 CIF 贸易术语的使用。随着国际贸易的发展，在 CIF 贸易术语基础上演变产生了 CFR 贸易术语。在国际贸易中最常使用的贸易术语是 FOB、CIF 和 CFR，这三种贸易术语主要适用于海上运输方式，随着多式联运的不断发展，适合于各种运输方式的 FCA、CPT 和 CIP 贸易术语的作用也在日益扩大。

由于贸易术语早期是在不同国家和地区的商业贸易中逐步形成和发展起来的，各国对贸易术语下买卖双方的责任、费用和风险划分的内容和解释不完全一致。国际商会作为世界上最大的民间国际经济组织，其宗旨自成立之初就十分明确，即促进国际贸易与投资的包容性增长与繁荣，解决国际贸易中产生的争议与纠纷，支持简化海关和边境程序，支持多边主义，并在贸易、银行、运输等领域制定相关规则。[2] 为了实现其宗旨，国际商会在 1919 年成立时就把对贸易术语的定义作为其首要任务之一，以期为国际贸易往来中经常使用的贸易术语提供清晰而普遍的解释，减少和避免使用中出现的问题。早在 1921 年国际商会就开始着手对各国经常使用的贸易术语进行调查、比较和研究工作，在此基础上于 1936 年制订了一套解释贸易术语的国际规则——

---

〔1〕　David M. Sassoon, *C. I. F. and F. O. B. Contracts*, 4th ed., Sweet & Maxwell, 1995, p. 10.

〔2〕　参见 https://iccwbo. org/about-us/who-we-are/our-mission/，访问日期：2023 年 3 月 10 日。

《国际贸易术语解释通则》（简称 Incoterms®）。Incoterms® 对当时在国际贸易中经常使用的 FOB、CIF 等贸易术语进行统一的规范和解释，避免各国对贸易术语的不同解释可能导致的误解和纠纷，促进了国际贸易的顺利进行，受到了国际贸易界的普遍欢迎和采用。

Incoterms® 之所以能得到各国的广泛承认并被从事国际贸易的商人们普遍采用，一个重要原因是它的制定者国际商会根据全球贸易形势的发展与变化，不断对其内容和形式进行修订更新，使其较好地适应了各个时期国际贸易实践发展的需要，从而成为当今影响最大、使用最为广泛的国际贸易惯例。自 Incoterms® 1936 年公布以来，国际商会分别于 1953 年、1967 年、1976 年、1980 年、1990 年、2000 年和 2010 年进行了不同程度的修订和补充，并于 2010 年取得注册商标 Incoterms®。

随着国际贸易、国际运输及科学技术的发展，国际商会于 2016 年 9 月正式启动了对 Incoterms® 的再次修订，以确保这一贸易惯例始终充满生命力和商业活力，使其更加接近和满足国际贸易的操作与实践需要，以适应最近十年来国际贸易领域内发生的重大形势变化。国际商会在 2020 年 1 月正式启用《2020 年国际贸易术语解释通则》（简称 Incoterms® 2020）。虽然 Incoterms® 2020 已经于 2020 年 1 月 1 日正式实施，但以前颁布的各版本并非自动作废。因为 Incoterms® 属于国际贸易惯例，不是法律，在适用的时间效力上并不存在"新法取代旧法"的说法。当事人在订立国际货物买卖合同时仍然可以选择适用 Incoterms® 2010、Incoterms® 2000，甚至 Incoterms® 1990。

（二）Incoterms® 2020 的发展变化

1. 总体变化

（1）Incoterms® 2020 对买卖双方的义务条款顺序作了调整。Incoterms® 2020 和 Incoterms® 2010 的贸易术语都是用 A/B 双栏分别规定卖方和买方的义务，Incoterms® 2020 对贸易术语内部的双方责任和义务条款顺序重新作了编排（见表 1），以便更好地反映货物买卖中的交易逻辑，主要体现在以下方面：其一，在双方承担义务条款所列顺序上作了微调，如考虑到交货、收货、风险转移对买卖双方至关重要，将 A4 交货/B4 收货和 A5/B5 风险转移分别前移至 A2 交货/B2 收货和 A3/B3 风险转移。其二，对某些重要义务单列解释，将原 A3/B3 运输合同和保险合同分开单列为 A4/B4 运输和 A5/B5 保险。其三，对某些义务进行了合并解释说明，即删除了原 A10/B10 协助提供相关信息和费用条款，把这项条款义务直接并入 A9/B9 费用划分中。A9/B9 费用划分条款详细载明了买卖双方各自承担的所有费用，目的是向交易双方提供"一站式"费用清单，可以避免贸易实践中因费用支付产生纠纷。其四，对买卖双方承担义务的规定或解释更加完善。A7/B7 出口/进口清关条款替代原 A2/B2 许可证、授权、安检通关和其他手续条款，这是因为出口/进口清关的说法更具有概括性，并且在内容上也增加了"应对方要求并由其承担风险和费用，买方或卖方必须协助对方获取过境/出口/进口清关手续"的规定，这一规定更加人性化，解决了卖方或买方不熟悉第三国或对方国家海关手续的难题。其五，所有贸易术语都明确规定了与安全有关的义务的分配规则，A4 运输条款规定卖方必须遵守与运输有关的安全要求，表明世界各国对国际贸易安全问题越来越重视。其六，某些条款在文字表述上略有变化，但其总体内容鲜有实质改变，即将原 A8/B8 交货凭证条款改为 A6/B6 交货/运输单据，除 FCA 贸易术语要求买方指示承运人向卖方出具载明货物已经装载的运输单据外，其余贸易术语的条款内容没有变化。

表 1　Incoterms® 2010 和 Incoterms® 2020 买卖双方义务对比

Incoterms® 2010	Incoterms® 2020
A1/B1 General obligations 一般义务	A1/B1 General obligations 一般义务
A2/B2 Licenses, authorizations, security clearances and other formalities 许可证，其他许可，安全清关和其他手续	A2/B2 Delivery /Taking delivery 交货/收货
A3/B3 Contracts of carriage and insurance 运输与保险合同	A3/B3 Transfer of risks 风险转移
A4/B4 Delivery / Taking delivery 交货/收货	A4/B4 Carriage 运输
A5/B5 Transfer of risks 风险转移	A5/B5 Insurance 保险
A6/B6 Allocation of costs 费用分摊	A6/B6 Delivery/transport document 交货单据/运输单据

Incoterms® 2010	Incoterms® 2020
A7/B7 Notice to the buyer/ seller 通知买方/卖方	A7/B7 Export/import clearance 出口/进口清关
A8/B8 Delivery document /Proof of delivery 交货单据/交货证明	A8/B8 Checking/packaging/marking 查验/包装/标记
A9/B9Checking-packing-marking/Inspection of goods 查验、包装、标记/货物检验	A9/B9 Allocation of costs 费用划分
A10/B10 Assistance with information and related costs 信息协助和相关费用	A10/B10 Notices 通知

注：作者根据 Incoterms® 2010 和 Incoterms® 2020 条文内容整理制作。

（2）以更加详细的"用户解释说明"替代"使用说明"。Incoterms® 2020 中每个贸易术语的定义后都逐条列出使用该术语的"用户解释说明"，代替了 Incoterms® 2010 下的"使用说明"。"用户解释说明"详细解释了使用该贸易术语的规则、注意事项、实际业务中可能发生问题的处理等内容，详细程度远远大于此前任何版本，有利于交易双方在特定交易中更准确高效地选择合适的贸易术语，并为执行合同提供具体解决方案。例如，Incoterms® 2020 中 CFR 和 CIF 贸易术语"用户解释说明"的第 7 条提示多个承运人运输影响风险转移点并举实例说明。若一批货物从香港运到上海再运至南安普敦，不同航段由不同承运人负责运输，如果双方在合同中未约定交货地点，则默认货物在交给第一承运人后在香港风险转移，若双方希望风险晚一点转移，如在上海转移，则可以在合同中明确约定。

海运中涉及多个承运人的运输影响风险转移点，直接关系到买卖双方承担风险的大小，对交易双方非常重要，然而这在 Incoterms® 2010 的 CFR 和 CIF 贸易术语"使用说明"中并未提及。再如，Incoterms® 2020 中 EXW 贸易术语增加了对买方的特别提示，因为该贸易术语是所有贸易术语中对卖方义务规定最少的，由卖方装载造成货物灭失或损坏的风险可能由买方承担，以及买方办理出口清关手续可能遇到困难或阻碍，因此买方应谨慎使用该贸易术语。

2. 具体变化

Incoterms® 2020 和 Incoterms® 2010 都是根据贸易术语所适合的运输方式分类的，从表面上看，贸易术语的种类和数量并无改变，只是 Incoterms® 2020 把 Incoterms® 2010 中的 DAT 贸易术语更名为 DPU 贸易术语（见表 2），然而实质上，Incoterms® 2020 贸易术语下买卖双方所承担的风险、责任、义务却发生了较大改变，具体体现在如下几个方面。

表 2　Incoterms® 2010 和 Incoterms® 2020 贸易术语对比

贸易术语 英文缩写 及中文 全称 \ 适用的运输方式	国际贸易术语惯例名称及版本	
	Incoterms® 2010	Incoterms® 2020
水上运输	FAS（Free Alongside Ship）装运港船边交货 FOB（Free On Board）装运港船上交货 CFR（Cost and Freight）成本加运费 CIF（Cost Insurance and Freight）成本、保险费加运费	同左
任何运输方式	EXW（Ex Works）工厂交货 FCA（Free Carrier）货交承运人 CPT（Carriage Paid To）运费付至 CIP（Carriage Insurance Paid To）运费、保险费付至 DAT（Delivered at Terminal）目的地或目的港的集散站交货 DAP（Delivered at Place）目的地交货 DDP（Delivered Duty Paid）完税后交货	DAT（Delivered at Terminal）目的地或目的港的集散站交货更名为 DPU（Delivered at Place Unloaded）目的地卸货后交货，其余不变

注：作者根据 Incoterms® 2010 和 Incoterms® 2020 条文内容整理制作。

（1）FCA 买卖合同下的已装船批注提单。依据 Incoterms® 2020，FCA 术语意为用于单一或多种运输方式。假设货物是在山东济南（内陆地点）由国外买方指定的公路运输车辆接货，期待由承运人出具载有在济南装运的已装船批注的提单不现实，因为济南没有海港，船舶无法抵达该地装运。但卖方若选择"FCA 济南"出口，且银行托收或信用证要求卖方提交含有已装船批注提单时，则该提单必须说明货物在诸如青岛港已装船的同时，还要说明货物是在济南收取待运的。

为满足买卖双方使用 FCA 术语出口时对已装船提单的可能需求，Incoterms® 2020 在 FCA 术语中首次提供了可选机制。若交易双方采用 FCA 术语且货物经由海运方式运输，卖方、买方及信用证的开证行都有可能要求使用已装船提单。但 FCA 术语下的交货在货物装船之前就已完成，无法确定卖方是否能从承运人处获取已装船提单，因该术语下是由买方指定承运人。依据运输合同，只有在货物实际装船后，承运人才可能签发已装船提单。为了能够满足这种情形，Incoterms® 2020 在 FCA 术语的 A6/B6 提供了一个附加选项，即 FCA 术语的 A6 规定："若买方指示承运人向卖方出具 B6 项下的运输单据，则卖方必须向买方提交承运人出具的这一单据。"B6 规定："若双方已如此约定，买方必须自担费用及风险，指示承运人向卖方出具载明货物已装载（loaded）的运输单据，如已装船批注的提单（B/L with an on board notation）。"换言之，买卖双方可以约定，买方须指示其承运人在货物装船后向卖方签发已装船提单，然后卖方有义务通过银行向买方提交该已装船提单。

国际商会也意识到，尽管已装船提单与 FCA 术语交货之间的结合有些不恰当，但这可以满足贸易中显而易见的需求。应强调的是，即使采用了这种可选机制，卖方对买方也不承担运输合同的义务。上述变化的好处在于，在满足卖方内陆完成交货义务的同时，既可使卖方拥有控制货物的提单，保障货款不会落空，又可使买方拥有证明货物已装船，控制承运人及货物的凭证，同时开证行也对其承付的货款拥有了质押保证，可谓是"一石三鸟"。[1]

（2）CIF 与 CIP 术语下须投保不同的险别。在 Incoterms® 2010 中，CIF 与 CIP 术语均规定卖方有义务"自付费用投保货物保险。该保险需至少符合伦敦保险协会货物保险条款（C）险或类似的最低险别"。伦敦保险协会货物保险条款的（C）险是承保范围最小的险别，而（A）险则是承保范围最大的险别。[2]

---

〔1〕 姚新超、肖岚："新版国际贸易术语的发展变化及应用策略"，载《国际贸易》2020 年第 5 期，第 70 页。

〔2〕 协会货物保险条款（Institute Cargo Clause），简称 ICC，是英国伦敦保险协会于 1912 年制定的保险条款，后来随着不同时期法律、判例及商业情况的发展变化而经常进行修订。

在 Incoterms® 2020 制订期间，曾有人提议将 CIF 与 CIP 术语下的险别由伦敦保险协会货物保险条款的（C）险改为（A）险，从而提高卖方为买方利益而投保的险别。当然，这将增加卖方的保费支出，进而会提高货物销售价格，可能降低卖方的竞争力。相反，继续维持伦敦保险协会货物保险条款的（C）险的建议也同样强烈，尤其是那些参与大宗商品海运交易的贸易商。

国际商会在进行了大量讨论之后，决定在 CIF 与 CIP 术语中规定不同的最低险别。CIF 术语更可能用于海运大宗商品贸易，尽管双方仍可自由商定较高的投保险别，但伦敦保险协会货物保险条款的（C）险或类似险别作为默示立场的现状仍将维持。而 CIP 术语主要运用于价值较高的制成品贸易并以多式联运和集装箱为主要运输方式，在运输过程中可能遇到的风险明显大于使用 CIF 术语，依据 Incoterms® 2020，卖方现在必须投保伦敦保险协会货物保险条款的（A）险或类似险别，当然双方仍可自由商定较低的险别。尽管上述变化可能导致 CIP 术语下的卖方增加保费成本，但目前全球保费率不断下降，因而这种成本增加微乎其微，且卖方可将此成本摊入货价中而转嫁给买方，这既为买方提供了更高的风险保障，又会不加重卖方的负担。

（3）在 EXW、FCA、DAP、DPU 及 DDP 术语下买卖双方可使用自有运输工具运送货物。在 Incoterms® 2010 及以往的规则中始终设定，在货物由卖方运往买方的情况下，货物将依据具体使用的不同贸易术语，由卖方或买方为此目的而雇用第三方承运人运送货物。但在修订 Incoterms® 2010 时，国际商会意识到，在某些情况下尤其是大公司，虽然货物要从卖方运往买方，但仍可在不雇用第三方承运人的情况下进行运输。例如，并不妨碍 D 组贸易术语下的卖方在不将货物运输外包给第三方承运人的情况下，使用卖方自己的运输工具安排货物运输。同样，在 EXW、FCA 贸易术语下的交易，也不能阻止买方使用自有运输工具到卖方所在地收取货物并运往买方所在地。

Incoterms® 2010 并未涉及这一问题，而 Incoterms® 2020 考虑到了这些可能性，不仅明确允许卖方或买方订立运输合同，而且也允许卖方或买方仅安排自有运输工具运送货物。例如，在 D 组贸易术语下的卖方既可签订运输合同，也可使用其自有运输工具安排货物运输（The seller must contract or arrange at its own cost for the carriage of the goods to the named place of destination）。这一变化的结果是，在上述贸易术语下的买卖合同中，并不存在由第三方承运人运送货物的运输合同，进而避免了货主与承运人之间的纠纷或争议，简化了国际贸易交易流程，降低了交易成本。

（4）将 DAT 修改为 DPU。DAT 和 DAP 都是 Incoterms® 2010 新加入的贸易术语，存在时间较短，二者之间的区别仅仅体现在卖方将货物运至进口国指定目的地时是否需要卸货。在 DAT 术语下，当货物到达"运输终端"即最终卸货地时，卖方须从到达的运输工具上卸载货物，卖方才完成交货，即由卖方承担卸货责任及其费用；而在 DAP 术语下，卖方将到达目的地的运输工具上可供卸载的货物交由买方处置，即卖方不负责卸货也不承担卸货费用，而是由买方负责卸货并承担其费用，此时卖方即完成交货义务。

考虑到两者同时存在的意义不大，国际商会在 Incoterms® 2020 把 DAT 更名为 DPU（Delivered At Place Unloaded）。与 DAT 术语相比，采用 DPU 术语成交时，买卖双方的总体义务、责任和风险基本不变，变化主要体现在交货地点的改变，即 DAT 术语的交货地点在进口国"运输终端"，如货站、码头、集装箱堆场等，而 DPU 术语的交货地点可以在进口国内任何地点，而不仅仅限于"运输终端"。但若该地点不在"运输终端"，卖方应确保其打算交货的地点是能够卸货的地点，即卖方在该地点应承担卸货责任及其费用。DPU 术语交货地点的范围更广泛，该变化最适合班轮运输以及中欧班列运输，卖方可在非"运输终端"的地点完成其交货义务。

（5）买卖合同与其附属合同的关系。国际商会在 Incoterms® 2020 中提出了一个新的概念，即买卖合同的附属合同（Ancillary Contracts）。买卖双方订立的贸易合同中，总会涉及与此相关的运输、保险甚至信用证等。因此，买卖双方还要订立运输合同、保险合同等。这些与买卖合同相关的其他合同一般称为附属合同。那么，Incoterms® 2020 对这些附属合同起到何种作用？

国际商会明确指出，Incoterms® 2020 并不构成该附属合同的一部分。若这些附属合同中加入贸易术语，则 Incoterms® 2020 仅约束买卖合同的某些方面问题。例如，若买卖合同选择 FOB 术语，在与其相关的运输合同中，仅指买方可能须向承运人支付运费而已，别无他指。FOB 术语下，依据运输惯例，由承运人而非卖方将集装箱装船。再如，若买卖合同选择 CIP 术语，在与其相关的保险合同中，仅指卖方可能须投保伦敦保险协会货物保险条款的最高险别（A）险或类似的最高险别而已，别无他指。CIP 术语下，依据保险惯例，若买方拒收货物、拒付、退回单据，则买方对运输途中的货物并不具有可保利益。因此，Incoterms® 2020 规定的内容，如关于运输或运输单据（A4/

B4 和 A6/B6)，或关于保险（A5/B5）等，并不能约束承运人、保险人或所涉及的银行。承运人仅受其所签订的运输合同的约束并出具运输单据，承运人无须出具符合 Incoterms® 2020 要求的运输单据。同理，保险人只需要出具与投保人签订的保险合同相符的保单，而不是符合 Incoterms® 2020 的保单。银行只审核信用证所要求的单据，而非基于买卖合同的要求。

承运人、保险人或银行等均非买卖合同的一方，因而不是 Incoterms® 2020 的当事人，也不受该规则的约束，但这不等于 Incoterms® 2020 对这些附属合同无任何影响。货物进出口是通过一系列合同进行的，买卖合同与其附属合同彼此间相互关联与衔接。例如，当事人在买卖合同中一般会要求提交由承运人在运输合同项下向卖方或托运人出具的运输单据，且卖方或托运人或受益人可能希望凭此运输单据在信用证下获得付款。由于起点是买卖合同，如果能确保这一系列合同的不同部分彼此衔接，才符合卖方和买方利益，交易才可顺利进行。因此，在适用 Incoterms® 2020 的情况下，买卖合同应与其附属合同衔接，否则很可能产生争议。例如，买卖双方在贸易合同中选择 FOB 术语，运输方式为航空运输，而买方与保险人签订了以 EXW 术语为条件的保险合同。货物离开卖方仓库但尚未装机时被盗，就买方能否向保险人索赔的问题，则会发生争议。由此可见，贸易术语的适用是否妥当也对买卖合同的附属合同产生影响。

Incoterms® 2020 对买卖合同与其附属合同之间关系的明确认定，有利于指引贸易合同当事人正确处理这些既相互联系、相互衔接但又存在区别的不同合同，为减少乃至消除贸易合同当事人与承运人、保险人或银行等之间的纠纷提供了有益的指导。

（6）费用。在 Incoterms® 2020 贸易术语内容的新排序中，费用显示在每个术语的 A9/B9 中。此前，各种费用出现在每个术语的不同部分。例如，Incoterms® 2010 的 FOB 术语是在 A8 标题为"交货单据"中提到与获取交货单据有关的费用，而非在 A6 标题为"费用划分"之中。但在 Incoterms® 2020 中的 A9/B9 列出了由每个特定术语划分的所有费用。因而，Incoterms® 2020 中的 A9/B9 比 Incoterms® 2010 中的 A6/B6 篇幅更长。其目的是向用户提供"一站式"费用清单，以便卖方或买方在一个地方就能找到其在特定术语下将承担的所有费用。但各费用项目也可在其本身条款中找到，如 FOB 术语中，与获取交货单据有关的费用仍出现在 A6/B6 及 A9/B9 中。

国际商会对此的考虑是，有兴趣寻找单据费用具体划分的贸易合同当事人可能更倾向于在涉及交货单据的特定条款中查找，而非在列出所有费用的一般性条款中查找。国际商会的这一改变为买卖双方进一步确认其在合同中承担何种费用提供了便利。

（7）在运输义务和费用中加入与安全有关的要求。自 2001 年美国"9·11"事件后，恐怖主义袭击逐步成为全球性问题，各国均大幅度加强了对运输货物的安全性关注，强调货物除了自身固有性质原因外，不能对生命或财产产生威胁。因此，Incoterms® 2010 增加了安全清关所需安全信息，每一贸易术语的 A2/B2（安检通关）和 A10/B10（安全信息）对安全清关问题在买卖双方之间进行了责任划分。

随着世界各国越来越重视国际贸易业务中的安全问题，Incoterms® 2020 对所有贸易术语都明确规定了卖方必须遵守与运输有关的安全要求，与安全相关的义务的明确划分现已添加到所有贸易术语的 A4（运输）和 A7（清关）中。这些要求产生的费用显示在费用条款即 A9/B9 中。国际商会在 Incoterms® 2020 这么规定，一方面可以提高买卖双方的安全意识，另一方面，若这种安全规定在实际交易中被不正当使用，会成为另一类非关税贸易壁垒，成为一些进口国实施贸易保护主义的武器，影响出口国的商品出口贸易总额。

（8）买卖双方义务的"横向"展示。Incoterms® 2020 是第一个包含"横向"展示的版本，将所有类似条款集中在一起，使贸易合同当事人能够清楚地看到 11 个贸易术语在处理相同问题上的差异。例如，FCA 术语的交货地与 DAP 术语的交货地之间的区别，或 CIF 术语由买方承担的费用项目与 CFR 术语由买方承担的费用项目之间的区别。国际商会希望 Incoterms® 2020 这种"横向"展示方式能进一步帮助合同当事人选择最适合其交易需求的贸易术语。

（三）国际贸易实务中适用 Incoterms® 2020 贸易术语的相关策略

贸易术语决定了买卖合同的性质及交货条件，同时也表明了价格的构成，因而也是贸易商的一种对外报价策略之一。采用适当贸易术语对合同的签订和执行至关重要，对合同双方当事人利益的实现发挥着不可或缺的作用。因此，如何运用贸易术语是国际贸易操作的主要程序之一。

1. 合理使用适用于单一或多式联运方式的七种贸易术语

Incoterms® 2020 中有七种适合任一或多种运输方式的贸易术语，但每一术语下，买卖双方所承担的责任与义务也各不相同。如何争取选择既能实现自身目标，合理维护自身利益的贸易术语，同时也能为对方所接受，这需要采取相应的策略。

（1）EXW 贸易术语的适用。若卖方欲将自己责任仅限于其所在地的某一地点，将货物置于买方处置下，而不愿承担或无须承担（如两国签订了自由贸易协定时）出口清关手续和费用时，可考虑使用 EXW 术语，但此时卖方还需综合考虑其他问题。例如，若卖方对收取货款无足够把握，而且无法掌控在运输途中的货物时，则不应使用该术语。卖方不应轻易放弃运输权（货物控制权）。反之，买方使用该术语可控制货物和运输单据，但其成本较高，手续麻烦。

（2）FCA 贸易术语的适用。该术语下，卖方自行办理出口清关手续并承担相关费用，且在出口国指定地点将货物交给买方指定的承运人处置。若卖方愿承担上述责任时，可考虑使用 FCA 术语。该术语最适合航空运输、铁路运输、多式联运、集装箱运输等，也是适用范围最广的术语。由于这几种运输方式下，货物在出口国的交接方式较为复杂，但卖方只要将货物置于买方指定的承运人或其代理的处置下，即完成交货义务。

Incoterms® 2020 的 FCA 术语下，若采用海运方式运输货物，买卖双方应处理好已装船提单。因海运提单是物权凭证，信用证下的开证行及买方为控制货物或卖方为控制货款都可能要求使用已装船提单。为此，买卖双方须在贸易合同中明确约定，买方应指示其承运人在货物装船后向卖方签发已装船提单，而卖方应通过开证行向买方提交该已装船提单，以实现各自的合同目标。但卖方应特别注意，若运输方式不是海运时，该术语使用的前提条件同样是卖方对收取货款须有足够的信心。与 EXW 术语相同，FCA 术语下，由买方与承运人签订运输合同，买方通常为托运人，控制着运输途中的货物及运输单据（运单中的记名收货人通常是买方），这极易使卖方失去货物的控制权。因而，卖方只有在确保贸易伙伴付款无风险的条件下，才可接受使用该术语。

（3）CPT 与 CIP 贸易术语的适用。若买方所在地为内陆地点，且卖方为控制运输途中的货物及运输单据而愿意负责货物运至目的地的运费时，则可接受 CPT 术语。但这种贸易条件下，因卖方无须投保货物运输险，没有保险人提供风险保障，若货物在运输中途发生灭失或损毁，而买方又拒绝付款时，卖方有可能遭受货物和货款两空损失。因此，在可能的条件下，卖方应进一步争取选用承担货物运至目的地保险费的 CIP 术语，或在 CPT 术语下，卖方自行投保运输险。应特别注意的是，Incoterms® 2020 的 CIP 术语下，若买卖双方无特别约定，卖方应投保最高险别，如伦敦保险协会货物保险条款的（A）险或其他任何类似条款所保障的货物保险，这一变化对买卖双方都有利。

（4）DAP 与 DPU 贸易术语的适用。我国是大宗商品的进口大国，且多为海运方式，如果国外卖方欲在我国目的地指定地点交货，并愿意投保货物保险且承担运至该地点的运费，但其不负责在卸货港的费用（因极易产生卸港滞期费争议），这种情况下我国进口商可考虑同意接受 DAP 术语。如果进口国目的地为海港或内陆河港，DAP 术语最适于承租船运输。在该术语下，使用承租船运输时，船方通常不负责卸货港的卸货责任及费用，而是由买方负责并由买方承担在卸货港可能产生的滞期费。对买方而言，该术语下便于买方安排货物转运及提货。在 DAP 术语基础上，若出口商愿意负责将货物运至目的地并承担从运输工具上卸货产生的费用时，则进口商可进一步争取使用 DPU 术语。当进口国目的地为海港或内陆河港时，DPU 术语最适于班轮运输，因为货物在卸货港的卸货责任及费用由班轮船公司承担，贸易双方可减少相关手续，减轻压力。同样，DPU 术语也适合中欧班列运送贸易货物。总之，DAP 与 DPU 这两种贸易术语对买方而言，尽管货物价格较之其他术语高，但可减少手续及操作程序，而卖方承担较大风险和费用，比较适合我国对"一带一路"沿线国家的出口贸易。

（5）DDP 贸易术语的适用。DDP 术语是卖方承担责任最大的贸易术语。若贸易国之间地理距离相近，且有直达运输工具（如中欧班列、中亚班列等），且贸易双方所在国家相互签订了自由贸易协定，卖方无须承担货物进口报关手续及关税时，可考虑接受 DDP 术语。我国与部分签订了自由贸易协定的国家或地区之间的贸易往来较适合选择该贸易术语。这对卖方而言，可适当提高货物价格；而对买方而言，可既省时又省力。

2. 合理使用适用于海运或内河水运方式的贸易术语

Incoterms® 2020 中有四种适用于海运及内河水运方式的贸易术语，每种贸易术语下买卖双方所承担的责任与义务也各不相同。如何争取选择有利于自身利益的贸易术语，同时也能为对方所接受，也需采取相应的策略。贸易双方同样应依据各种不同的因素综合考量，选择不同的术语，为此可采取以下策略：

（1）FOB、CFR 和 CIF 贸易术语下，风险及相关费用转移界限的商定。上述三种贸易术语是国际贸易中最传统的且使用频率最高的术语。尽管国际商会在 Incoterms® 2010 中就取消了这三种贸易术语以"船舷"为划分风险及相关费用的界限，而将货物"装上船舶"作为买卖双方界定货物风险及相关费用的划分点，但"装上船舶"仍存在不确定性，贸易实务操作中仍有待进一步落实货物风险及相关费用转移的具体分界点。

Incoterms® 2020 同样也将这一问题留待买卖双方协商处理。为此，买卖双方在签订贸易合同与运输合同时，应依据不同船舶、不同运输方式及货物不同特性等因素，协商确定货物风险及相关费用转移的具体划分点。例如，杂货运输时可将船甲板（on deck）、舱内（under deck）、是否包括理舱费（stowed）等作为划分风险及相关费用转移的考量因素。集装箱运输时，因货物通常在集装箱堆场（CY）或货运站（CFS），甚至"门到门"（D/D）交接，因而承运人交接货物的地点可能是内地工厂、仓库或货运站，也可能是港口的堆场或货运站等。由此，承运人的责任期间也可能不相同，一般包括"堆场至堆场"（CY/CY）、"货运站至货运站"（CFS/CFS、LCL/LCL）或"门到门"（D/D）等。

因此，买卖双方若使用上述三种贸易术语且为集装箱运输时，可与承运人明确商定以堆场（CY）、货运站（CFS）或工厂（仓库）（Door）等作为风险及相关费用转移的具体划分点。当然集装箱货物运输时，最好选用 FCA 贸易术语，以货物交付承运人作为买卖双方责任的划分点。

（2）FOB 贸易术语的适用。FOB 贸易术语是我国出口贸易中争议最多的术语。国外进口商一般会主动提出使用该术语，原因是买方具有较强的议价能力。该术语对买方最大的好处是可以控制承运人，进而控制货物及运输单据。使用该术语不仅可使买方了解卖方的真实货价，并且一旦发生争议时，买方可掌握运输途中的货物控制权及运输单据；若货物灭失或损坏，买方可凭保单向保险人索赔，其利益通常能得到保障。因此，我国贸易商进口时应力争选用 FOB 贸易术语。

然而，使用 FOB 贸易术语对未收取或仅收取部分货款的卖方而言，将承担极大的风险。因为以 FOB 贸易术语出口时，由买方安排货物运输并与承运人订立运输合同，此时买方是托运人。一旦提单记载买方为托运人时，卖方向承运人交货后买方即掌握了运输途中货物的控制权，若货物途中灭失、损毁，此时买方可能拒付货款，这将导致卖方遭受款货损失；若"电放"货物时，极易产生买方与外代联手欺诈卖方的风险。若使用记名提单，且买方为提单托运人时，则风险更大。因此，若卖方接受该贸易术语，货物装船之后，为收取货款及控制货物的需要，卖方必须向船方要求签发以卖方而非买方为托运人的提单。若买方不同意卖方的上述意见，坚持以其作为提单的托运人，则卖方可保留货物收据（包括场站收据或大副收据），而不转交给买方或其代理，这样买方或其代理就无法换取提单。

依据国际运输惯例，谁持有货物收据（包括场站收据或大副收据），谁就可凭货物收据从承运人处换取提单，并在提单上将自己记载为托运人。若买卖双方均要求承运人签发提单时，承运人原则上将优先签发给 FOB 贸易术语下的卖方。有时国外买方要求卖方担保到货的品质，为防止违约时买方拒付或扣减货款而导致卖方损失，卖方可考虑自行投保，以便向保险人索赔。依据保险惯例，同一货物可由不同利益的人投保。

（3）CIF 或 CFR 贸易术语的适用。使用 CIF 或 CFR 贸易术语对卖方通常比较有利。作为出口贸易大国，我国出口商应力争选用由其与承运人签订运输合同的 CIF 或 CFR 贸易术语。这两种术语仅适用于水上运输方式。对卖方而言，选用这两种贸易术语的最大有利之处在于可使卖方成为提单的托运人，可掌握货款主动权和运输途中货物的控制权，一旦进口商发生变故，即可以提单为物权凭证处置货物；但若选用 CFR 贸易术语，因卖方不拥有保单，一旦货物在运输中受损或灭失，而买方又拒付货款，则卖方会遭受款货两空损失。因此，卖方最好力争选用 CIF 贸易术语，这样不仅可控制货款和货物，同时卖方又是货物运输保单的被保险人，一旦货物在运输途中受损而买方又拒付时，则可保利益发生回转（而 CFR 贸易术语则不可），卖方可凭保单获得保险人的赔偿。

国际贸易实务中，我国出口商不应轻易放弃 CIF 或 CFR 贸易术语下运输安排的权利而接受 FOB 贸易术语出口，否则会给自己带来诸多不利影响。若迫不得已接受了 FOB 贸易术语出口，卖方也应争取在买卖合同中明确约定其掌握提单，或者保留场站收据或大副收据等货物收据。即使买方坚持自己拥有提单的"托运人"地位，但买方或其代理人实际不拥有货物收据，也就无法换取提单了。当然，这是不得已而为之。

（4）FAS 贸易术语的适用。FAS 贸易术语的运用比较少见。通常只有贸易货物为危险品、重大件或动植物等其他特殊货物运输时，依据运输惯例，船方一般不会在装船前接受此类货物。此时，在买方负责运输及承担其运费的情况下，买卖双方可约定选用 FAS 贸易术语。此时，出口商负责办理出口手续并在装运港船边完成交货义务，此后的风险和相关费用则由进口商负责。但在集装箱运输时，则不宜采用该贸易术语。因集装箱货物在出口国交接时，出口商与船方的交接地点通常在集装箱码头堆场（CY）或货运站（CFS），而不是在船边。若是集装箱运输，最适于选用 FCA 贸易术语。

（四）适用 Incoterms® 2020 应注意的法律问题

1. Incoterms® 2020 在性质上属于一种国际贸易惯例

在国际货物贸易领域，存在着各种不同的贸易惯例，国际商会制定的 Incoterms® 仅是其中的一种。而且 Incoterms® 自 1936 年制定公布以来，到现在共有 9 个不同的版本，Incoterms® 2020 仅是其中一个。虽然 Incoterms® 2020 已于 2020 年 1 月 1 日正式实施，并不等于其取代了此前的版本。因为 Incoterms® 本身不是国内法，不存在"新法取代旧法"的问题，不具有强制适用的效力，只要当事人愿意，仍然可以选择适用以前的任何一个版本。因此，在国际贸易实务中，如果当事人意图采用 Incoterms® 2020 中的某个贸易术语来确定双方在交货方面的责任、义务、费用和风险，就应在合同条款中明确表明其合同受 Incoterms® 2020 的约束。尤其是同一贸易术语在不同版本中有较大修订变动的情况下，更应当注意这个问题。

另外，自 2010 年后，Incoterms® 是国际商会已在很多国家注册的驰名商标。因此，如果当事人意图接受 Incoterms® 2020 的约束，应当在买卖合同中的贸易术语和指定地点之后附加"Incoterms® 2020"这一形式构成一个整体符号。

2. 正确理解和处理 Incoterms® 2020 中有关贸易术语的规定与合同条款之间的关系

在当事人通过合同明确选择适用 Incoterms® 2020 的情况下，应注意正确理解和处理有关贸易术语的规定与合同条款之间的关系。贸易术语作为国际贸易惯例之一种，其本身不是法律，对国际贸易当事人并不产生必然的强制性约束力。其之所以被国际贸易当事人在交易中采用，主要作用在于简化谈判时间和合同内容。

贸易术语中对买卖双方的义务、责任、费用和风险的划分，只有当事人在合同中没有规定的条件下，才适用于双方之间的关系。当事人可以通过合同条款的特别规定来限制、修改或补充有关贸易术语的内容。在合同条款与 Incoterms® 2020 中有关贸易术语内容冲突时，合同条款的效力优于有关贸易术语内容的规定。

3. 交易中适用有关贸易术语并不能排除合同准据法的适用

正如国际商会指出的，有关贸易术语主要是对买卖双方在交货方面的责任、义务、费用和风险的规定，国际货物买卖合同其他方面的许多问题并未涉及，例如货物所有权的转移、违约和违约行为的救济等事项，在合同没有相应条款具体规定的情况下，还必须适用合同的准据法来决定当事人的权利、义务和责任。因此，当事人在国际货物买卖合同中采用有关贸易术语，并不意味着不再需要选择确定合同的准据法，并不意味着一切合同争议都可以通过 Incoterms® 来解决。相反，在适用 Incoterms® 2020 有关贸易术语的同时，当事人在合同中对支配合同关系的准据法作出明确选择仍具有重要的意义。这样当事人可以预期在其他合同事项上自己行为可能产生的法律后果。在没有就合同准据法作出选择的情况下，当事人一旦在 Incoterms® 2020 未规定的合同事项上发生争议，将由受理案件的法院或仲裁庭根据冲突法规则来确定应当适用的合同准据法。

4. 适用 Incoterms® 2020 中有关贸易术语时，应注意与其有关的国际贸易惯例的对应和配合关系

Incoterms® 2020 包括的 11 个贸易术语，按照交货的方式，EXW、DAT、DAP 和 DDP 属于实际交货，而 FCA、CPT、CIP、FAS、FOB、CFR 和 CIF 属于象征性交货，即卖方只需按照约定向买方提交代表货物所有权的提单或其他装运单据即算完成了交货义务。因此，采用何种贸易术语，应注意与合同中规定的货款支付方式以及有关支付的国际贸易惯例衔接与配合。

目前在国际贸易实践中，当事人普遍习惯采用信用证方式结算货款，并适用国际商会制定的《跟单信用证统一惯例》（UCP600）。Incoterms® 2020 中属于象征性交货的贸易术语适合跟单信用证支付方式，而属于实际交货的贸易术语则不适宜采用跟单信用证支付方式。国际货物买卖的当事人如果选择的贸易术语与合同约定的支付方式不配套，可能导致合同履行困难，并容易

引发争议。

5. 适用 Incoterms® 2020 中有关贸易术语时，应尽可能对地点和港口详细
   说明

当事人在国际贸易实践中所选择的贸易术语需要与商品特性及运输方式
相匹配，最为重要的是，要与双方当事人承担的运输责任或保险责任相适应。
Incoterms® 2020 中有关贸易术语使用了"港口"（port）、"地点"（place）、
"点"（point）和"所在地"（premise）等说明地点的用语。为了避免争议，
当事人指定的地点或港口越精确越奏效，最好具体到某一地方的某一点，比
如货场的具体位置、卸货港的具体码头位置等等。尤其对于 CPT、CIP、CFR
和 CIF 这几个贸易术语来说，确定地点尤为重要。

第三章

国际货物贸易合同的若干问题

国际货物贸易合同，又称进出口合同、外贸合同，根据 1980 年《公约》第 1 条的规定，是指营业地位于不同国家的当事人之间就有关货物买卖的权利义务关系而达成的协议。与一般的国内货物买卖合同相比，国际货物贸易合同具有国际性的特征，或称具有涉外因素。国际货物贸易合同强调合同的标的物要进行跨越国境的流动，因此，即使是不同国家的当事人在同一国境内订立的货物买卖合同也不是国际货物贸易合同。国际货物贸易合同的标的是货物，货物是指有形的动产，但适用于《公约》的货物并非所有的有形动产，如供私人消费使用的货物销售被排除在外，船舶、飞机的销售被排除在外。[1]国际货物贸易中，由于货物需要进行跨越国境的流动，这决定和影响着其他方面的因素，如货物的长距离运输、运输保险、国际结算、进出口手续、外贸政策、外汇管制、法律制度乃至消费习惯、文化风俗等，上述一系列因素所引起的经营风险远比国内货物买卖的风险大，手续更繁杂，技术性规范更强。

一、国际货物贸易合同的成立——要约与承诺

按照合同法的一般原则，一项具有法律拘束力的有效合同的达成，是当事人之间意思表示一致的结果。"意思一致"的过程，必须经过一方提出要约，另一方对要约表示承诺这两个程序。国际贸易实践中，一项货物销售合同的达成往往不是一次意思表示就可以达成，在一方提出要约，即发价后，对方往往还要还盘，经过反复磋商，最后双方取得一致意见，合同才能成立。

---

〔1〕 具体分析见本书第二章中"《联合国国际货物销售合同公约》的适用问题"。

在磋商的过程中，要约与承诺是两个重要的法律步骤。《公约》第 14 条至第 24 条对此进行了较为详细的规定。

（一）要约（offer）

1. 要约的概念

要约又称发价、发盘，是指一方当事人以订立合同为目的，向对方所作的一种意思表示。提出要约的一方成为要约人（offeror），或发价人，实践中也称为发盘人；对方则称为受要约人（offeree），或被发价人，或受盘人。要约可以用书面形式提出，也可以用口头方式提出。要约是合同成立的基础，经受要约人有效接收后，合同关系即告成立。根据《公约》第 14 条第（1）款的规定，"向一个或一个以上特定的人提出的订立合同的建议，如果十分确定并且表明发价人在得到接受时承受约束的意旨，即构成发价"。由此可见，一项有效的要约必须具备以下要件：

（1）要约必须清楚地表明要约人愿意按照要约中所提出的条件同对方订立合同的意思。这是构成一项有效要约的前提，也是传统合同法理论所主张的原则。因为要约的目的在于同对方订立合同，如果要约人并未表明这种意图，或者其意思表示不明确、不肯定，甚至是模糊不清，就不能证明要约人具有其要约被接受时订立合同的意愿，这种意思表示根本就不能构成要约，而仅能被视为"进行初步谈判的交易或行为的邀请，或是没有建立法律关系意向的明显的玩笑行为"。[1]实践表明，要约人表示确定的订立合同意旨的形式多种多样，可以通过电报、电传、信件等书面形式，也可以采用面对面交谈、电话等口头方式直接通知受要约人，要约人作出上述意思表示之后，实质上将订立合同的决定权许诺给受要约人，只要受要约人有效地接受了要约的内容，合同即告成立，无需再经过要约人的确认。

这种法律后果正是区别要约与要约邀请（invitation for offer）的关键。要约邀请的目的虽然也是为了订立合同，但它本身并不是一项要约，而只是为了邀请对方向自己发出要约。例如，在国际贸易实务中，有些公司经常使用的询价单、报价单、价目表、商品目录等，其内容可能包括价格、品质、规格、数量等，但这些都不是要约而是属于要约邀请，只有对方收到上述报价

---

[1]　[美]汉斯·史密特主编：《国际合同》，刘歌等译，中国社会科学出版社 1988 年版，第 39 页。

单或价目表后提出了订货单（这种订货单才是真正的要约），接收报价单或价目表的一方表示接受订货单之后，合同才能成立。

（2）要约的内容必须十分确定，即要约人应当在要约中提出订立合同的主要条件。一项要约的内容是否十分确定，直接关系到合同的订立，同时也反映着要约人订立合同的诚意。因此，权威的经典教科书均强调一项要约的内容必须包括拟订立合同的品质、规格、数量、包装、装运、价格、支付等主要条款，并认为缺乏必要之规定条款的要约是一种"不明确"的要约。例如，英国著名国际贸易法学家施米托夫曾对一项要约的主要因素作了如下描述："这些因素是：毫不含糊地说明拟订购的货物；购买的价格和支付条件；交货条件，包括对包装、开立发票、运输和保险的要求。"[1]

对于要约的内容，《公约》已不再恪守其完整性，而是强调它的十分确定性（sufficiently definite），目的在于"软化"传统僵固的规则，以适应丰富多彩的国际贸易实践的需要。至于何为"十分确定"，《公约》第14条作了明确的补充性规定，即一项要约如果写明了货物，并且明示或默示地规定了货物数量和价格，或规定如何确定货物数量和价格，即为"十分明确"。[2]也就是说，一项要约只要包括货物名称、数量、价格三要素，内容即为十分确定。但是，对于缺少其中一项因素，合同是否就一定不成立是有争论的。《公约》第55条规定了一种补救措施，即对未定价合同规定了先成立合同，再确定价格的选择。该条表明，即使没有明示或默示地规定价格或规定如何确定价格，合同也可以有效成立。例如，在国际贸易实践中，对于某些大宗、敏感性商品或长期供货商品，采用开口价（open price）；例如，采用某农产品交易所的平均市价结算，就可以减少风险。这种以开口价确定货物价格的方法就是对《公约》第55条的运用。

《公约》的上述规定顺应了当代国际货物贸易的潮流，反映了某些国家立法和司法实践的新变化。例如，根据《美国统一商法典》的规定，即使在要约中对某些主要交易条件没有明确，但是只要当事人之间确有订立合同的意图，并有合理的、确定的依据和方法，或在法律上可以加以确定，则合同仍

---

〔1〕［英］施米托夫：《出口贸易——国际贸易的法律与实务》，对外经济贸易大学对外贸易系译，对外贸易教育出版社1985年版，第67页。

〔2〕参见《公约》第14条第（1）款。

可成立。《美国统一商法典》的这一规定，是为了适应当代经济贸易发展的要求，尽可能使某些合同不至于因缺少某些条款而不能成立。[1]

（3）要约是向特定人提出的订立合同的建议。按照多数国家的法律，要约必须发给一个或一个以上特定的人（one or more specific person）才为有效，即受要约人必须十分确定。如果订立合同的建议是向公众发出的，原则上只构成"要约邀请"或"公开要约"。但也有少数国家认为，某些没有特定受要约人的"公开要约"，如悬赏广告、商店橱窗及货架或自动售货机处所陈列的货物及标价，或者直接向公众寄发的价目表等，也是有效的，它们都是在向任何人不停地发出要约。[2]所以，《公约》首先承认受要约人必须十分确定，强调受要约人的特定性，其次对某些主张"公开要约"有效的国家也作了适当的让步，如在第14条第（2）款补充规定，"非向一个或一个以上特定的人提出的建议，仅应视为邀请做出发价，除非提出建议的人明确地表示相反的意向"。简而言之，如果要约人在一项"公开要约"中明确表明订立合同并承受未来合同约束的意旨，且表明任何人可以对要约通知表示接受的意思表示时，这种"公开要约"也将得到《公约》的认可，成为一项具有法律拘束力的要约。

2. 要约的生效、撤回与撤销

关于要约的生效时间，《公约》第15条第（1）款规定，"要约于送达受要约人时生效"。在这一点上，各国的法律没有分歧。因为要约是一种意思表示，受要约人必须在收到要约之后才能决定是否予以接受，因此，如果一方仅凭以往交易的经验，或通过其他途径估计对方可能向其发出要约，而于收到要约之前主动向对方发出承诺通知，即使该承诺的内容与对方发来的要约中所提出的交易条件完全相同，也不能认为双方已经成立了合同关系，而只能认为是双方形成的交互要约（cross offer），除非对方予以接受，否则不能成立合同。明确规定要约生效的时间不仅是一个理论问题，而且在确定要约人能否撤回或撤销要约或变更要约内容时具有重要的现实意义。

要约的撤回（withdrawal）与撤销（revocability）是两个不同的概念。要

---

[1] 冯大同主编：《国际商法》，对外经济贸易大学出版社1991年版，第59页。

[2] 例如，瑞士债务法认为，商品标价陈列者属于要约；而英国法认为，除自动售货机外，商品标价陈列等行为一般是要约邀请。至于悬赏广告，北欧各国的法律原则上不认为是要约而是要约邀请，而英美法则认为可视为要约。

约的撤回是指要约人在发出要约后，在其尚未到达受要约人之前，即要约尚未生效之前，取消要约的行为。而要约的撤销是指要约已经送达受要约人之后，即要约已经生效之后，要约人取消要约的行为。这两个问题在国际贸易实务中具有重要的现实意义。因为要约人在发出要约后，如果发现要约有错误，或遇到国际市场价格剧烈波动，或外汇汇率发生巨大变化，要约人就可能会要求撤回要约或撤销要约，或要求变更要约的内容，而受要约人可能不会同意，于是双方之间可能因此而发生争议。为解决各国立法在此问题上的分歧，防止国际贸易实务中的争议，《公约》对要约的撤回与撤销作了规定。

对于要约的撤回，根据《公约》第 15 条第（2）款，一项要约，即使是不可撤销的，也可以撤回，只要撤回的通知于该要约送达受要约人之前或与该要约同时送达受要约人。[1]这表明要约人撤回要约的时间仅限于要约发出后至生效前的这段时间，要约人必须向受要约人发出撤回通知，而且此通知必须在要约到达受要约人之前送达，最晚也应与要约同时到达受要约人。实践中，如果要约人以邮递方式发出要约后又想撤回要约，就应当以电报、电传、电子邮件等更迅捷的通讯方式发出撤回通知，以阻止要约生效。《公约》允许要约撤回的理由是，要约尚未生效，当然可以将其撤回。《公约》这一规定可以适用于一切要约，包括不可撤销的要约，因为不可撤销是指要约生效后不可撤销，而只要其尚未送达受要约人都可以将其撤回。

关于要约送达受要约人并已生效之后，要约人能否将其撤销的问题，各国法律有不同的规定，特别是英美法与大陆法存在着严重分歧。英美法认为，要约原则上对要约人没有约束力，不论要约是否送达受要约人，要约人在受要约人作出承诺之前，随时都可以撤销要约或变更要约内容，即使要约人在要约中规定了有效期，其在期限届满之前随时可以将要约撤销。大陆法特别是德国等国家的法律则认为，要约原则上对要约人具有约束力，除非要约人在要约中声明其不受要约的约束。如果要约规定了有效期，则要约人在有效期内不得撤回或更改其要约，如果未规定有效期，则依通常情形在可望得到答复以前不得撤销或更改其要约。[2]针对英美法与大陆法的重大分歧，《公约》在经过长期酝酿、讨论之后，对要约的撤销作出了折中、有效的统一化

---

[1] 参见《公约》第 15 条第（2）款。
[2] 冯大同主编：《国际商法》，对外经济贸易大学出版社 1991 年版，第 64 页。

处理。

一方面，根据《公约》第 16 条第（1）款之规定，在未订立合同之前，要约得予撤销，如果要约人撤销的通知早于受要约人发出承诺通知之前送达要约人。[1]换言之，从总体上，对一项要约，在受要约人作出承诺之前，要约人原则上可以随时撤销或变更其内容，从而满足了以英国为代表的普通法系国家的主张。但《公约》对要约人撤销要约的权利进行了重要的限制，即撤销要约的权利于受要约人发出承诺通知时即终止。另一方面，《公约》第 16 条第（2）款又规定了要约人不得撤销要约的几种情形：其一，如果要约已经载明了承诺的期限，或以其他方式表明要约是不可撤销的。这种要约，一旦送达受要约人之后，要约人就不能予以撤销。其二，受要约人有理由信赖该项要约是不可撤销的，并已本着对该项要约的信赖行事。[2]例如，受要约人已经为生产合同项下的货物而购买了相关的原材料，或者已经与供应商签订了供货合同等。可见，这一款的规定又满足了大陆法系国家的法律主张，反映了在现代国际商事关系中，应该赋予要约法律约束力，以保证和促进国际贸易的顺利进行这样一种立法趋势。

3. 要约的终止

一项有效的要约通常对要约人具有法律拘束力，但这种法律拘束力会因各种情况的出现而丧失效力，这就是要约的终止问题。要约终止以后，要约人不再受要约的约束，可以另行安排交易。要约的终止主要有以下几种情况：

（1）要约因承诺期限届满而终止。如果要约规定了具体的承诺期限，但受要约人在该期限届满之前未作出有效的承诺，或者如果要约未规定具体的承诺期限，而经过一段合理时间受要约人未作出承诺，则该项要约即告终止。

（2）要约因要约人的撤销而终止。除《公约》第 16 条第（2）款特别规定不可撤销要约的情形外，在其他情形下，要约均可通过要约人的撤销而终止。

（3）要约因被受要约人拒绝而终止。受要约人拒绝要约可以是明确的拒绝意思表示，也可以是要求改变要约的内容，如改变货物的价格、数量、交货日期或支付方式等，后一种方式一般被称为还盘或反要约（counter offer）。根据《公约》的规定，任何一项要约，包括不可撤销要约，于拒绝该要约的

---

〔1〕　参见《公约》第 16 条第（1）款。
〔2〕　参见《公约》第 16 条第（2）款。

通知送达要约人时即告终止。[1]

（二）承诺（acceptance）

1. 承诺的概念

承诺是受要约人按照要约规定的方式，对要约的内容表示同意的一种意思表示。要约一经承诺，合同即告成立。承诺又被称为"接受"。一项有效的承诺必须具备以下条件：

（1）承诺必须由受要约人作出。根据《公约》第18条的规定，承诺的作出可以声明或行为表示，但缄默或不行为本身不等于承诺。[2]受要约人包括其本人及其授权的代理人，除此以外，任何第三人即使知道要约的内容并对此作出同意的意思表示，都不能视为有效的承诺，不能成立合同。大多数情况下，受要约人同意要约的内容时会明确通知要约人其接受要约，在某些情况下，受要约人也可能通过行为来表示同意。例如，当事人之间因存在长期的贸易关系，以至于买方发出订单后，卖方不再回电确认，而是直接发货，这种发货的行为也构成承诺。在特定的情况下，如果当事人事先有这方面的约定，缄默或不行为与其他因素结合在一起也可以构成承诺。

（2）承诺必须在要约规定的有效期内作出。理论上，迟到的承诺或逾期的承诺不是有效的承诺，而是新的要约，一般需要经原要约人承诺以后才能成立合同。《公约》第21条并没有一概地否定逾期承诺的效力，依据该条规定，对于逾期的承诺，如果要约人毫不迟延地用口头或书面形式将接受的意思表示通知受要约人，则该逾期的承诺仍为有效的承诺；如果载有逾期承诺的信件或其他书面文件表明，它是在传递正常、能及时送达受要约人的情况下寄发的，则该逾期承诺仍具有承诺的效力，除非要约人毫不迟延地用口头或书面形式通知受要约人，认为要约已经失效。[3]

（3）承诺必须与要约的内容一致。承诺是受要约人愿意按照要约的内容与要约人订立合同的一种意思，因此承诺的内容应当与要约的内容一致。如果受要约人对要约的内容加以添加、限制或变更，即构成反要约，或称为还价。反要约是对要约的拒绝，不能发生承诺的效力，它必须经原要约人承诺

---

[1]《公约》第17条规定："一项发价，即使是不可撤销的，于拒绝通知送达发价人时终止。"

[2] 参见《公约》第18条第（1）款。

[3] 参见《公约》第21条。

后才能成立。《公约》第 19 条用了 3 个条款对附条件的承诺进行了规定。[1]第（1）款是关于反要约的定义。该款规定，对要约表示承诺但载有添加、限制或其他更改的答复，即为拒绝该项要约，并构成反要约。第（2）款是关于对含有实质性变更的要约的答复。该款规定，对要约表示接受，但载有添加或不同条件的答复，如果所载的添加或不同条件在实质上并不变更该项要约的条件，除非要约人在不过分迟延的期间内以口头或书面通知反对其间的差异外，该答复仍构成承诺。如果要约人不作出此种反对，合同条件就以该项要约的条件以及承诺通知内所载的更改为准。第（3）款对实质性变更进行了规定。根据《公约》规定，所谓实质性变更，是指对有关货物的价格、付款、货物质量和数量、交货地点和时间、赔偿责任范围或争议解决等的添加或不同条件。

2. 承诺生效的时间

承诺生效具有重要的法律意义，一旦承诺生效，合同即告成立，双方当事人就承受了由合同所产生的权利和义务。承诺生效的时间与地点即合同成立的时间与地点，而这往往构成合同准据法的判断基础。对于承诺何时生效，英美法系与大陆法系所采用的判断标准差异极大，前者采用"投邮生效规则"（Mail-Box Rule），后者采用"到达生效规则"（Received the Letter of Acceptance Rule）。

"投邮生效规则"，即由信函表示的承诺，一经投邮，立即生效，合同即于此时宣告成立，而不管要约人实际收到信函与否。该规则旨在保护受要约人。英美普通法认为，由于要约人在发出要约后可以随时撤回要约，该规则可有效阻止要约人在承诺尚在途中时撤回要约，因而受要约人一旦发出承诺后，即可信赖该要约而行事。"投邮生效规则"显然对要约人很不利。如果表示承诺的信函在传递途中丢失，则要约人在尚不知合同已经成立的情况下，实际上却承担了合同义务。"到达生效规则"为德国和一些大陆法系国家所采用，即表示承诺的信函要送达要约人时才能生效，不管要约人是否知晓其内容。如果信函在传递途中丢失，则无合同成立。《德国民法典》第 130 条规定，"对于相对人以非对话方式所作的意思表示，于意思表示到达相对人时发生效力"。"到达生效规则"的优点在于保护要约人。因合同是双方当事人的合意，这种合意应当为双方而不是一方所知。因此，要约人在收到表示承诺的信函后才承担合同义务，这对双方是比较公平的。此外，由于采用"到达

---

[1] 参见《公约》第 19 条。

生效规则"的大陆法系国家一般不允许要约人随时撤回已经发出的要约，因而不存在要约人在承诺尚在途中时撤回要约的可能性。作为大陆法系的法国，在其民法典中对承诺何时生效没有具体规定。但法国最高法院的判决认为，关于承诺生效的时间完全取决于当事人的意思，因此这是一个事实问题，应根据具体情况特别是当事人的意思来决定。但在实践中往往推定为采用"投邮生效规则"，即根据事实情况推定承诺于发出承诺通知时生效，合同亦于此时成立。[1]

《公约》对两大法系的差异进行调和，以"到达生效"为基本原则，同时作出例外规定。根据《公约》第 18 条第（2）款的规定，受要约人表示承诺时，承诺应在要约的有效期内于承诺通知送达要约人时生效。如果承诺通知在要约人规定的时间内未能送达要约人，或者在要约未规定时间的情况下，在一段合理的时间内未送达要约人，那么该承诺即为无效，但是应适当考虑双方交易情况，包括要约人所使用的通讯方式的快捷程度。[2]一般而言，承诺所使用的通讯方式最好与要约所使用的方式一致，或按照要约中要求的通讯方式通知对方，口头要约应当立即承诺，除非双方另有约定。

3. 承诺的撤回

承诺的撤回是受要约人阻止其承诺发生法律效力的一种意思表示。由于英美法系与大陆法系在承诺生效的问题上有不同的判断标准，因此在承诺能否撤回的问题上也存在严重分歧。英美法系国家根据"投邮生效规则"，认为承诺通知一经投邮就立即生效，合同即告成立，因此承诺通知发出之后就不可能撤回。大陆法系国家特别是德国，根据"到达生效规则"，认为承诺通知在送达到要约人时才生效，因此，在承诺通知到达要约人之前仍可以撤回。《公约》采用了大陆法系国家的规定，根据《公约》第 22 条的规定，承诺可以撤回，只要撤回的通知能在该承诺生效之前或与其同时送达要约人。[3]一般而言，撤回承诺的通知必须采用更为快捷的方式传递而先于承诺达到要约人，这样才能阻止承诺发生效力。

---

〔1〕 冯大同主编：《国际商法》，对外经济贸易大学出版社 1991 年版，第 69 页。

〔2〕 参见《公约》第 18 条第（2）款。

〔3〕 参见《公约》第 22 条。

二、国际货物贸易合同中的风险转移问题

国际货物贸易中货物往往需要经过长时间长距离的跨境运输，运输过程中货物难免有毁损、灭失的风险，而确定风险何时转移对交易主体至关重要，因为风险转移的实质是承担风险的转移。[1]这意味着，确定了风险何时转移就确定了风险应由谁承担，这直接关系到买卖双方的核心利益。由于不同国家对货物风险转移问题的规定不尽相同，因此不可避免会发生法律冲突。如果贸易合同的当事人在风险转移的问题上难以达成一致意见，将使合同的履行陷入困境从而阻碍国际贸易的正常发展。为了尽可能减少纠纷的出现，双方当事人通常在合同中就风险转移问题作出明确约定。如果没有就此进行约定，则应由合同所适用的法律来调整。本部分主要拟通过对《公约》相关条款的分析研究，以求对国际货物贸易合同中的风险转移问题有更深入的认识。

（一）风险转移的基本理论

1. 风险的界定

在国际货物贸易中，要讨论风险转移的问题必须先明确"风险"的内涵，但是国际贸易领域并没有给出"风险"的定义，《公约》对于风险转移的时间虽有具体的界定，但也没有规定什么是"风险"。如果《公约》对"风险"一词不给出一个确切的定义，各个国家的解读可能会产生不同的效果，也将产生一些不必要的争议。在我国，不同学者对风险的定义也不同。有学者认为，风险是指货物可能遭受的各种意外损失，如盗窃、火灾、沉船、破碎、渗漏、扣押以及不属于正常损耗的腐烂变质等，[2]它并不是因为合同任何一方的过失或者疏忽而导致的，但必须由合同当事一方承担货物损坏或灭失的责任。有学者指出，风险即货物在水浸、高温、严寒等非正常环境下或盗窃等非正常情形下产生的短少、毁损或灭失。[3]另有学者认为，国际货物贸易中的风险通常是指货物可能遭受的各种意外损失，如被窃、沉船、渗漏、受潮发霉以及不属于正常损耗的变质等。这类事件是由意外事件造成的，而不

---

〔1〕 陈安主编：《国际经济法学》（第7版），北京大学出版社2017年版，第174页。

〔2〕 张玉卿编著：《国际货物买卖统一法：联合国国际货物销售合同公约释义》（第3版），中国商务出版社2009年版，第280页。

〔3〕 王传丽主编：《国际经济法》，中国人民大学出版社2004年版，第50页。

是因为一方当事人的行为和不行为所造成的。[1]还有学者认为，风险指由于自然灾害、意外事故或当事人以外的原因造成卖方正在履行或已经履行交货的货物遭受损坏、灭失。[2]由上述学者们的观点可知，在国际货物贸易中，货物风险主要包括毁损与灭失两种情形。毁损是指买受人无法实际取得全部货物或货物质量受损，包括损坏、贬值、变质等，会影响到合同的履行效果；而灭失是指买受人无法实际取得货物，包括货物在交易途中被转让、被盗窃或不知所踪等。

从不同学者的观点，我们可以总结出货物风险的特点，主要包括以下方面：其一，风险发生于贸易合同订立之后、履行完毕之前。[3]在买卖双方订立合同前，货物风险应由卖方承担，因为其实际控制着货物；而合同履行完成之后，风险也理应由买方承担。所以，讨论风险发生的时间段是较为局限的，当且仅当合同订立后并且履行完毕前这一时间段内，货物的控制或占有才会处于不特定的状态，此时才有讨论风险问题的价值与意义。其二，风险的发生具有不确定性、不可预测性特征。[4]不确定性是指风险的出现是概率事件，伴随着诸多不确定因素，例如，意外事件、不可抗力或合同以外第三人的原因等。不可预测性则指在订立贸易合同的时间点，双方当事人无法预知风险是否发生。也正因为此，风险的相关归责和规避原则才显得尤为重要。其三，风险体现出不可归责性。对于风险的发生，双方当事人主观上都无过错，客观上也未实施直接导致风险发生的作为或者不作为的损害行为。风险的发生是客观原因造成的，例如，海啸、地震、火灾、战争、政治原因等。

2. 风险转移的法律后果

货物风险发生时，最直接的后果就是承担损失，所以风险负担直接关系到当事人的切身利益，无论在立法上还是实践中都是一个极为重要的问题。总体而言，风险转移之前货物毁损或灭失的后果由卖方承担，而风险转移之后货物因遭遇风险发生的一切损失则由买方承担。如果合同的标的物因不可

〔1〕 冯大同主编：《国际货物买卖法》，对外贸易教育出版社1993年版，第132页。

〔2〕 李巍：《联合国国际货物销售合同公约评释》，法律出版社2002年版，第247页。

〔3〕 ［英］麦克·布瑞奇：《国际货物销售法律与实务》，林一飞等译，法律出版社2004年版，第42页。

〔4〕 孙美兰："论国际货物买卖中货物损失风险的转移"，载梁慧星主编：《民商法论丛》（第8卷），法律出版社1997年版，第556页。

归责于双方当事人的原因而毁损或灭失，这时应区分标的物为特定物还是种类物两种情况进行讨论。当标的物是特定物时，因特定物具有独立性，在特定条件下具有独一无二的性质并且不能被其他物代替，若要求卖方重新交付与合同要求一样的标的物会导致合同最终无法履行，所以卖方可以免除或部分免除合同义务，同时卖方也无权要求买方履行支付货款的义务。当标的物是种类物时，则可用其他相同物代替，卖方仍需依据合同交付货物，货物损失只能自己承担。如果合同标的物的风险已经转移至买方，即使货物遭受毁损或者灭失，买方仍然承担支付货款的义务并不得要求卖方重新交付。[1]确定风险承担的后果以后，尽管在通常情况下，这些损失可以通过保险在经济上得到补偿，但还有一些问题需要解决：谁享有向保险公司投保时的保险利益，谁应当尽力保全和救助受损货物，谁有资格向保险公司索赔，谁承担在不属于保险范围内或当事人漏保的情况下的风险损失等，这些都关系当事人的利益，因此至关重要。

3. 风险转移的基本原则

对风险转移的时间准确划分是风险转移制度中需要解决的重点问题，只有确定了风险转移的时间，才能够更准确地划分买卖双方的责任。为此，很多国内外学者对货物的风险转移问题一直争论不休。正如施米托夫所说，"从优士丁尼到拉贝尔，风险转移一直是买卖合同中一个有争议的问题。学者们把它视为自己的特殊领域，其论著无论优劣，都在影响着立法与实践"。[2]其中最大的争论在于货物风险从何时起卖方转移于买方，即如何确定风险转移的时间。大多数国家的法律、《公约》以及有关国际贸易惯例等都对风险转移的时间作了规定，但其内容差异颇大。学者以风险转移的时间为切入点进行了深入研究，并且提出了三种风险转移理论原则，即风险于合同成立时转移、风险随货物所有权转移以及风险随交付转移。

（1）风险于合同成立时转移原则。该原则最初来源于古罗马法。罗马法明确规定，随着买卖合同的订立，风险由卖方移转至买方，即使买方此时仍

---

〔1〕 余延满：《货物所有权的移转与风险负担的比较法研究》，武汉大学出版社 2002 年版，第 290 页。

〔2〕 ［英］施米托夫：《国际贸易法文选》，赵秀文选译，中国大百科全书出版社 1993 年版，第 321 页。

未占有货物。[1]根据该理论，除非合同另有约定，通常在合同成立时风险即随之转移，也就是风险由卖方转移至买方。罗马法对于风险转移的规定较为全面，15世纪欧洲大陆的法国、瑞士、西班牙等国家深受此原则的影响。在风险于合同成立时转移原则下，可以督促双方当事人及时行使权利和履行义务。因为风险的转移意味着买方应开始承担合同责任和风险，买方可以通过督促卖方及时交货、发货等方式促使卖方履行合同义务。但是该原则有着十分明显的缺陷，主要体现在比较偏重保护卖方利益。卖方在交付货物之前仍占有货物，对货物享有某种利益，但不必承担任何风险，从而使买方处于非常被动的境地，这并不符合权利义务相一致的法律精神。

在国际贸易实践中，买卖双方往往远隔重洋，当合同成立时风险即转移，但货物尚处于卖方掌控之下，即使买方想对货物加以保护也是鞭长莫及。卖方因为已不承担风险，往往怠于妥善保管货物，此时就存在极大的信用风险和道德风险，而这些都是该原则无法管控的领域，并且该原则并没有将合同的成立与合同的生效进行严格的区分。在合同制度日渐完备和精准化的今天，对于合同的成立与生效的判定在合同制度中有着至关重要的作用。因该原则不符合现代国际贸易实践和商业交易市场的需求，因此已经基本被理论界所抛弃。

（2）风险随所有权转移原则。该原则把风险与货物所有权转移联系起来，以所有权转移时间确定风险转移时间，即"物主承担风险原则"。该原则最初也源于罗马法，后来1979年《英国货物买卖法》第20条、《法国民法典》第1138条和第1624条、《意大利民法典》第1465条均采纳了这一原则。例如，1979年《英国货物买卖法》第20条第1款规定："除非另有协议，货物风险直到货物所有权转移至买方时才从卖方转移至买方；但如果货物所有权转移至买方时，不论交付行为是否作出，货物风险均转移至买方承担。"该原则认为，风险与利益密切相关，即谁享有货物利益，谁就应当承担可能发生的风险责任。

由货物所有人承担风险有理论基础支撑，主要体现在以下几个方面：首先，按照法律中权利义务相一致原则，所有权人是完整的物权享有者，也是

---

〔1〕［古罗马］优士丁尼：《法学阶梯》（第2版），徐国栋译，中国政法大学出版社2005年版，第79页。

买卖合同项下货物的最终受益者，货物灭失或损坏的责任由其承担最为合适。其次，风险的承担通常依附于所有权主体，所以规定风险随所有权发生移转具有其合理性。因为随着货物的转移，买卖合同项下货物的处分权已由卖方转移至买方，让已丧失对货物占有的卖方承担风险有失公平，也不利于国际贸易的平衡发展。在买卖合同中，合同风险通常体现为价金风险；买方在支付合同价金后，卖方应当交出货物的所有权。此时，货物的风险才会被一同转移。这也体现出了买卖市场的著名规则——"利益之所在，风险之所处"。[1]

较之风险于合同成立时转移原则，风险随所有权转移原则的优势十分明显。因为它适用范围更广，且对双方的责任分配更为明确合理。但是该原则也存在缺陷，在实践中较难把握，很难得到落实，具体表现为：其一，通常情况下，所有权转移的时间与地点难以确定，风险随所有权转移原则取决买卖双方当事人的意思，而约定的事项往往没有法律规定的那么明确、详尽，所以会导致所有权的转移处于一种不确定状态中。在这种情况下，风险转移的时间和地点通常无法确定，也就无法确定风险的负担方式和承担风险的主体。[2]其二，在跨国运输的国际贸易中，卖方通常会在交付货物后的一段时间内保留运输单据作为收款凭证，此时货物的实际所有权尚未转移到买方。根据风险随所有权转移原则，卖方在交货后已无法掌控和知晓货物的实际状况，若货物在运输途中发生毁损或灭失，卖方既无法判断货物遇险的时间及货损程度，又无法及时采取相关合理措施，但此时却要承担风险，这显然有失公允。其三，风险随所有权转移原则并不能适用于所有情形。在保留所有权买卖合同中，卖方虽然履行了交付义务，买方占有并使用标的物，但标的物所有权并未发生转移。此时，买方占有标的物却不承担风险责任，卖方未占有标的物却要承担风险责任，这显然极不合理。

由此可见，风险随所有权转移原则无法满足现阶段国际贸易的具体实践需求，正如国际贸易法学权威施米托夫所指出的，"规范出口贸易的法律，在通常情况下应将风险转移与货物所有权转移的概念区分开来"。[3]

---

〔1〕　余延满：《货物所有权的移转与风险负担的比较法研究》，武汉大学出版社 2002 年版，第 274 页。

〔2〕　杨良宜：《国际货物买卖》，中国政法大学出版社 1999 年版，第 153 页。

〔3〕　[英] 施米托夫：《出口贸易——国际贸易的法律与实务》，对外经济贸易大学对外贸易系译，对外贸易教育出版社 1985 年版，第 367 页。

（3）风险随交付转移原则。该原则是指以交货时间作为决定风险转移的时间，即采用"交付主义原则"。根据这一原则，合同成立后，合同项下标的物的风险，在标的物被交付前，由卖方承担，随着交付行为的发生，则风险负担的主体变为买方。交付主义原则目前是关于货物风险转移讨论中最普遍、最易于被人们接受的风险承担规则。不论是大陆法系国家还是英美法系国家的立法均采用了这一原则，例如，1900 年《德国民法典》和 1952 年《美国统一商法典》。[1]最具有广泛影响力的《公约》以及 Incoterms® 2020 也明确规定了风险在货物交付时随之转移。美国著名学者约翰·O. 哈诺德（John O. Honnold）总结了国际贸易中风险转移的一般理论，提出了在当事人之间分配风险损失时应考虑的几个因素：①哪一方处于更有利的地位，以便评估所受的风险损失并向有关的责任人索赔；②哪一方处于更有利的地位，以便救助和处理受损的货物；③谁能以较低成本对所交易的货物投保；④谁具有更大可能依据标准的商业条件为货物投保；⑤哪一种风险转移的规则能最大限度地减少因为照管货物的失误引发的诉讼。[2]依据上述因素判断，显然，以货物交付作为风险转移的界限是合理的，更符合现代国际贸易发展的实践与要求，因此多数国家和地区以及国际条约、国际贸易惯例均认可交付转移原则。

第一，以交付时间确定风险转移的时间更准确具体。因所有权转移时间的确定比较抽象，而且容易受各国法律差异的影响。相对于风险随所有权转移原则，交付主义原则中的"交付"是一个比较清晰的动作，判断起来自然也比较简便。由于实行从风险随所有权转移原则向交付主义原则的转化，"交付"的概念不仅对法官和仲裁员，而且对当事人来说也容易判断，这就大大减少了有关风险负担方面的纠纷，[3]提高了交易的安全性。

第二，交付主义原则更加公平公正。在货物销售中，货物的占有人最具有避免风险的能力，亦即处于最有力的支配风险的地位，规定占有人享受利益的同时承担责任，可有效地规避潜在的道德风险，督促占有人更好地对货物进行维护，有利于保证货物免遭损失。这也符合经济学的"风险支配原则"，该原则的基本精神是："谁支配，谁承担风险。"

---

〔1〕 参见《德国民法典》第 446 条、第 447 条，《美国统一商法典》第 2~509 条。

〔2〕 John O. Honnold, *Uniform Law for International Sales Under the 1980 United Nations Convention*, Kluwer Law and Taxation Publishers, 1982, p. 367.

〔3〕 王轶：《物权变动论》，中国人民大学出版社 2001 年版，第 346 页。

第三，当买卖合同标的物毁损或灭失时，只有占有标的物的一方才能更方便更快速地证明货物损失是因不可归责于双方当事人的事由引起的，还是因一方当事人的过错造成的，而非占有人要想证明这一点相对来说比较困难。

第四，在现代商品的流通条件下，所有权和风险转移出现日渐分离的趋势。特别是在象征性交付货物的情况下，基本上都是借助于单据来进行交易的，此时所有权的转移只是一个抽象的概念，很难具体把握。因此，根据交付主义原则，如果货物不在卖方控制下，一旦货物有发生损毁或灭失的可能时，卖方根本无法采取有效的防范措施。既然货物处于买方的控制之下，由买方承担风险显然更为公平合理。

（二）《公约》关于货物风险转移的规定

国际货物贸易中，风险转移应由当事人根据货物状况、当事人所处的地理位置、运输方式等综合因素确定，任何国内法和国际条约都不能建立适合于所有情况的统一的关于风险转移的标准。《公约》从契约自由以及公平效率原则出发，提出了普遍适用的一般原则和规则，即有关货物风险转移的内容允许双方当事人通过协议来确定，只有在双方当事人就货物风险转移问题没有约定或事后仍无法达成一致时，才可根据《公约》的有关规定将风险造成的损失在双方当事人之间进行合理分配。《公约》第66条至第70条共5个条款较为详细地规定了可供当事人选择适用的五种风险转移规则或模式，这些规则是非强制性的，属于补充性的或残余的规则。由于目前国际贸易中当事人普遍采用贸易术语约定风险转移，《公约》的这些规则将较少被适用，但不等于这些规则因此就不重要，它反而有助于我们更好地理解和补充 Incoterms®中的贸易术语建立的风险转移模式。[1]

1. 货物特定化是风险转移的前提

所谓"特定化"，也称划拨，是指通过合同订立，对货物进行计量、包装、加上标记或以提交装运单据或者向买受人发出通知等方式表明货物已经归于合同项下的行为，即"意味着卖方所出售的货物已经与某一特定的合同联系在一起"。[2]经过划拨的货物，卖方不得再随意进行提取、调换或挪作他用。一个显而易见的基本问题是，作为一项规则，货物只有或者已经成为特

---

〔1〕 李巍："国际货物销售风险转移问题探讨"，载《政法论坛》2003年第4期，第174页。

〔2〕 李巍：《联合国国际货物销售合同公约评释》，法律出版社2002年版，第32页。

定物时，风险才能转移。[1]对于种类物而言，只有特定化以后才能交付，未经特定化的种类物是没有任何交付可能性的，所以特定化对种类物而言是风险转移的前提。

《公约》第 67 条和第 69 条均对特定化问题作了规定。第 67 条第（2）款规定："在货物以货物上加标记，或以装运单据，或向买方发出通知或其他方式清楚地注明有关合同以前，风险不转移到买方承担。"第 69 条第（3）款规定："如果合同指的是当时未加识别的货物，则这些货物在未清楚注明有关合同以前，不得视为已交给买方处置。"从这些规定看，货物风险转移必须以特定化为前提。Incoterms® 2020 中也强调风险转移必须以特定化为前提。[2]因此，货物特定化是卖方应履行的主要合同义务之一，如果货物没有特定化风险就转移给买方，在货物遭受损失的时候，卖方就有可能故意将遭受损失的货物划拨至合同项下，从而将风险转嫁给买方，这对买方是不公平的。

2. 销售合同涉及运输时货物风险转移

对于涉及运输的销售合同，《公约》第 67 条第（1）款规定："如果销售合同涉及货物的运输，但卖方没有义务在某一特定地点交付货物，自货物按照销售合同交付给第一承运人以转交给买方时起，风险就移转到买方承担。如果卖方义务在某一特定地点把货物交付给承运人，在货物于该地点交付给承运人以前，风险不移转到买方承担。卖方受权保留控制货物处置权的单据，并不影响风险的移转。"该条款只适用于销售合同涉及运输时的风险转移，并且区分了两种情形：第一种是涉及运输的情形，但是卖方并无义务在某一特定地点将货物交给承运人，即"第一承运人模式"；第二种是卖方有义务在某一特定地点将货物交给承运人，即"特定地点承运人模式"。但这两种情况下有关风险转移的规定都是相同的，即风险都是在卖方将货物交给承运人时转移。值得注意的是，此处所指的"承运人"必须是国际货物运输的承运人，而不包括国内运输的承运人。货物承运必须是为了将货物交给买方，只有将货物交给这样的承运人，风险才转移至买方承担。[3]《公约》之所以

---

〔1〕 ［英］施米托夫：《国际贸易法文选》，赵秀文选译，中国大百科全书出版社 1993 年版，第 348 页。

〔2〕 参见 Incoterms ®2020 中各贸易术语的 B5 项规定。

〔3〕 王京禾：《〈联合国国际货物销售合同公约〉解释》，中国对外经济贸易出版社 1987 年版，第 197 页。

这样规定，一方面考虑到卖方一旦将货物交付给第一承运人便丧失了对货物的控制权，自然没有办法知晓或很难知晓货物是否遭受风险；另一方面也考虑到由于卖方已经按照合同约定履行了相关的主合同义务以及从合同义务，当货物发生风险时，买方所处的相对有利位置使其能及时采取措施减轻损失，并向有关承运人或保险人提出索赔。

该条款最后一句"卖方受权保留控制货物处置权的单据，并不影响风险的移转"，从保护交易安全的角度看，《公约》这样规定符合现实交易的要求。这一规定也明确印证了《公约》采用的是风险转移与所有权转移分离的原则，风险转移独立于所有权转移或者所有权保留，这正是交付主义原则的精髓所在，也是区分交付主义原则与风险随所有权转移原则的一个重要界限。

需要强调的是，在国际货物销售中，几乎所有合同都涉及运输，只是运输方式或距离有所不同而已。此处的运输仅指销售合同规定的由卖方承担货物运输的情形，并不包括买方承担运输的情形。因为由买方承担运输就相当于不涉及运输，应该由第 69 条第（1）款调整。联合国国际贸易法委员会秘书处对这一条款评注时指出，"如果（合同）要求卖方运输货物或者卖方被授权运输货物，并且事实上这样做，销售合同就涉及运输。如果买方在卖方营业地接收货物，即使是货物也需要由公共承运人从该地点运出，或者由买方安排这些货物的运输，这就不属于货物涉及运输"。[1]

《公约》文本和联合国国际贸易法委员会秘书处的评注都提到了"第一承运人"，《公约》第 67 条第（1）款规定的两种情形中，实际上都是在卖方把货物交给第一承运人时发生风险转移。《公约》强调只要第一承运人实际控制占有了货物即视为买方对货物的控制和占有，风险也就转移至买方。至于该货物是否需由第二或第三承运人续运至目的地，一般都由买方承担风险。因此正确理解"第一承运人"含义成为正确适用《公约》的关键。此处的"第一承运人"必须是独立于卖方的第三人，如果卖方依靠自己的人员、运输工具完成货物运输，风险就不发生转移。因为交付意味着转移占有，如果货物仍然在卖方的运输工具上就根本不存在转移占有的问题。[2]

---

〔1〕《联合国国际货物销售合同公约草案评注》第 79 条（正式文本第 67 条）第 2 段，正式记录第 64 页。

〔2〕 冯大同主编：《国际货物买卖法》，对外贸易教育出版社 1993 年版，第 141 页。

3. 在途货物销售的风险转移

在途货物销售，也称"路货交易"，是指货物已经处于运输途中，卖方寻找适当的买方订立买卖合同，买卖双方实际上是在就货物的单据进行交易，买方购买的是代表货物的单据而不是货物本身。[1] 在这种情况下，货物风险如何划分是一个十分困难的问题。因为买卖双方订立合同时，货物已经装在船上，双方可能都不清楚货物是否有灭失或毁损等情况，如果货物到达目的地后发现有损失，往往很难判断该损失究竟是发生在运输过程中的哪一阶段，也就难以确定这种损失究竟应当是由卖方还是买方承担。尽管在途货物销售的风险很大，但很多时候为了节约成本，提高效率，当事人也会冒险采用这种交易方式。因此，为了尽可能降低在途货物销售的风险，以明确风险责任的承担，《公约》对此作了较为详细的规定。

（1）在途货物销售风险转移的基本原则。《公约》第 68 条第一句首先明确了在途货物销售风险转移的基本原则，即"对于在运输途中销售的货物，从订立合同时起，风险就移转到买方承担"，这一规定简明扼要，学者们对此句的理解不存在争议，但是对这一基本原则的实践意义提出了质疑。有学者认为，这样的规定要求必须表明货物的损坏到底是发生在双方订立合同之前还是之后，而这往往难以查明，并且得依赖于许多不确定的、偶然的因素；而且这可能意味着一个以订立合同时就已经不存在或者已经遭受损失的货物为标的物的销售合同是有效的，买方必须为此支付货款。[2] 有学者认为，如果造成货物损失的灾害或者事故不易查明，或者在技术上有困难，则第一句规定的风险转移界限就很难划清，这就导致第一句规定的一般原则反而在某些情况下并不适用。[3] 还有学者认为，这一规定的实际作用值得怀疑，因为这一条款发挥实际功能的一个重要前提条件是，必须能够清楚地说明相关货损风险是发生在订立合同之前还是之后。事实上，能够清楚地说明货损发生时间的情形并不多见，这是由在途货物销售本身的特点所决定。买卖双方订立合同时货物已经处在运输途中，货物运至目的地前买方根本不可能检验货

---

〔1〕 张新宝、龚赛红编著：《买卖合同　赠与合同》，法律出版社 1999 年版，第 87 页。

〔2〕 ［德］彼得·施莱希特里姆：《〈联合国国际货物销售合同公约〉评释》（第 3 版），李慧妮编译，北京大学出版社 2006 年版，第 157~158 页。

〔3〕 李巍：《联合国国际货物销售合同公约评释》（第 2 版），法律出版社 2009 年版，第 299~300 页。

物，货物运至目的地后一般却很难断定货物损失发生在合同订立之前还是订立之后。因此，这一基本原则加重了买卖双方的举证责任，更容易引发当事人之间的争议。[1]

《公约》第 68 条将合同订立时间作为在途货物销售风险转移的基本原则，其规定本身十分明确。买卖双方订立合同后，买方控制货物的处置权，可凭单据提取货物或者再转售货物。因此，在出售处于运输途中的货物时，只要当事人没有其他特别约定，就应以订立合同的时间作为风险转移的具体时间，这同时也体现出对买方利益的保障。尽管在途货物销售涉及的问题比较复杂，其风险划分很难用这一个标准去衡量判断，在实践中适用存在一定的难度。但也应看到，在途货物的销售，在绝大多数情况下都购买了保险，一旦发生货损，不管是卖方作为保险受益者还是买方作为保险受益者，双方最终都会向保险公司索赔，纠结于货损发生时间在合同订立之前还是合同订立之后反而徒增诉讼成本。另外，《公约》允许当事人约定使用贸易术语，实践中在途货物销售合同多采用 CIF、CFR 贸易术语，风险自装运港货物越过船舷时转移。也就是说，第 68 条规定的这一基本原则能发挥的实际作用并不大。

（2）在途货物销售风险转移的例外规定。在途货物销售风险转移的时间，原则上是合同订立的时间。因为如果造成货物毁损灭失的时间属于能够清楚识别的，例如火灾、海上风暴、碰撞或者轮船失事等意外事故，根据航海日志或者其他技术手段会很容易判定货损发生在何时，那么发生在合同订立前的货损由卖方承担，发生在合同订立后的货损则由买方承担。然而，如果货物是由于温度过高或者渗水浸泡等腐坏，货损发生的具体时间往往难以查明。这时在运输途中划分风险就容易引发争议，简单易行的方法就是在能够知道货物情况时将风险视为转移给买方，比较明确的时间点就是卖方将货物交付给承运人时。因此，第 68 条第二句规定，"但是，如果情况表明有此需要，从货物交付给签发载有运输合同单据的承运人时起，风险就由买方承担"。这是在途货物销售风险转移规则的第一种例外情形——风险自卖方将货物交给签发载有运输合同单据的承运人时转移。与第一句相比，第二句确定的风险转移规则延长了买方的责任承担区间，适用此例外规定必须满足一定的条件。

---

〔1〕　高旭军：《〈联合国国际货物销售合同公约〉适用评释》，中国人民大学出版社 2017 年版，第 379 页。

第68条第二句规定在途货物销售风险提前转移的条件是"情况表明有此需要",但《公约》并未说明是何情况。对于何谓"情况表明有需要",有学者指出,这首先可以从当事人约定的内容进行判断,如果合同明确规定卖方应当将保险单转让给买方,显然就足以构成风险提前至货交承运人时转移给买方的含义;除当事人明确约定外,"情况表明有此需要"也可以从客观发生中的事实推断出来,如卖方在向买方交付的其"签发载有运输合同单据"中包括了保险单据,即使合同中没有明确的条文来规定,也可以从卖方的这一行为中推断出风险提前至货交承运人时转移。[1]也有学者认为,在实务操作中,在途货物销售的卖方并不是通过交付标的物来完成交货义务,而往往是采用向买方交付提货的单据这种方式,而在多数情况下,卖方已经购买保险,并且在向买方交付提单时卖方也应交付保险单,这样一来,就只能由持有保险单的买方向保险公司行使索赔权,因此,《公约》规定这种情况"表明有此需要"。[2]美国著名学者约翰·O. 哈诺德认为,这里的"情况"是指卖方通过将包括运输单证和凭保险人指示赔付的保险单在内的全套单据交付给买方来出售处于运输途中的货物,这一事实证明整个运输风险已经由买方承受,买方便成为能够凭借保险单向保险公司索要赔偿的人。[3]

笔者认为,第68条"情况表明有此需要",并不是指双方当事人自行约定风险转移的时间,很显然是指有货损风险提前转移的需要。因为根据《公约》第6条和第9条的相关规定,[4]《公约》本来就允许合同当事人另行约定风险转移的时间,并且认为当事人就风险转移的约定具有优先适用的效力,[5]因此这里就没有必要进行特别说明。第二句中的"情况"不应被解释包括出于当事人主观意思的情形,而应该结合客观形势和事实来推断。因为

〔1〕 张玉卿编著:《国际货物买卖统一法:联合国国际货物销售合同公约释义》(第3版),中国商务出版社2009年版,第436页。

〔2〕 钟建华:《国际货物买卖合同中的法律问题》,人民法院出版社1995年版,第88页。

〔3〕 John O. Honnold, Harry M. Flechtner, *Uniform Law for International Sales Under the* 1980 *United Nations Convention*, 4th ed. , Kluwer Law International, 2009, p.385.

〔4〕 《公约》第6条规定:"双方当事人可以不适用本公约,或在第十二条的条件下,减损本公约的任何规定或改变其效力。"第9条第(1)款规定:"双方当事人业已同意的任何惯例和他们之间确立的任何习惯做法,对双方当事人均有约束力。"

〔5〕 李巍:《联合国国际货物销售合同公约评释》(第2版),法律出版社2009年版,第299~300页。

《公约》的主旨是尊重当事人的意思自治，其第 6 条已经赋予当事人"减损本公约的任何规定或改变其效力"的权利。也就是说，《公约》关于风险转移的规定得到适用是有前提的，即合同当事人未就风险转移事项作出约定，而推定适用第 68 条第二句也应以此为前提。换言之，如果当事人明确约定风险自卖方将货物交付承运人时转移，或者当事人在合同中约定采用贸易惯例或双方间业已确立的习惯做法，依据该贸易惯例或习惯做法将货交承运人作为风险划分的界限，根据《公约》第 9 条第（1）款的规定，这样的约定对双方当事人均有约束力，那么风险划分将直接遵从合同的有关约定，而无需再适用第 68 条的规定。

对于何种客观形势和事实会表明风险有提前转移的需要，主要有三种情形：其一，如果货物毁损或灭失的时间点无法确定，即双方当事人不能得知货物毁损或灭失发生在订立合同之前还是订立合同之后，就表明货物风险不再适用"从订立合同时起"转移，而是有了提前转移的需要。其二，卖方已经为在途货物投保，而且买方是保险合同的被保险人，即使卖方为在途货物投保时买方尚未成为货物的所有权人，但买方依然可以享受自保险合同签订之时起的所有权益，这符合风险需要提前转移的情况。其三，如果销售合同中明文规定卖方应当将保险单据转让给买方且卖方的确照此履行，或者合同中虽未明文规定，但实际上卖方向买方交付货物单证时一并转让保险单，买方就成为被保险人，可凭保险单据向保险公司索赔，这也符合风险需要提前至卖方将货物交付给承运人时转移的情况。

风险提前转移的另一前提条件是，货物必须是交给签发载有运输合同单据的承运人。这意味着如果卖方将货物交付给某一承运人，但该承运人并未与其签订运输合同单据，那么便不能触发例外规则的适用。因为如果卖方采用多式联运的方式运送货物，只有一位承运人会签发转交给买方的运输单据。另外，若承运人签订的单据或者文件不能证明其已经签订了运输合同，则这种例外规则也不能适用。

（3）在途货物销售不发生风险转移的情形。第 68 条第二句确定的风险转移规则加重了买方的责任负担，保护了卖方利益，但也只是保护善意的卖方。为平衡买卖双方在风险分担方面的利益，第 68 条第三句规定，"尽管如此，如果卖方在订立合同时已知道或理应知道货物已经遗失或损坏，而他又不将这一事实告知买方，则这种遗失或损坏应由卖方负责。"第三句规定了不发生风险转移的情形。有学者认为，这一规定的性质是一项但书，但根据这一条款的订立过程和联合国贸易和发展会议秘书处的相关解释，本条第二句才是这项但书的说明对象。因为不能将货物相符的问题与货损风险转移的问题混为一谈，这两者有着严格的含义区别。如果但书也适用于第一句话，就抹杀了这两个问题之间的区别。正是因为第 68 条第二句存在风险转移的追溯问题，所以才有了这项但书。也就是说，假如在订立合同时卖方已知或应知货物已然灭失或者损坏，而又没有告知买方这项事实，则卖方应当承担货物灭失或者损坏的风险，因而这个但书不能适用于第一句话。[1]也有学者认为，这一规定解决的并非有关标的物意外毁损、灭失的风险负担问题，而是关于标的物已有瑕疵，卖方对此如何承担责任的问题。因而这一规定所指的"遗失或损坏"在订立合同前就已经发生且订立合同时已经存在。但正因为国际货物销售的特殊性，货主不一定能够在转卖时发现在运输途中已发生的灭失或损坏。因此，在实际的在途货物销售中，把货主未能发现或依据交易习惯、诚信原则不能发现的，在运输途中已经产生的灭失或损坏一并作为将来的风险转移给买方，其导致的结果往往是由保险公司进行赔偿，这与先由卖方承担责任，后向保险公司索赔是殊途同归，而同时也有利于实务操作的便捷。[2]

从《公约》第 68 条上下文分析，第三句但书是承接第二句而来，显然是对第二句例外情形的限制。其隐含的意思是，虽然根据第二句，在途货物销售的风险提前转移，也即卖方在装运港将货物交付给承运人时风险已经转移给买方，但是如果卖方在与买方签订合同时已经知道或者理应知道货物已经灭失或损坏，即使这种货损发生在卖方将货物交付给承运人之后，对此卖方也应当承担责任。此外，《公约》第 36 条规定对于风险转移之前的任何货物不符，卖方都负有责任，即使是风险转移后才显现的不符情形。[3]从整个

---

〔1〕 张玉卿编著：《国际货物买卖统一法：联合国国际货物销售合同公约释义》（第 3 版），中国商务出版社 2009 年版，第 436 页。

〔2〕 余延满：《货物所有权的移转与风险负担的比较法研究》，武汉大学出版社 2002 年版，第 356~357 页。

〔3〕《公约》第 36 条规定："（1）卖方应按照合同和本公约的规定，对风险移转到买方时所存在的任何不符合同情形，负有责任，即使这种不符合同情形在该时间后方始明显。（2）卖方对在上一款所述时间后发生的任何不符合同情形，也应负有责任，如果这种不符合同情形是由于卖方违反他的某项义务所致，包括违反关于在一段时间内货物将继续适用于其通常使用的目的或某种特定目的，或将保持某种特定质量或性质的任何保证。"

《公约》的体系和结构分析，如果第 68 条第三句的但书也是对本条第一句的限制，那么就混淆了货物与合同不符以及风险负担的问题，前者属于卖方义务履行瑕疵的问题，后者属于买卖双方之间划分货损风险的问题，两者有着本质的区别。结合第 36 条和第 68 条，可以明确的是，在风险转移时和转移前发生的货物损失属于货物与合同不符，而在风险转移之后发生的货物损失则属于风险负担。第 68 条第三句不应该改变这些关于风险转移的基本规则，否则第三句将不仅与第一句相抵触，而且与第 36 条之规定相混淆，就失去了其存在的意义。

由此可见，第 68 条第三句规定的在途货物销售风险不转移需要满足三个条件：一是货物在合同订立之前已经灭失或损坏；二是合同订立时卖方知情或理应知情；三是卖方未将货物灭失或损坏的事实告知买方。三个条件需同时满足，缺一不可。这一规定更多是为了避免买方遭受不当损失，同时也符合诚实信用原则。

还需要注意的是，对于在途货物销售合同订立之后发生的货损，卖方也应当承担责任，只要合同订立之后发生的货损是由合同订立前已经发生的损失所导致。也就是说，假如订立合同时，卖方已经得知部分货物灭失或者毁损，并将该情况如实告知买方，买方就有机会采取补救措施防止损失继续扩大，除非买方权衡利弊后认为订立合同仍然有利可图。《公约》以诚实信用为一般原则，[1] 而卖方在签订合同时未将货物的真实情况告知买方，其行为违背了诚实信用原则，卖方的隐瞒行为衍生了后续损失扩大的后果，因此卖方应承担的责任包括合同订立前已发生的所有损失以及与之有因果联系的后续损失。

4. 不涉及运输的风险转移

"不涉及运输"指的是销售合同并不涉及货物的运输问题，双方当事人在合同中约定由买方到卖方营业地或某指定地点自行提取货物并自行安排运输事宜。在此情况下，风险何时起由卖方转移给买方。《公约》第 69 条作了如下规定：

（1）买方在卖方营业地接收货物。第 69 条第（1）款规定："在不属于第六十七条和第六十八条规定的情况下，从买方接收货物时起，或如果买方

---

〔1〕《公约》第 7 条第（1）款规定："在解释本公约时，应考虑到本公约的国际性以及促进其适用的统一以及在国际贸易中遵守诚信的需要。"这说明诚实信用被认为是《公约》所依据的一般原则。

不在适当时间内这样做，则从货物交给他处置但他不收取货物从而违反合同时起，风险移转到买方承担。"该款的基本规则是买方在卖方营业地接收货物时风险由卖方转移至买方，主要适用于卖方在其营业地把货物交给买方处置的场合。例如，在卖方仓库交货的情形下，如果买方从该仓库提取了货物，则货物的风险从买方提取货物之时转移给买方承担。在这种情况下，买方根据合同安排有义务自备运输工具或委托第三方到卖方所在地收取货物，这类似于 Incoterms ®2020 中 EXW 贸易术语的交货方式。但是当买方根据合同有义务接收货物而没有接收时，虽然货物仍在卖方的控制下，风险从此刻起转移给买方。这里并不强调造成买方违约的具体原因。

应该注意的是，第 69 条第（1）款"或"之前的情形是要求不论买方还是其代理人都在物理上实际对货物进行了控制；"或"之后的情形是要求货物处于交付状态，卖方具有交付标的物的意图，而买方知道此意图的存在。这样规定符合《公约》关于风险责任分配的精神，即谁控制着货物谁就有条件对货物进行保护以避免货物遭受损失。但是对于买方没有履行接收货物的义务而言，只要合同约定的提取货物的日期还未到来或期限还未届满，由于卖方实际控制着货物，卖方都应当承担风险损失。

（2）买方在卖方营业地以外的地点接收货物。第 69 条第（2）款规定："但是，如果买方有义务在卖方营业地以外的某一地点接收货物，当交货时间已到而买方知道货物已在该地点交给他处置时，风险方始移转。"该款规定的基本规则是，当合同约定买方有义务在卖方营业地以外的某一地点接收货物时，交货时间到来且卖方就此情况通知买方时，风险转移至买方。卖方营业地点以外的地点，包括独立于卖方的公共仓库或合同约定的其他地点，这一款适用于出售库存货物和到货销售的情形。这里"交给买方处置"指的是卖方已经完成了足以使买方得以占有货物所必需的事项，例如货物已经包装好、划拨到合同项下，并且卖方已经向买方发出接收货物通知。[1]当然这一切要以标的物的特定化为前提。

我们注意到第 69 条第（2）款规定的风险转移时间比第 1 款规定的时间有所提前，主要是因为合同项下的货物处于第三方控制之下，这类似于涉及运输的销售合同的货物交于承运人，此时双方都无法对货物进行实际控制，

---

〔1〕　李巍：《联合国国际货物销售合同公约评释》，法律出版社 2002 年版，第 276 页。

卖方并不比买方更具有优势防范风险或者向第三方索赔，而买方却可以通过按时提取货物来达到防范风险的日的。

（三）违约行为对风险转移的影响

违约行为一直被视为影响风险转移的一个重要因素，《公约》关于风险转移的一般规则，是针对双方当事人未发生违约的情况而言的。违约责任和风险负担虽是两个互相独立的制度，然而违约行为作为一种违反合同义务的行为直接影响着双方当事人权利的行使与义务的履行，因而研究违约行为对风险转移的影响就显得十分必要。违约责任主要体现的是法律与道德对违约行为的惩罚性，风险负担主要解决一旦出现风险损失时怎样在当事人之间进行合理分配的问题。一般情况下，违约的发生不影响风险的转移，风险的转移同样也不妨碍违约责任的承担。但是，当既出现当事人的违约行为又发生不可归责于当事人的事件时，违约责任和风险转移制度则可能同时适用，甚至相互影响。

1. 买方违约时的风险负担

买方违约主要是指迟延履行。广义上的迟延履行包括迟延给付和迟延受领，狭义的迟延履行，则单指给付迟延。[1]在这两种情况下货物风险转移的时间均不以交付为界限。通常影响风险转移的是买方迟延受领，因为卖方在交付货物之前风险本就没有转移，而迟延交付也就更谈不上风险的转移。《公约》第69条第（1）款规定：“在不属于第六十七条和第六十八条规定的情况下，从买方接收货物时起，或如果买方不在适当的时间内这样做，则从货物交给他处置但他不收取货物从而违反合同时起，风险移转到买方承担。”这表明买方在应当收货并有条件收货时不来收货，即使其并没有实际占有货物，货物风险也由卖方转移至买方，此即买方违约而导致“风险的前移”。《公约》的规定仅限于合同不涉及运输而需由买方提取货物的情况。在销售合同涉及运输时，卖方将货物交付给第一承运人，在这一情况下不存在买方违约的情况。

2. 卖方根本违约对风险转移的影响

关于根本违约，《公约》第25条作了原则性规定，“一方当事人违反合同的结果，如使另一方当事人蒙受损害，以致于实际上剥夺了他根据合同规定

---

〔1〕 余延满：《货物所有权的移转与风险负担的比较法研究》，武汉大学出版社2002年版，第395页。

有权期待得到的东西，即为根本违反合同，除非违反合同一方并不预知而且一个同等资格、通情达理的人处于相同情况中也没有理由预知会发生这种结果"。可以看出，卖方根本违约的情形主要是指卖方的行为使合同预期的结果未能实现，从而导致买方遭受了利益损失。但是如果卖方无法预知不利后果的出现，即使买方的利益因此受损，那么卖方也不构成根本违约。[1]

在此问题上，《公约》并没有明确指出合同双方当事人根本违约是否影响风险按照一般规则转移，而是在第 70 条间接地规定如果卖方已根本违约，那么相关的风险转移规则并不损害买方针对根本违约可以采取的各种救济方法。[2] 例如，如果因为卖方根本违约，使货物发生灭失或损坏，即使货物的风险已经按照第 67、68 和 69 条的规定转移给买方，但买方仍然有权采取撤销合同、要求卖方交付替代物、请求损害赔偿或直接宣布合同无效等救济方法。因此，卖方根本违约并不影响风险转移规则，买方依然要承担风险责任，但是买方针对卖方根本违约可以采取各种救济方式，这是两个并行不悖的问题。

关于卖方的违约行为没有严重到构成根本违约时，《公约》并没有提到风险转移的问题。应该说，卖方根本违约既然没有影响风险转移，非根本违约更不能影响风险转移。为维护正常的市场交易秩序，保证货物销售的顺利进行，在卖方出现非根本违约的情况下，买方可以采取的救济措施应受到限制，如不能解除合同、拒收货物等。

需要注意的是，我国《民法典》关于根本违约的风险负担，在第 610 条直接规定了卖方交付的标的物质量不符合质量要求构成根本违约时，风险由出卖人承担。[3] 对于交货质量、数量不符合同约定，迟延交货、拒绝交货或存在第三方权利等卖方根本违约形式并未规定，这些与《公约》的规定截然不同。同时，在买方承担风险与卖方违约责任的关系方面，我国《民法典》第 611 条规定："标的物毁损、灭失的风险由买受人承担的，不影响因出卖人

---

[1] 沈禹钧："对国际货物销售合同履行'根本违约'的探讨"，载《上海海运学院学报》2001年第 1 期，第 13 页。

[2] 《公约》第 70 条规定："如果卖方已根本违反合同，第六十七条、第六十八条和第六十九条的规定，不损害买方因此种违反合同而可以采取的各种补救办法。"

[3] 我国《民法典》第 610 条规定："因标的物不符合质量要求，致使不能实现合同目的的，买受人可以拒绝接受标的物或者解除合同。买受人拒绝接受标的物或者解除合同的，标的物毁损、灭失的风险由出卖人承担。"

履行义务不符合约定，买受人请求其承担违约责任的权利。"根据该规定可知，卖方未达到根本违约时，风险仍然转移至买方承担。据此可见，我国《民法典》对于卖方违约时所持态度是不同的，即卖方根本违约时风险不发生转移，卖方非根本违约时风险发生转移。

第四章

国际海上货物运输的重要公约

　　国际货物运输具有"跨越国界"的特点，是国际贸易中的一个重要环节。国际货物运输的方式很多，主要包括海上运输、铁路运输、航空运输、邮政运输、管道运输及多式联运，其中海上运输是最主要的运输方式。因为海上运输安全便利，成本较低，当今国际货物贸易中超过80%的贸易量是通过海上运输方式完成的。从历史上看，海上运输具有最为悠久的历史，国际贸易主要是从航海贸易发展起来的，许多有关国际贸易的公约和惯例都是在总结航海贸易长期实践经验的基础上产生的。

一、调整海上货物运输的三部国际公约

　　目前，调整海上货物运输有三个著名的国际公约，即1924年《统一提单的若干法律规则的国际公约》（《海牙规则》）、1968年《修改统一提单的若干法律规则的国际公约的议定书》（《维斯比规则》）和1978年《联合国海上货物运输公约》（《汉堡规则》）。这三个公约在国际上的适用范围非常广泛，我国没有参加其中的任何一个，但这三个公约对我国的立法和司法实践影响非常大。

　　（一）确立海上货物运输规则的第一部国际公约——《海牙规则》

　　1. 制定《海牙规则》的缘起与历程

　　在海上货物贸易发展的早期，运输被认为是承运人和货主共同进行的一项冒险活动，承运人的责任非常严格。根据19世纪早期为普通法和大陆法所共同接受的一般海商法原则，承运人对货物损害承担绝对责任，仅有天灾、战争、托运人过失及货物内在缺陷等原因造成的损失才能免责。也就是说，如果存在上述四项免责事由之一，则承运人只有在其有过失时才承担责任。

这种严厉的无过失责任制度，使很多人认为当时承运人起到了货物保险人的作用。虽然这种严格责任原则是公认的，但各国法律一般并不禁止当事人以合同条款改变这种法定责任，因此这一时期货主的利益有较为充分的保障。但19世纪后期，随着"契约自由"原则的盛行，承运人利用其有利的谈判地位在海上货物运输合同中列入各种免责条款，包括承运人有过失也可以免除责任的条款。尤其是在班轮运输中，班轮公司利用合同自由来避免承担严格的公共承运人责任，而将所有货物运输的风险都转移给客户，甚至到了承运人在运输合同项下只收取运费而没有任何责任可言的地步。[1]如果完全根据契约自由原则执行这样的合同规定，必然导致对货方的不公平，不利于海运业的发展。因此，要求限制海上货物运输合同中免责条款的呼声日渐强烈，引起了特别是货主利益比较突出的国家的注意。

1893年，货主利益比较突出的美国率先制定了有关海上货物运输合同的法律，即1893年《关于船舶航行、提单以及与财产运输有关的某些义务、职责和权利的法案》，一般称为《哈特法》（The Harter Act）。这部法律对承运人的合同自由进行了限制，规定承运人必须承担使船舶具有适航能力并妥善管理货物的义务，不得以合同约定减轻或者免除这种义务。凡是合同中减轻或免除这种义务的条款，美国法院将以违反公共秩序为由宣告其无效。同时作为补偿，除承认承运人享有原有的普通法上规定的四项免责事由外，还规定了承运人对于航海技术和船舶管理上的过失也可免除责任，并规定承运人可以享受责任限制的权利。《哈特法》是处理海上货物运输中货损风险分担的第一部立法，该法通过后，澳大利亚、新西兰、加拿大等国家纷纷效仿。但是，少数国家的努力难以解决承运人无边际免责的实质问题，而且各国立法不一，各航运公司制定的提单条款也不相同，这些极大地阻碍了海上货物运输合同的签订，不利于国际贸易的发展。因此，制定统一的国际海上货物运输公约来确立一种共同的立场势在必行。

第一次世界大战的爆发虽然延缓了制定海上货物运输统一规则的进程，但同时也给制定国际统一规则带来了生机。第一次世界大战后由于全球性的经济危机，货主、银行、保险界与船东的矛盾更加激化。在这种背景下，以

---

〔1〕　Michael F. Sturley, "The History of COGSA and the Hague Rules", *Journal of Maritime Law and Commerce*, Vol. 22, Iss. 1, 1991, p. 8.

往对限制合同自由、修正不合理免责条款问题一直不感兴趣的英国，为了其在世界各地殖民地的地位和利益，不得不在经济上、政治上采取妥协态度，主动与其他航运国家和组织一起寻求对上述问题的有效解决方法，主张制定国际公约以维护英国航运业的竞争能力，维持英国的世界航运大国地位。从1921年起，由国际法协会、国际海事委员会等组织牵头，国际社会开始酝酿一个关于海上货物运输的国际公约。到1924年，各国起草制定了《统一提单的若干法律规则的国际公约》，因为是在荷兰海牙制定的，因此简称《海牙规则》(The Hague Rules)。1924年8月25日，英国、美国、德国等26个重要的海运国家签署了这一公约，公约于1931年6月2日正式生效。《海牙规则》的立法指导思想和《哈特法》一致，即海上货物运输合同中的合同自由原则必须在一定范围内加以约束，其采用的手段和《哈特法》也基本一致，即确定了承运人的最低限度责任、最高免责和责任限制。《海牙规则》第一次以国际公约的形式确定了海上货物运输合同中权利义务的分担规则，是一个巨大的进步；但另一方面，它又被认为是一个妥协方案，因为它虽然限制了承运人的合同自由，但同时也给予承运人诸多好处。自从有了公约后，承运人不再必须求助于合同上的免责条款，而可以直接援引成文法赋予其的免责和责任限制保护，这也成为后来人们批评该公约的一个重要的原因。

2. 《海牙规则》主要内容分析

《海牙规则》共16条，第1条至第10条是实质性条款，第11条至第16条主要是有关公约的签署、批准、加入和修改等程序性规定。《海牙规则》的主要内容包括：

(1) 承运人的责任期间。在一般的销售合同中没有责任期间的规定，合同存续的期间就是双方当事人根据合同约定应当负责的期间。责任期间是海上货物运输合同的一个特殊概念，主要是为了适应海上货物运输法的强制性，它不是合同双方应当负责的期间，而是双方必须根据海上货物运输法的规定承担强制性责任的期间，因此称为"强制责任期间"也许更准确些。

根据《海牙规则》第1条 (e) 项"货物运输"的定义，货物运输的期间为从货物装上船开始，至卸下船为止的整个期间。该规定旨在说明，货物自装上船到卸下船这段时间若发生问题，应适用《海牙规则》的规定。而至于货物在装船前和卸船后所遭受的灭失或损坏，因为它不属于海上"货物运输"的范围，自然不能适用《海牙规则》的规定。所谓"装上船时起至卸下船时止"可分为两种情况：一是当使用船上吊杆装卸货物时，则从装货时货物挂上吊钩时起至卸货时货物脱离吊钩时为止，即"钩至钩"期间（tackle to tackle）。二是当使用岸上吊杆装卸时，则以货物在装货港越过船舷时起至卸货港越过船舷时为止，即"舷至舷"期间（rail to rail）。至于货物装船以前，即承运人在码头仓库接管货物至装上船这一段期间，以及货物卸船后到向收货人交付货物这一段时间，即"装前卸后"，依据《海牙规则》第 7 条的规定，可由承运人或托运人就承运人在上述两段时间内发生的货物灭失或损坏所应承担的责任和义务订立任何协议、规定、条件、保留或免责条款。[1]因此，《海牙规则》关于承运人的责任期间原则上是指货物装上船时起至卸下船时止这段时间，但这并不意味着在任何情况下，承运人对"装前卸后"的货物灭失或损坏不承担责任，而是允许承托双方对此另行自愿订立协议。换言之，如果承运人同意对货物"装前卸后"进行保管、照料和搬运，并对其灭失或损坏承担责任和义务，那么货物"装前卸后"这一段时间同样属于承运人的责任期间。有些承运人不愿承担货物"装前卸后"的责任和义务，通常在提单上设置旨在限制"装前卸后"责任和义务的"钩至钩"（Tackle to Tackle）条款，即承运人只承担货物自装货港挂上吊钩至目的港脱离吊钩这一段时间的责任和义务，这种条款也被认为是有效的。

（2）承运人的最低限度义务。《海牙规则》第 3 条规定了承运人必须履行的最低限度的两项义务，即适航义务和管货义务。这两项义务是强制性的法定义务，凡是在合同中约定免除或减轻承运人承担上述责任的条款一律无效。

关于适航义务，该条第 1 款规定，承运人必须在开航前和开航当时，谨慎处理，使航船处于适航状态，妥善配备船员，装备船舶和配备供应品；使货舱、冷藏舱和该船其他载货处所能适当而安全地接受、载运和保管货物。[2]承运人履行适航义务是被限定在一定阶段内的，即"在船舶开航前和开航当时"。适航义务被称为承运人的首要义务，承运人在援引《海牙规则》规定的各项免责条款时，必须先就所发生的损失证明其已经尽到谨慎处理使船舶适航之责。适航义务在很多英美判例和经典教科书中都有所论及。萨默维尔（Somervell）勋爵在 Maxine Footwear Company Ltd. v. Canadian Government

---

〔1〕　参见《海牙规则》第 7 条。
〔2〕　参见《海牙规则》第 3 条第 1 款。

Merchant Marine Ltd. 案中曾写过一段经典判词："第 3 条第 1 款是一项首要义务，如果其没有被履行并造成了损害，则第 4 条所列的免责事项就不能被援用。"[1]在 Jemple Bar 案中法院裁定，"无论如何，如果事实表明不适航是由于船舶所有人未尽谨慎处理使船舶适航所致，并且在造成灭失方面与航行过失同时起作用，那么在这种情况下船东就要负责"。[2]适航义务也是承运人承担的一项不能由他人代为履行的义务，在实体法上的效力要高于管货义务。

关于管货义务，该条第 2 款规定，承运人应妥善地和谨慎地装载、操作、积载、运送、保管、照料与卸载，即提供适航船舶，妥善管理货物，[3]否则将承担赔偿责任。根据这一规定，承运人应当在自装货到卸货的整个运输过程中妥善而谨慎地履行规定的七项义务，如果承运人没有履行这些义务，导致货物灭失、损坏或迟延交付，则货主有权对其进行索赔。"谨慎"通常指态度和责任心上的要求，是主观上的要件。它要求承运人、船员或其他受雇人员应尽必要的注意即善良管理人的注意，也就是说以诚实勤勉且有经验的人为标准应尽的注意义务。在管理货物的各个环节中，发挥作为一名能胜任海上货物运输工作的人可预期表现出来的谨慎程度，运用通常的合理注意力和技术素质，及时发现并合理解决特定航次、特定货种的各个运输环节的问题。"妥善"则主要表现在客观方面，通常是一种技术上的要求，针对的是技术水平和操作设备与程序。它要求承运人依据装运的货物和运输实践等具体情况，采用一套适合货物运输的合理良好系统和安全管理程序。要求承运人、船员或其他受雇人员在管理货物的各个环节中，应发挥通常要求的或为所运货物要求的知识和技能。[4]

(3) 承运人的免责事项。在规定承运人最低限度的义务时，作为一种平衡和补偿，《海牙规则》同时规定了承运人享有的 17 项免责事由。[5]这 17 项免责事由分为两类：过失免责和无过失免责。其中的过失免责使承运人有过

---

〔1〕 [1995] 2 Lloyd's Rep. 105. 转引自朱作贤、司玉琢："论《海牙规则》'首要义务'原则——兼评 UNCITRAL 运输法承运人责任基础条款"，载《中国海商法年刊》2002 年，第 64 页。

〔2〕 [加] William Tetley：《海上货物索赔》，张永坚等译，大连海运学院出版社 1993 年版，第 301 页。

〔3〕 参见《海牙规则》第 3 条第 2 款。

〔4〕 宣行："从英美案例中看承运人管货义务的标准"，载《中国海事》2006 年第 8 期，第 30 页。

〔5〕 参见《海牙规则》第 4 条第 2 款。

失也可以不承担过失造成的损害后果，是一种很少见的规定。《海牙规则》的承运人责任制度也因此被称为"不完全的过失责任制"，即以过失责任为原则，以列明的过失免责为例外。

过失免责是指承运人对由于船长、船员、引航员或承运人的雇用人在航行或管理船舶中的行为、疏忽或不履行职责而引起的货物灭失或损坏，承运人可以免除赔偿责任。过失免责的规定是其他运输方式责任制度中所没有的，最初是考虑到海上航行的特殊风险，为鼓励海上货物运输行业的发展而制定的，但是在实际适用中经常受到货主一方的批评，因为很明显地偏袒了船方的利益。

无过失免责是指对《海牙规则》列明的一系列原因引起的货物灭失或损坏，如果不涉及承运人的过失，则承运人不承担赔偿责任。这些免责事项包括：非承运人过失发生的火灾，海上或其他通航水域的灾难、危险或意外事故，天灾，战争，公敌行为，政府行为，检疫限制，罢工，暴力和骚乱，海上救助或企图救助人命或财产，托运人、货物所有人或其代理人的行为，货物的自然特性或固有缺陷，货物包装不善，标志不清或欠缺，经谨慎处理仍不能发现的船舶潜在缺点等共15项。最后还有一个总括性的规定，即对非由于承运人的实际过失或私谋，或者承运人的代理人，或雇佣人员的过失或疏忽所引起的货物损失，承运人也不负责。总括性条款看起来包括的范围很广，但实际适用时一般作限制性解释。

（4）承运人的赔偿责任限制。承运人的赔偿责任限制是指对承运人不能免责的原因造成的货物灭失或损坏，通过规定单位最高赔偿额的方式，将其赔偿责任限制在一定的范围内。这一制度实际上是对承运人造成货物灭失或损坏的赔偿责任的部分免除，其合理性根植于对海上货物运输特殊风险的承认和对承运人利益的特殊保护。根据《海牙规则》第4条第5款的规定，承运人或船舶，在任何情况下对货物或与货物有关的灭失或损坏，承担的责任以每件或每单位100英镑为限，超出的不负责。[1]第9条还进一步规定，责任限额之货币单位为金价，缔约国在承认、批准或加入《海牙规则》或制订

---

[1]　参见《海牙规则》第4条第5款。

相应的国内法时，需要根据当时 100 英镑所代表的黄金价值转换成本国货币，[1]毫无疑问，《海牙规则》所指 100 英镑并非纸币英镑，而是指其所含的黄金价值，即通常所述的金英镑。

　　然而令人遗憾的是，长期以来，人们习惯于或有意无意地把《海牙规则》所述的 100 英镑视为 100 英镑货币。无论在航运惯例还是司法实践中，《海牙规则》所述的 100 英镑是含金货币单位还是纸币单位都曾引起过争议，甚至连英国本身在相当长的时期内也没注意到《海牙规则》第 9 条关于金价的规定。按照英国航运惯例，《海牙规则》的责任限额是按纸币英镑支付的。1950年英国货物保险人和船东互保协会达成"黄金条款协议"（Gold Clause Agreement），将单位责任限额的货币单位定为 200 纸币英镑，该协议 1977 年版本又提高至 400 纸币英镑。将《海牙规则》的英镑曲解成纸币英镑，也许和其没有规定英镑所代表的黄金有关。[2]直至 1988 年，霍伯·哈斯法官才在 The "Rosa S" 案中明确表示，《海牙规则》所述 100 英镑是指黄金价值而非指纸币，并采用以 100 英镑的黄金价值为基础进行裁决。[3]至此，《海牙规则》责任限额的货币单位为金英镑才在法律上首次得到确认。

　　其实，《海牙规则》第 4 条第 5 款关于 100 英镑的承运人责任限额的规定应完全与第 9 条关于金价的规定结合起来考察，这是不容忽视也是不应被忽视的。与其说 100 英镑应否解释为纸币英镑还是金价英镑是认识上的分歧，倒不如说是《海牙规则》第 9 条的金价定义不明确导致了人们随心所欲地解释。因为《海牙规则》虽规定 100 英镑为金价英镑但却没有规定其含金量。特别是 1968 年黄金官价废除后，国际黄金价格从原来每盎司 35 美元一路攀升，到 2004 年已达每盎司 400 多美元，人们普遍怀疑《海牙规则》第 9 条的金价是否还适用。事实上，在制定《海牙规则》过程中，各代表团就对采用纸币英镑表示不满。因为如果以纸币英镑作为计算单位，最明显的问题有两个，一是任何纸币不可能不存在通胀的问题，而通货膨胀会侵蚀责任限额价值；二是不少非英镑国家在纳入或转化《海牙规则》时纷纷把 100 英镑折算为本国货币，而且不受黄金计算价值的限制和约束，这直接导致《海牙规则》

---

〔1〕《海牙规则》第 9 条第 1、2 款规定："本公约所提到的货币单位为金价。凡缔约国中不以英镑作为货币单位的，得保留其将本公约所指的英镑数额以四舍五入的方式折合为本国货币的权利。"

〔2〕 John F. Wilson, *Carriage of Goods by Sea*, 7th ed., Longman, 2010, p. 196.

〔3〕 The Rosa S [1988] 2 Lloyd's Rep. 574.

在各国实际运行时责任限额差距甚大。究其根本，将英镑与黄金脱钩会使得责任限额条款实际上如同断了线的风筝，离统一货物运输领域承运人责任制度的目标越来越远。[1]

（5）适用范围。《海牙规则》第10条规定："本公约的各项规定，适用于在任何缔约国所签发的一切提单。"同时第5条第2款规定："本公约的规定，不适用于租船合同，但如果提单是根据租船合同签发的，则上述提单应符合本公约的规定……"结合《海牙规则》中"运输合同"定义的规定，可以看出：其一，根据租船合同或在船舶出租情况下签发的提单，如果提单在非承运人的第三者手中，即该提单用来调整承运人与提单持有人的关系时，《海牙规则》仍然适用。其二，不在《海牙规则》缔约国签发的提单，虽然不属于《海牙规则》的强制适用范围，但如果提单上订有适用《海牙规则》的首要条款，则《海牙规则》作为当事人协议适用法律，亦适用于该提单。[2]

（二）修补性质的《维斯比规则》

1. 为何出现《维斯比规则》？

《海牙规则》自1931年生效实施后，得到了国际航运界的普遍承认。它建立了一个船、货之间风险分担的强制性的国际体制，反映了不同商业利益间艰难达成的妥协，统一了各国立法，使国际海上货物运输有章可循，对提单规范起到了积极的促进作用。但是随着国际政治、经济形势的变化，航海、造船技术的进步，《海牙规则》的一些内容显得陈旧，不适应新形势的要求。其中表现最为突出的，一是航运安全的提高使承运人过失免责的规定越来越显得不公平而招致越来越多的反对，二是集装箱的运用使承运人赔偿责任限制的计算出现新问题，而且赔偿责任限额明显偏低。

到20世纪50年代末，几乎各国都认为有必要修改《海牙规则》。在这种背景下，国际海事委员会再次积极行动起来，经过努力，最后推动国际社会在1968年2月召开的外交会议上通过了《修改统一提单若干法律规则的国际公约的议定书》，并于1977年6月23日起生效。另外，1979年12月在布鲁塞尔外交会议上通过了《修改经1968年议定书修订的〈统一提单的若干法律

---

〔1〕　丁莲芝："承运人责任限额之货币计算单位研究"，载《中国海商法研究》2014年第1期，第28页。

〔2〕　《国际经济法学》编写组：《国际经济法学》（第2版），高等教育出版社2019年版，第88页。

规则的国际公约〉的议定书》（又称《特别提款权议定书》），于 1984 年生效。1968 年《修改统一提单若干法律规则的国际公约的议定书》主要内容包括增加了第 3 条的第 6bis 条款和第 4bis 条款，并修改了第 4 条第 5 款。1979 年《修改经 1968 年议定书修订的〈统一提单的若干法律规则的国际公约〉的议定书》的主要内容是明确了承运人责任限制所采取的特别提款权的计算方法。由于 1968 年《修改统一提单若干法律规则的国际公约的议定书》草案最初是在瑞典斯德哥尔摩讨论通过的，会议期间各国代表参观了哥特兰岛中古时期著名的维斯比城堡，为了借用中世纪《维斯比海法》的名声，因此将 1968 年《修改统一提单若干法律规则的国际公约的议定书》以《维斯比规则》命名。

特别值得注意的是，《维斯比规则》没有强制取代《海牙规则》的意思，其主要目的是对《海牙规则》进行局部修改，它并不是一个单独的文件，必须和《海牙规则》联系在一起使用。[1]因此，学界通常将经《维斯比规则》修改后的《海牙规则》称为《海牙——维斯比规则》（The Hague-Visby Rules），这意味着《海牙规则》的原有成员可以选择是否批准修改后的"海牙——维斯比体系"。截至 2018 年，有 22 个国家加入了由 1968 年议定书修改的《海牙——维斯比规则》，有 19 个国家和地区批准了由 1979 年议定书修改的《海牙——维斯比规则》。[2]

2.《维斯比规则》主要内容分析

《维斯比规则》共 17 条，在保留《海牙规则》基本制度的基础上，对个别条款进行了修改和补充，其主要内容如下：

（1）明确了提单的最终证据效力。提单的证据效力主要有两种：一种是初步证据，对此允许承运人提出相反证据否定提单记载的真实性，一般指的是承运人与托运人之间的关系；另一种是最终证据，对此不允许承运人提出任何反证否定提单记载的真实性。由此可以看出，提单是初步证据还是最终证据，还是两个证据效力都具备，直接关系到货主利益能否得到保障的问题。对此，《海牙规则》和《维斯比规则》作了不同的规定。

---

〔1〕 吴焕宁主编：《海商法学》（第 2 版），法律出版社 1996 年版，第 116~120 页。

〔2〕《国际经济法学》编写组编：《国际经济法学》（第 2 版），高等教育出版社 2019 年版，第 91 页。

　　《海牙规则》第 3 条第 4 款规定:"依照第 3 款(a)、(b)、(c)项所载内容的这样一张提单,应作为承运人收到该提单中所载货物的初步证据。"《维斯比规则》第 1 条对《海牙规则》第 3 条第 4 款增加了"但是,当提单已经转给善意行事的第三者时,与此相反的证据不予接受"之规定,即提单对于善意的受让人是最终证据。根据《海牙规则》第 3 条第 4 款的规定,提单上记载的关于货物的标志、包数、件数、数量、重量、表面状况等,对承运人来说只是推定证据,只要承运人对此能够提出反证,对所填写的项目便可予以否定而不承担责任,使提单持有人的利益得不到应有的保证。但是根据第 5 款的规定,承运人除对托运人负有赔偿的责任,不得影响其根据运输合同对托运人以外的任何人所应承担的责任与义务。[1]这里虽然没有明确提出提单对第三方是最终证据,但也并没有排除承运人对第三方不负责任的情况。这种含糊的表述往往会在法律解释上造成歧义,以往的一些案例多判定提单对于受让人也是初步证据。但是受让人并不知道提单所记载的货物的真实情况,如果提单所记载的内容对其来说是初步证据,就会降低受让人对提单的信任程度,减弱提单的流通性。因此在《维斯比规则》通过之前,许多国家已发现了《海牙规则》的这一不足,并在实践中已经把提单上记载的事项作为"确定证据"处理。

　　例如,英国在判例法上制定了"禁止翻供规则",即不得出尔反尔。在承运人与收货人的关系中,承运人不得提出与提单记载相反的证据,以此给提单记载的事项以非常强的证据效力。例如,在伦敦商事法庭审理的"Dona Mari"一案中,该轮装运一批泰国珍珠粉自曼谷运往不莱梅。珍珠粉虽然在装船前因潮湿而受损,但是由于承运人签发了清洁提单。法院判决承运人不得翻供,必须负赔偿责任。[2]美国在 1936 年《海上货物运输法》中,同样也赋予了提单记载事项以最终证据的效力。正因为如此,在提单记载事项的证据效力方面,各国法律赋予其比《海牙规则》初步证据更强的证据效力。

　　为了维护善意的提单持有人的利益,《维斯比规则》第 1 条第 1 款增加了"但书"部分,从而澄清了《海牙规则》第 3 条第 4 款中的含糊概念,用公约的形式统一各缔约国对提单证据效力的不同规定,使得提单上的记载事项成

[1]　参见《海牙规则》第 3 条第 5 款。
[2]　王治华:"维斯比规则主要条款分析",载《上海海运学院学报》1984 年第 2 期,第 78 页。

为最终证据。根据《维斯比规则》的规定，第三方必须是善意的，即提单持有人在拿到提单之时确实不知道装运的货物与提单所记载的情况不符，也不是与托运人合谋企图欺诈承运人，否则就不是善意的第三方。

（2）提高了承运人责任限额。随着船舶装载单位的大型化（长大件、机械等），以及集装箱运输的普及化等，《海牙规则》制定的当时每一件或每一单位的标准，已经不能适应现代化海上运输的实际情况。为了避免不公平的结果，《维斯比规则》在计算责任限额时并用重量标准，形成"双重责任限额制"，货主索赔时可以根据对自己有利的方法采用件数或重量作为基础计算赔偿限额，即承运人对货物的灭失或损坏责任以每件或每单位 10 000 金法郎，或每公斤 30 金法郎为限，两者以高者计。同时，《维斯比规则》吸取了《海牙规则》因采用某国货币而引起贬值问题的教训，未使用某一国家的货币单位，而是采用了金法郎。金法郎并非法国的货币单位，它仍以金本位为基础，目的是防止以后法郎纸币的贬值。一个金法郎是含有纯度 900‰ 的黄金 65.5 毫克的计算单位。与《海牙规则》相比，《维斯比规则》所述法郎显然比前述英镑容易被人理解和换算，我们可以无须考察法郎的法定含金量，因为《维斯比规则》已经赋予法郎以特定的概念。在《维斯比规则》通过之时，10 000 金法郎大约等于 431 英镑，与《海牙规则》相比，这一赔偿限额显然是大大提高了。

由于金法郎是以黄金作为定值标准，使得承运人的责任限制金额可能随着黄金价格的涨落而无法保持稳定。因此，1979 年 12 月在布鲁塞尔外交会议上通过了《修改经 1968 年议定书修订的〈统一提单的若干法律规则的国际公约〉的议定书》（《特别提款权议定书》），将承运人的责任限制计算单位从金法郎改为特别提款权（SDR），以 15 金法郎等于 1 个特别提款权为标准，从而使承运人的责任限制金额变为每件或每单位 666.67 特别提款权，或每公斤 2 特别提款权，两者中以较高者为准。我国虽未加入该议定书，但我国 1993 年 7 月开始实施的《海商法》采用了该议定书的规定来规范承运人单位赔偿责任限额。[1]

---

〔1〕 我国《海商法》第 56 条第 1 款规定："承运人对货物的灭失或者损坏的赔偿限额，按照货物件数或者其他货运单位数计算，每件或者每个其他货运单位为 666.67 计算单位，或者按照货物毛重计算，每公斤为 2 计算单位，以二者中赔偿限额较高的为准。但是，托运人在货物装运前已经申报其性质和价值，并在提单中载明的，或者承运人与托运人已经另行约定高于本条规定的赔偿限额的除外。"

（3）承运人的责任限制扩展适用于其雇佣人和代理人。一般对于货物灭失或损坏的诉讼主要有两种情况，一是违约诉讼，二是侵权行为的诉讼。根据运输合同而发生的诉讼多数属于违约诉讼，它仅限于运输合同双方当事人所提起的诉讼，而侵权行为则是不法侵害他人人身或财产权利而承担民事赔偿责任的行为。对于货物灭失或损坏提起的诉讼，《海牙规则》第3条第6款虽然没有明确规定适用于违约诉讼，但在实践中往往将其适用于违约诉讼，而不适用于侵权行为的诉讼。但在《海牙规则》实施后，有些国家允许货主在其货物遭受灭失或损坏时，既可以承运人违反运输合同为由提出诉讼，也可从侵权行为角度向承运人提出索赔，即赋予货主享有双重请求权，但这样可能会产生两种截然不同的结果。如果货主以违约为由提起诉讼，承运人仍可享受《海牙规则》中的责任限制，如果货主以侵权为由提出索赔时，承运人不能援用《海牙规则》所赋予的免责事由和责任限制，而必须承担全部赔偿责任。

正是看到了《海牙规则》的这一不足，在通过的《维斯比规则》第3条明确规定："1. 本公约规定的抗辩和责任限制，应适用于就运输合同所涉及的有关货物的灭失或损害对承运人所提起的任何诉讼，不论该诉讼是以合同为根据还是以侵权行为为根据。"因此，货主对承运人提起的货损索赔诉讼，无论是以违约行为为依据，还是以侵权行为为依据，承运人均可享受责任限制的规定。该规定排除了赋予货主享有双重请求权的国家可能出现的不合理情况，保护了承运人的利益，使货主不会从侵权诉讼中比从违约诉讼中得到更多的好处，也避免了由于《海牙规则》在这一点规定的不明确所造成的对公约解释上的不同而在诉讼问题上产生的争议。

《海牙规则》的责任限制内容只适用于承运人本人，而对其雇佣人、代理人并不适用。所以，当受损方向法院控告承运人的雇佣人或代理人的侵权行为时，法院的裁决结果往往对受损方有利。承运人的雇佣人、代理人既然不能引用《海牙规则》的责任限制，就按照实际损害赔偿，但最后赔偿金额仍然会转嫁给承运人，实质上承运人并没有享受《海牙规则》责任限制的保护。这一问题直到1953年英国上诉法院审理的 Alder v. Dickson 案出现后，才引起了人们的重视，后来在海上货物运输合同或提单中通常都会加入一个所谓"喜马拉雅条款"。《维斯比规则》也引入"喜马拉雅条款"，其第3条先后规定，"2. 如果这种诉讼是对承运人的雇佣人或代理人（而该雇佣人或代理人不是独立的缔约人）提起的，则该雇佣人或代理人适用按照本公约承运人所可援引的各项抗辩和责任限制"，"3. 从承运人及其雇佣人和代理人得到的赔偿总额，在任何情况下都不得超过本公约规定的限制"。该条规定明确表明，承运人的雇佣人或代理人也可以享受与承运人同样的责任限制保护，即国际公约认可了"喜马拉雅条款"的合法性。

（4）规定了承运人及其雇佣人、代理人的责任限制丧失。责任限制制度是保护承运人利益的。在《海牙规则》中，对货物的灭失或损坏除非是因 17 项免责事由的过失所造成的，承运人不承担赔偿责任外，其余不论货物的灭失或损坏是由何种原因造成的，承运人在赔偿时都可享受责任限制，但在《海牙规则》中并没有关于承运人丧失责任限制的内容。《维斯比规则》改变了这种不合理现象，它在第 2 条规定："（e）如经证明，损害是由于承运人蓄意造成，或是明知可能造成这一损害而轻率地采取的行为或不行为所引起，则无论是承运人或是船舶都无权享有本款规定的责任限制的利益。"这一规定是合理的，它改善了《海牙规则》中船货双方利益不等的关系，保护了货主的利益。

承运人丧失责任限制的情况，可分为承运人本人的过失和他的雇佣人、代理人的过失。但是在这一款中只规定了承运人本人的这种过失丧失责任限制，在实践中承运人有意造成货物灭失、损坏是比较少的，但承运人的雇佣人、代理人的这种过失可能更多些。如果只规定承运人的责任限制丧失，而不规定其雇佣人、代理人责任限制的丧失，这样的规定就没有多大意义。所以《维斯比规则》在第 3 条又规定："4. 但是，如经证明，损害是由于该雇佣人或代理人蓄意造成，或是明知可能造成这一损害而轻率地采取的行为或不行为所引起，该承运人的雇佣人或代理人便无权适用本条各项规定。"其中"这一损害"指的是违约行为和侵权行为对货物造成的损害。《维斯比规则》的这一规定是合乎情理的。既然让承运人的雇佣人、代理人和承运人一样享受责任限制，又规定和承运人一样有责任限制丧失，这就把承运人和他的雇佣人、代理人的权利义务统一起来，让船货双方公平地分摊海上风险，真正达到了既保护承运人利益，又保护货主利益的目的。《汉堡规则》第 8 条第 2 款就是效仿《维斯比规则》制定的。[1]

---

〔1〕《汉堡规则》第 8 条第 2 款规定："尽管有第七条第二款的规定，如经证明灭失、损坏或延迟交付是由该受雇人或代理人有意造成这种灭失、损坏或延迟交付作出的行为或不行为，或由该受雇人或代理人明知可能会产生这种灭失、损坏或延迟交付而仍不顾后果作出的行为或不行为产生的，则承运人的受雇人或代理人无权享受第六条所规定的责任限额的利益。"

（5）增加了集装箱条款。在《海牙规则》制定时，集装箱等成组运输工具还没有出现，《海牙规则》也就没有集装箱条款。到了20世纪50年代后期，在全球海上货物运输中兴起了集装箱运输，这标志着世界航运技术新的发展。到《维斯比规则》制定时，集装箱已经广泛使用在海上航运中，西方发达国家已形成了一套较完整的集装箱运输体系。一个集装箱中往往装载了多件甚至多个货主的货物，但在《海牙规则》中无法找到调整承运人与集装箱货主关系的条款。根据货物件数计算承运人的责任限制金额时，就会产生以每个集装箱作为一件计算还是以每个集装箱内装载的货物的件数计算，以及如何把承运人的责任限制应用于装载在集装箱里的货物等问题，当时这些问题只能根据法官们的判决来解决。有鉴于此，为适应国际航运中使用集装箱等成组运输工具运输的发展，《维斯比规则》增加了使用集装箱、托盘或类似的装运器具拼装时的赔偿金额计算方式。《维斯比规则》第2条规定，如果货物是以集装箱、托盘或类似的运输工具集装的，则提单中载明的内装件数就是计算赔偿限额的件数；如果提单上未注明内装件数，则以成组运输工具的件数为计算赔偿限额的件数。[1]

（6）延长了诉讼时效。关于诉讼时效，《海牙规则》第3条第6款规定，除非自货物交付之日或应交付之日起1年内提出诉讼，承运人和船舶在任何情况下都免除对货物灭失或损坏的一切责任。[2]《维斯比规则》除继续规定对承运人索赔的诉讼时效为1年外，在第1条第2款和第3款补充规定，如果双方当事人同意，可以延长诉讼时效；即使在1年的诉讼时效期满后，如果受理案件法院的当地法律允许，仍有不低于3个月的时效期间向第三方追偿。[3]通过比较可以看出，两个公约相同之处是把诉讼时效都规定为1年，不同的是1年诉讼时效的适用对象不同。《海牙规则》是针对货物"灭失或损坏"的责任而规定的，《维斯比规则》则是"对于货物的任何责任"。两者相比，《海牙规则》的规定只针对货物的灭失或损坏，虽然范围狭窄了些，但其规定是明确的。而《维斯比规则》的规定则是笼统的，货物的任何责任当然

---

[1]《维斯比规则》第2条（c）项规定："如果货物是用集装箱、托盘或类似的装运器具拼装时，提单中所载明的、装在这种装运器具中的件数或单位数，应视为就本款所指的件数或单位数；除上述情况外，应视为此种装运器具即是件或单位。"

[2] 参见《海牙规则》第3条第6款。

[3] 参见《维斯比规则》第1条第2款、第3款。

包括了货物的灭失和损坏，但其范围到底有多大，是否包括货物的迟延交付，是否包括误交货物等等，对这种规定的解释似乎是无止境的。《维斯比规则》增加"如经当事方同意，该诉讼期限可以延长"的规定，似乎是保护了货损方的利益，但是，如果承运人或船方不同意延长诉讼期限，这一规定又变成了一项无意义的规定。从《维斯比规则》第 1 条第 3 款的规定可以看出，1 年诉讼时效期届满后，如果受理案件法院的当地法律准许，仍有不少于 3 个月的时间可向第三方追偿。这一规定是重要且有意义的，它实质上保护了承运人和船方的利益。

（三）妥协的产物——《汉堡规则》

1. 为何制定《汉堡规则》

《维斯比规则》只是局部修正了《海牙规则》，并没有根本性地改变《海牙规则》的基本结构，因此《维斯比规则》的制定和生效并没有完全平息人们对《海牙规则》的批评。第二次世界大战削弱了欧洲海运强国的实力和控制国际贸易的能力，随着战后非殖民化运动的兴起，众多新独立的民族国家经济发展迅速，而第二次世界大战前形成的旧的贸易体系给新独立国家的经济发展造成了负面影响。《海牙规则》被认为是旧的贸易和法律体系在航运业中的一个代表，它的存在是对发展中国家航运和贸易发展的障碍。发展中国家在积极努力建立国际经济新秩序时，自然把《海牙规则》的修订作为一个重要目标。它们希望完全抛开《海牙规则》，在公平考虑发达国家和发展中国家利益的基础上制定一个新的海上运输国际公约。在发展中国家的推动下，以联合国贸易法委员会为主要机构开始着手起草工作。1978 年 3 月，在有 78 个国家代表参加的联合国海上货物运输外交会议上正式通过了《联合国海上货物运输公约》。由于通过该公约的会议是在德国汉堡举行的，因此又将公约称为《汉堡规则》（The Hamburg Rules）。参加《汉堡规则》的绝大多数是发展中国家，许多规定有利于保护货主的利益，而加大了承运人的责任。因此，《汉堡规则》于 1992 年 11 月的生效实施被认为是发展中国家在航运领域建立国际经济新秩序的胜利。[1]

虽然《汉堡规则》在起草中，发展中国家有足够的多数票可以通过任何法案，但实际上受到很大牵制，因为发展中国家的经济实力还不足以执行其

---

〔1〕 吴焕宁主编：《海商法学》，法律出版社 1996 年版，第 120 页。

通过的规定，少数航运大国的合作至关重要。《汉堡规则》的许多规定对航运大国不利，致使这些国家不愿参加或不敢轻易参加。不论是航运大国还是贸易大国，一些国家对《汉堡规则》普遍持审慎态度。例如，在制定《汉堡规则》的过程中，美国对公约的优越性极力加以鼓吹，但在《汉堡规则》通过之后却没有参加。《汉堡规则》属于私法性质的国际公约，名义上约束缔约国，但实际上却是为私人创设行为规范。由于《汉堡规则》的许多规定对货主有利，对这些国家而言，即使不参加该公约，其国内的货主在很多情况下也可以享受到公约所规定的权利。但是，《汉堡规则》较之《海牙规则》而言明显不利于承运人，所以如果参加该公约，将会对本国航运经济的发展起到遏制作用，进而影响国家的经济利益。从这个意义上说，某些大国在《汉堡规则》制定过程中对之拼命鼓吹，而在规则生效后却偃旗息鼓，并非没有缘由。[1]

《汉堡规则》虽然在很大程度上反映了发展中国家的主张，但其仍然是一个充满妥协的产物。因此，《汉堡规则》还远未在国际航运领域产生人们原先在制定该公约时所期望的重大影响，起主导作用的仍是《海牙规则》和《维斯比规则》。

2. 《汉堡规则》主要内容分析

《汉堡规则》共7部分34个条文和1项共同谅解。在《汉堡规则》的制定中，除保留了《维斯比规则》对《海牙规则》修改的内容外，还对《海牙规则》偏袒承运人利益的条款进行了根本性修改，在较大程度上加强了承运人的责任，平衡了承运人和货主之间的利益。

（1）承运人的责任基础。《海牙规则》与《维斯比规则》所采用的赔偿责任原则都是不完全过失责任原则，这种责任原则促进了国际航运事业的发展，但随着航海和造船技术的发展和提高，驾驶和管理过失似乎不应再成为承运人免责的理由，作为委托人和雇主的船东，对其雇佣人和代理人职务上的过失而造成的货损应该承担赔偿责任。《汉堡规则》废除了《海牙规则》的不完全过失责任原则，采用完全过失责任原则加以代之，并采取推定过失与举证责任相结合的原则来确定承运人的责任。所谓完全过失责任原则，又称过失推定原则，即货物发生灭失、损坏或迟延交付后，首先推定是承运人

---

〔1〕　傅廷中：《海商法论》，法律出版社2007年版，第218页。

的过失行为所致，如果承运人能提出反证证明货损的发生不是自己或其代理人、受雇人的任何过失造成的，则免除承运人的赔偿责任。[1]换言之，在完全过失原则下，由承运人负举证责任。显然，完全过失责任原则不同于一般过失责任原则。一般过失责任原则的举证责任在受害人，而《汉堡规则》的这种完全过失责任原则的举证责任在加害人即承运人。这无疑加重了承运人的责任，但符合时代发展的趋势，使航运风险的经济负担不会过多地落在货主一方，对建立船货双方平等分担海运风险的法律制度是一大贡献。

（2）扩展承运人的责任期间。前文提及，《海牙规则》关于承运人的责任期间原则上是指自货物装上船时起，至卸下船时止这段时间，[2]这意味着承运人对货物装船前和卸船后发生的灭失或损坏不承担责任，即对"装前卸后"不负保管责任。尽管《海牙规则》规定货主和承运人双方可就"装前卸后"的责任问题另行自愿订立协议。[3]但实践中常出现承运人不愿承担货物"装前卸后"责任和义务的情形，并且通常在提单上设置"钩至钩"（Tackle to Tackle）条款以限制该责任和义务。这样规定对货主既不利又不方便。因为如果不另行订立协议，货物的安全不得保证；如果订立协议，除要花费时间外，货主就要支付装船前和卸船后承运人对货物的保管费用。

《汉堡规则》改变了《海牙规则》的做法，规定承运人对货物的责任期间包括在装货港、在运输途中以及在卸货港，货物在承运人掌管的全部期间，即承运人的责任期间从承运人接管货物时起到交付货物时止。[4]该规定解决了货物从交货到装船和从卸船到收货人提货这两段无人负责的空间，明显延长了承运人的责任期间，把索赔的对象集中到承运人身上，这样使索赔的处理更容易些，有利于维护货主的利益。

（3）承运人的责任限额。《汉堡规则》仍然采用双重责任限额制度，但

---

[1] 《汉堡规则》第5条第1款规定："除非承运人证明他本人、其受雇人或代理人为避免该事故发生及其后果已采取了一切所能合理要求的措施，否则承运人应对因货物灭失或损坏或延迟交货所造成的损失负赔偿责任，如果引起该项灭失、损坏或迟延交付的事故，如同第四条所述，是在承运人掌管货物期间发生的。"

[2] 参见《海牙规则》第1条。

[3] 《海牙规则》第7条规定："本条约中的任何规定，都不妨碍承运人或托运人就承运人或船舶对海运船舶所载货物于装船以前或卸船以后所受灭失或损害，或与货物的保管、照料和搬运有关的灭失或损害所应承担的责任与义务，订立任何协议、规定、条件、保留或免责条款。"

[4] 参见《汉堡规则》第4条第1款。

提高了承运人的最高赔偿限额。根据第 6 条第 1 款（a）项的规定，承运人对货物灭失或损坏的赔偿责任限额为每件或每单位 835 特别提款权，或每公斤 2.5 特别提款权，两者中以高者为准。同时第 26 条第 2 款规定，如果缔约国不是国际货币基金组织的成员且其国内法不允许采用特别提款权的，可以按照每件或每单位 12 500 货币单位或每公斤 37.5 货币单位计算。该条使用的"货币单位"与《维斯比规则》使用的"金法郎"是完全相同的概念，这一点明确在第 26 条第 3 款内，即"本条第 2 款所指的货币单位等于纯度为 900‰的 65.5 毫克黄金。将第 2 款所指的数额换算成国家货币时，应按该国法律规定办理"。

《汉堡规则》在承运人单位赔偿责任限额方面实际采用的是特别提款权与货币单位并存的计算方法，其目的是满足非国际货币基金组织成员的需要。就限额标准而言，特别提款权在《维斯比特别提款权议定书》的基础上提高了 25%，货币单位则在《维斯比规则》的基础上提高了 25%。就特别提款权而言，在计算上不会产生更多疑义，《汉堡规则》第 26 条第 1 款也有明确规定，"第六条所述的数额，应按在判决之日或当事各方议定之日该国货币的价值换算为该国货币"。然而，就货币单位而言，又完全回到了《维斯比规则》的老路，面临理论上的众多分歧。《汉堡规则》采用相对稳定的特别提款权与相当波动的货币单位并用的赔偿制度，必然导致在缔约国之间的人为差异。然而，令人十分不安的是，这个问题至今并未引起各国的普遍重视。[1]

（4）新增承运人迟延交付货物的责任。从世界历史看，对于海上运输中的迟延交付在许多国家都不能得到赔偿。[2]《海牙规则》和《维斯比规则》都规定承运人应对"货物的灭失或损坏"负赔偿责任。围绕两个公约所指的货物"灭失或损坏"是否包括因货物迟延交付造成的经济损失曾经产生很大争议。许多学者认为，在这两个公约中迟延交付引起的货物损失不应在承运人的赔偿范围之内。实践中，这两个公约的参加国在其国内立法中也分别有不同的规定，在各国司法实践中亦出现了不同的判例和解释。为了解决《海牙规则》和《维斯比规则》对承运人迟延交付责任规定的不明和各个海运国

---

〔1〕　徐新铭："不同海运公约下承运人单位赔偿责任限额评析——兼评各国司法制度的差异对公约实施的影响"，载《中国海商法年刊》1998 年卷，第 245 页。

〔2〕　邢海宝：《海商提单法》，法律出版社 1999 年版，第 296 页。

家国内立法及判例不尽一致的问题,《汉堡规则》第一次在国际公约中明确提出迟延交付的概念,确认了承运人对迟延交付造成的损失应负赔偿责任。

关于何为迟延交付,《汉堡规则》第 5 条第 2 款规定:"如果货物未能在明确约定的时间内,或虽没有此项约定,但未能在考虑到实际情况对一个勤勉的承运人所能合理要求的时间内,在海上运输合同所规定的卸货港交货,即为迟延交付。"关于承运人对迟延交付的赔偿责任,《汉堡规则》第 6 条第 1 款 (b) 项规定,"以相当于迟延交付货物应支付运费的 2.5 倍的数额为限,但不得超过海上货物运输合同规定的应付运费总额"。《汉堡规则》对迟延交付的规定,顺应了国际运输立法的大趋势,因为虽然历史上各国对海上货物运输中承运人是否对迟延交付承担责任有不同的看法,但 1929 年《统一国际航空运输某些规则的公约》、1938 年《国际铁路货物运输公约》、1956 年《国际公路运输合同公约》(CMR) 等都明确规定了承运人应对迟延交付所造成的损失负赔偿责任,同时这也表明让承运人承担迟延交付的赔偿责任是有其合理性和历史渊源的。[1]

(5) 确立实际承运人制度。实际承运人是与承运人相对应的一个概念。《海牙规则》和《维斯比规则》只有承运人的概念,而没有关于实际承运人的规定。1961 年《统一非缔约承运人所履行国际航空运输某些规则以补充华沙公约的公约》(《瓜达拉哈拉公约》) 首创了实际承运人制度,[2]《汉堡规则》仿效国际航空运输公约第一次将实际承运人制度引入到了海上货物运输法领域。《汉堡规则》语境之内的实际承运人绝非一个简单的概念而是一项具体的制度。之所以要确立实际承运人制度,无非为了突破运输合同的相对性原则,扩大责任主体,以便在海上运输方式日趋复杂的情况下保护国际贸易当事人的利益。随着国际贸易的日益现代化,海上运输早已突破了粗放式经营的阶段,航运分工也日益细化。在航运实践中,实际承运人主要发生在以下三种情况下:一是承运人与货主签订运输合同并进行部分运输后,根据运输合同中的"自由转运条款"在运输途中将货物交给其他船舶转运,此时进行转运的是实际承运人;二是承运人与货主签订运输合同并在合同中约定某一特定区段运输将由其他人履行,这时履行特定区段运输的人是实际承运人;

---

〔1〕 尹东年、郭瑜:《海上货物运输法》,人民法院出版社 2000 年版,第 124 页。

〔2〕 参见《瓜达拉哈拉公约》第 1 条第 3 款。

三是承运人与托运人缔结运输合同后，不是用自有船舶或光船租赁船舶，而是预先以定期或航次租船的形式备妥船舶，或是以托运人身份与其他航运公司签订第二份运输合同，然后用其他航运公司的船舶进行运输，这时出租船舶的人或第二份运输合同下的承运人是实际承运人。其中第三种情况最为常见。[1]这种错综复杂的情况下，最终完成货物运输的人常常不是原来的缔约承运人。如果在法律中不为实际承运人确立相应的法律地位，货主就货物损失向实际承运人进行索赔时，将会遇到合同法上的障碍。正是基于此种原因，在《汉堡规则》中才创立了实际承运人的概念并赋予实际承运人和承运人同样的法律地位。[2]

《汉堡规则》在第 1 条首先区分了承运人和实际承运人，明确规定"承运人是指其本人或代表其与托运人订立海上货物运输合同的任何人"，而实际承运人则是"根据承运人的指示执行货物的全部或部分运输的任何人，包括接受委托执行这项运输的其他任何人"。[3]承运人往往被称为签约承运人，而实际承运人为履约承运人。在规定了实际承运人的定义后，《汉堡规则》进而明确划分了承运人与实际承运人之间的法律责任，即在实际承运人接受委托履行运输合同后，无论其接受的是全部或者部分运输，承运人仍需对全部运输负责，也要对实际承运人以及实际承运人的受雇人、代理人在受雇或者受委托范围内的行为或不行为负责。[4]

对于实际承运人法律责任的理解，首先，实际承运人责任的性质应该是单纯的法定责任而非法定合同责任或法定提单责任。建立实际承运人制度的立法意图是当货损发生在实际承运人掌管期间时，赋予货主直接起诉实际承运人的权利，而非将实际承运人作为运输合同的一方当事人。法律中没有而运输合同中有的规定不能约束实际承运人。其次，实际承运人责任的范围与承运人责任并不完全相同。《汉堡规则》对承运人责任的规定并非全部适用于实际承运人。从性质上看，承运人的责任可以分成两大类，一类是关于船舶

---

[1]　交通部政策法规司、交通部交通法律事务中心编：《〈海商法〉学习必读》，人民交通出版社 1993 年版，第 63 页。

[2]　傅廷中："我国海商法中的实际承运人制度及其适用"，载《当代法学》2014 年第 5 期，第 30 页。

[3]　参见《汉堡规则》第 1 条。

[4]　参见《汉堡规则》第 10 条第 1 款。

和货物安全运输的责任，包括适航、管货、不绕航等，这些都是实际承运人也应承担的责任，因为这些是对实际履行货物运输的人的要求。另一类是关于船舶商业营运的责任，包括签发提单、向提单持有人交付货物等，这些不一定要求实际承运人承担，因为这些是基于运输合同的商业利益的要求，实践中只能依据承运人和实际承运人之间的商业合同来判定。[1]在这一点上，美国1999年《海上货物运输法（草案）》值得效法，该法将承运人分为合同承运人、实际承运人和海上承运人，然后在每一条款中明确规定哪类承运人承担哪项义务。

《汉堡规则》第10条第4款规定了承运人与实际承运人承担连带责任——货主如果能够证明承运人和实际承运人均负有责任时，则它们在其应负责的范围内承担连带责任。[2]有学者认为该规定具有多项优点，可以"将与海上货物运送有密切关系之主体一网打尽，对货物利害关系人保障较周全；免除确认承运人之难题；形式上签订运送契约之租船人与实际上负责运送之船舶所有人负连带责任，较符合公平正义之理想"。[3]总之，普遍的观点认为这样加强了对货主的保护。但实际上，因为《汉堡规则》已经明确规定了承运人就全程运输对货主负直接责任，而实际承运人只就自己实际履行的运输部分对货主负直接责任。当货损发生在由实际承运人应负责的运输部分时，货主有权向承运人或实际承运人的任何一方索赔全部损失，一是基于合同，另一是基于法律规定，这是两个单独之债，而非多个主体之债，是否连带并无不同。从这种连带责任的性质上看，它绝对不是简单建立于合同责任基础之上的。通过对《汉堡规则》第10条第2款的考察，发现此种责任与其说是连带责任，不如说是一种法定责任。因为向实际承运人追究责任的时效、管辖权和举证责任都应根据对侵权行为的相关规定来确定，违反法定责任本来就是一种侵权行为，这种责任不应受与承运人承担连带责任规定之影响。[4]而且从《汉堡规则》的精神来看，实际承运人就自己履行的运输部分直接对

---

〔1〕 郭瑜："论海上货物运输中的实际承运人制度"，载《法制与社会发展》2000年第3期，第82页。

〔2〕 参见《汉堡规则》第10条第4款。

〔3〕 张新平：《海商法专题研究》，月旦出版社股份有限公司1995年版，第169页。

〔4〕 郭瑜："论海上货物运输中的实际承运人制度"，载《法制与社会发展》2000年第3期，第82页。

货主负责，由于实际承运人并不是与货主签订运输合同的人，所以其责任不是基于运输合同的责任而是基于法律规定的责任，即实际承运人对提单持有人的责任是法定的，是有别于侵权和违约的特殊责任类型。[1]

（6）新增管辖权和仲裁。《海牙规则》中没有管辖权和仲裁，从维护船东利益出发，各国航运公司所签发的提单中大多会记载管辖权和仲裁，以此确立本国法院和仲裁机构的管辖权。实践中形成了以船主为中心，以提单规定为依据，管辖权实际操纵在海运大国之手的局面。缺乏海上货物运输统一国际公约的约束，加之各国立法的差异和冲突，使货主无法预测诉讼结果，风险大大增加，而裁决结果往往倾向于保护承运人的利益。为了扭转这种不利于货主的局面，《汉堡规则》第21条和第22条分别增加了管辖权和仲裁的规定。[2]合同当事人可以在《汉堡规则》规定的多个地点中自由选择一个作为纠纷的审理法院或仲裁机构，多个地点的设置是遵循有利于纠纷的解决原则，并不只是为了维护某一方的利益和诉讼优势地位。《汉堡规则》新增的规定使货主有权在纠纷发生前选择解决法院或仲裁机构，对纠纷的处理有了较为明确的预期，摆脱了不稳定和不利的局面，平衡了船货双方之间的纠纷处理利益。同时，也打破了少数西方国家长期以来对海运合同纠纷裁决的垄断，朝着多元化的方向发展。

二、国际货物运输的世纪公约——《鹿特丹规则》

2008年12月11日联合国大会第63届会议在维也纳审议通过了《联合国全程或部分国际海上货物运输合同公约》(United Nations Convention on Contract for the International Carriage of Goods Wholly or Partly by Sea)。联合国大会决定于2009年9月23日在荷兰鹿特丹港举行签字仪式，开放供各成员国签署，并建议将公约命名为《鹿特丹规则》(The Rotterdam Rules)。这是继《海牙规则》《维斯比规则》和《汉堡规则》之后，国际海上货物运输领域又一重要的统一实体法公约。《鹿特丹规则》将其调整对象从单一的海上货物运输合同延伸至包括航空、公路、铁路、内河在内的国际货物多式联运合同，成为一部"海运+其他"公约。该公约的主要目的是试图取代现有的国际海上货物

---

〔1〕　王利明：《侵权行为法归责原则研究》，中国政法大学出版社1992年版，第34~36页。
〔2〕　参见《汉堡规则》第21条和第22条。

运输公约，以实现国际货物运输规则的国际统一化。未来，《鹿特丹规则》只要得到各海运国家的认可，则意味着原先"海牙时代"的终结与全新"鹿特丹时代"的来临。[1]

（一）《鹿特丹规则》诞生的背景

在《鹿特丹规则》诞生之前，仅加入《海牙规则》而未同时加入《海牙——维斯比规则》的国家和地区有 60 多个，其中除阿根廷、以色列、马来西亚、葡萄牙、土耳其等少数国家在航运或贸易领域有一定影响外，其他大部分国家都是航运及贸易都不发达的发展中国家。加入了《海牙规则》同时又加入了《海牙—维斯比规则》的国家和地区有 30 多个，包括丹麦、法国、德国、希腊、意大利、荷兰、挪威、新加坡、瑞典、英国等航运较发达的国家和地区。而截至 2023 年 3 月，《汉堡规则》共有 35 个缔约国，基本上都是航运和贸易均不发达的发展中国家。[2]还有一些国家，例如中国、美国等并未加入任何一部公约，他们的国内立法虽然或多或少地参照了上述三个公约的内容，但与其中任何一部公约相比又不完全相同，这导致在国际海上货物运输领域存在着较为激烈的法律冲突。[3]三部公约共存，共同规范国际海上货物运输，加剧了国际海上货物运输规则的不统一，不利于国际贸易与国际航运的发展，给国际贸易流通带来不必要的法律障碍。谋求海上货物运输方面法律的统一始终是各国努力的目标，也是海上货物运输法发展的必然趋势。

随着造船技术、航运技术的发展，海上风险与以往相比已有所降低，因此近几十年来，国际上要求重新平衡船货双方之间利益的呼声一直较为强烈。而国际海上货物运输方式的变化是《鹿特丹规则》诞生的重要原因。过去海运和陆运通常是分段进行的，承运人仅对其运输区段内的货物负责。但随着集装箱多式联运的发展和电子运输单据的应用，一份运输单据、承运人负责全程运输的"门到门"运输越来越普遍。为此，国际社会一直呼吁创立一套适应现代国际海上运输方式新变化，对航运和贸易实践中出现的新事物、新问题加以规定，统一规范的海上货物运输新规则，以提高运输效率和商业可

---

〔1〕 司玉琢：《海商法专论》，中国人民大学出版社 2007 年版，第 160 页。

〔2〕 "关于《汉堡规则》的签署生效状况"，载 https://uncitral.un.org/zh/texts/transportgoods/conventions/hamburg_ rules/status，访问日期：2023 年 3 月 10 日。

〔3〕 司玉琢、蒋跃川："国际货物运输的世纪条约——再评《鹿特丹规则》"，载《法学杂志》2012 年第 6 期，第 27 页。

预测性，保障并促进国际航运及贸易的发展。

从 1996 年至 2008 年，在联合国国际贸易法委员会（UNCITRAL）的努力下，历经 12 年，新的国际公约终于诞生。与以往的国际海上货物运输公约相比，《鹿特丹规则》包含许多革新性的内容，其生效实施后，无疑将对国际贸易实务和惯例、国际航运及其立法等产生重大影响。

（二）《鹿特丹规则》基本内容

《鹿特丹规则》起草经历数年，体系庞大，内容丰富，范围广泛。《鹿特丹规则》共有 18 章 96 条，主要是围绕船货双方的权利义务、争议解决及公约的加入与退出等作出一系列详细的规定，可以称得上是一部海运法典，教科书式的国际海上货物运输公约。[1]

1. 整体上加重承运人义务与赔偿责任

与以往的海上货物运输公约相比，《鹿特丹规则》下承运人的义务和责任有所加重，这一变化符合当前国际航运发展的趋势。

（1）承运人责任期间扩大。与《海牙规则》"钩至钩"或"舷至舷"，及《汉堡规则》"港至港"的承运人责任期间不同，为适应国际集装箱货物多式联运"门到门"运输方式的变革，《鹿特丹规则》则明确规定，承运人的责任期间自承运人或履约方为运输而接收货物时开始，至货物交付给收货人时终止。[2]鉴于许多国家海关和进出口检验检疫部门可能会要求将货物交给有关当局或其他第三方，该公约第 12 条第 2 款又规定，在上述情况下，承运人的责任期间从出口地当局或其他第三方提取货物时开始，至将货物交给进口地当局或其他第三方时终止。由于《鹿特丹规则》并没有对接收和交付货物的地点加以限制，因此其所规范的承运人责任期间已不再是局限于海上和港口，而是可以扩大到"门到门"期间，这是该公约的重大变革之一。由此可见，《鹿特丹规则》已不完全是一部海运公约，而是一部可用于调整包含海运的"门到门"运输的国际货物多式联运公约。承运人责任期间的变化有利于集装箱货物多式联运的发展，可以为内陆货方提供货物运输便利，促进国际贸易的发展。

（2）增加履约方和海运履约方的概念。随着海运业的发展，在运输实践

---

〔1〕　朱曾杰："初评《鹿特丹规则》"，载《中国海商法年刊》2009 年第 Z1 期，第 15 页。
〔2〕　参见《鹿特丹规则》第 12 条第 1 款。

中，承运人将货物交给其他人运输的情况大量存在，而海上运输产生的货损、迟延交付等赔偿很可能因为承运人和实际运输人的分离而复杂化。为了应对这种日益复杂的法律关系，《鹿特丹规则》开创性地构建了海运履约方制度，首次界定了履约方和海运履约方概念。履约方是指承运人以外的，履行或承诺履行承运人在运输合同下有关货物接收、装载、操作、积载、运输、照料、卸载或交付的任何义务的人，以该人直接或间接在承运人的要求、监督或控制下行事为限，并且不包括不由承运人，而由托运人、单证托运人、控制方或收货人直接或间接委托的任何人。海运履约方是指凡在货物到达船舶装货港至货物离开船舶卸货港期间履行或承诺履行承运人任何义务的履约方，内陆承运人仅在履行或承诺履行其完全在港区范围内的服务时方为海运履约方。[1]

海运履约方与托运人之间不存在直接合同关系，而是在承运人直接或间接要求、监督或控制下实际履行或承诺履行承运人在"港至港"运输区段义务的人，这突破了合同相对性原则。海运履约方承担公约规定的承运人义务和赔偿责任，并有权享有相应的抗辩权和赔偿责任限制。[2]班轮运输条件下的港口经营人作为海运履约方将因此受益。其实，该概念的引入也是对航运实践中"喜马拉雅条款"的确认和体现。这种恣意扩大运输合同当事人的做法是否合理尚存疑问。[3]但《鹿特丹规则》扩展承运人的范围和含义，使公约内容尽可能与运输实践相符，方便货主索赔。

（3）承运人要全程保证船舶适航。《海牙规则》第 3 条第 1 款规定承运人应当在船舶开航前和开航当时谨慎处理使船舶适航，不仅明确了适航的内涵，还明确了时间和程度。《鹿特丹规则》基本保留了传统适航的内涵，明确适航义务的标准仍然是谨慎处理，但在第 14 条将承运人保证船舶适航的义务延长至整个海上航程。[4]该条明确规定，承运人提供的义务将不局限于船舶在装货港的开航前和开航当时，而是一项连续的义务，也就是说，除了在装货港的开航前和开航当时，也包括了船舶在中途挂靠港的开航前和开航当时，甚至船舶在海上航行的整个航行期间。这种规定明确了承运人适航义务的全

---

〔1〕 参见《鹿特丹规则》第 1 条第 6 款、第 7 款。
〔2〕 参见《鹿特丹规则》第 19 条。
〔3〕 郭萍、张文广："《鹿特丹规则》述评"，载《环球法律评论》2009 年第 3 期，第 139 页。
〔4〕 参见《鹿特丹规则》第 14 条。

程化，明显加重了承运人的适航义务，加大了承运人的风险和责任，使承运人的适航义务朝着对承运人越来越严苛的方向发展。但是，公约又通过举证责任的分配，即由索赔方举证证明货物损失是因为不适航，在一定程度上减轻了承运人的举证责任，从而找到了新的平衡点。[1]同时，在集装箱班轮运输中，承运人提供集装箱的情况非常常见，而因集装箱本身不适合货物导致损失的纠纷也时有发生。《鹿特丹规则》顺应了航运实践的发展，明确规定承运人提供的集装箱应适于且能安全接受、运输和保管货物，并在整个海上航程中保持这种状态。[2]

（4）承运人管理货物义务的增加。《海牙规则》规定承运人在不影响其援引免责事项的前提下，有妥善且谨慎地装载、操作、积载、运输、保管、照料和卸载所承运货物的义务，即承运人的管货义务贯穿于七个环节。《汉堡规则》虽然未明确提出承运人管理货物的具体环节，但因其责任期间为在装货港、在运输途中以及在卸货港，货物在承运人掌管的全部期间，因此除上述环节外，还应包括装港接收货物以及卸港交付货物的环节。《鹿特丹规则》明确规定，承运人应当妥善而谨慎地接收、装载、操作、积载、运送、保管、照料、卸载并交付货物，即管货义务贯穿于九个环节。承运人管货义务的扩大有利于保障贸易商的货物权益。但是，在海上运输之前或者之后的其他运输区段，如果存在强制性国际文书，承运人则需根据该国际文书的相关规定承担义务。[3]此外，《鹿特丹规则》还首次规定，允许承运人与托运人约定由托运人、单证托运人或者收货人负责货物的装载、操作、积载或卸载工作。[4]需要注意的是，《鹿特丹规则》并没有像《海牙规则》那样明确管货义务与免责事项之间的关系问题。

（5）承运人迟延交付货物的责任变化。《海牙规则》未明确规定迟延交付问题，《汉堡规则》首次在海上运输公约中提出了迟延交付的概念，并对违反该义务的责任及责任限额作出了明确规定。《鹿特丹规则》在制定过程中，关于迟延交付的讨论也是一波三折。有代表团强烈反对就未约定明确时间的迟延交付进行界定；甚至有代表团提出作为对等，公约应当对托运人规定迟

---

〔1〕 参见《鹿特丹规则》第17条。
〔2〕 参见《鹿特丹规则》第14条（c）项。
〔3〕 参见《鹿特丹规则》第13条第1款，第26条。
〔4〕 参见《鹿特丹规则》第13条第2款。

延赔偿责任；有的代表团还进一步提出，应当规定托运人迟延责任的限制问题。[1]鉴于各方存在巨大分歧，公约仅规定了双方在约定交付时间情况下的迟延交付问题，如果双方未明确约定交付货物时间是否构成"迟延交付"以及承担什么样的责任，则留给各国国内法解决。

《鹿特丹规则》关于承运人对迟延交付造成损失赔偿责任的规定则与《汉堡规则》类似，但略有不同。根据《汉堡规则》第6条第1款（b）项之规定，承运人对于迟延交付造成损失的赔偿责任不超过该迟延交付货物应付运费的2.5倍，但是不得超过根据海上货物运输合同应付运费的总额，即规定了二次限制。而《鹿特丹规则》只有一次限制，即承运人对迟延交付货物造成经济损失的赔偿责任限定为迟延交付货物运费的 2.5 倍。[2]与《汉堡规则》相比较，《鹿特丹规则》的迟延交付定义严格且更明确。若货主未在交货后21个连续日（《汉堡规则》为60个连续日）内向承运人提交迟延造成经济损失的通知，则承运人不负赔偿责任。[3]因此，《鹿特丹规则》更符合货主对运输时间的期待，特别是对于时间需求十分迫切的货主可以在运输单据中明确约定货物交付时间，以利于迟延交付的索赔。

（6）提高了承运人赔偿责任限额。承运人赔偿责任限额一直是国际海运公约比较敏感的话题之一。任何一项海运公约，无论在制订时还是制订后，承运人赔偿限额的规定都相当引人注目，但其实只是一个简单多数的问题。《汉堡规则》出台时，普遍认为其赔偿限额过高，然而，在制订《鹿特丹规则》的时候，赔偿限额过低反倒成了问题。联系到司法实践对承运人享受限额赔偿权利日趋严格的情况，《鹿特丹规则》的制订者们显然面临上涨要求的压力。依据《鹿特丹规则》之规定，承运人对于货物灭失、损坏的赔偿责任为每件或每个其他货运单位 875 特别提款权，或毛重每公斤 3 特别提款权。[4]这一规定较《维斯比规则》分别提高了31%和50%，比《汉堡规则》分别提高了4.8%和20%。由于按货物重量赔偿是通常采用的模式，因此可以认为提高的幅度是相当可观的。公约大幅提高承运人单位赔偿责任限额有利于更好地维护货主的利益。显而易见，这也将给承运人带来一定的负面影响：

---

〔1〕 郭萍、张文广："《鹿特丹规则》述评"，载《环球法律评论》2009 年第 3 期，第 138 页。

〔2〕 参见《鹿特丹规则》第 60 条。

〔3〕 参见《鹿特丹规则》第 23 条第 4 款。

〔4〕 参见《鹿特丹规则》第 59 条第 1 款。

一是运输高价值和大件货物时，承运人的赔偿责任限额将会大幅增加；二是承运人投保保赔保险时，保费支出必将增加。

（7）承运人免责事项发生变化。根据《海牙规则》，承运人可以按照第 4 条的规定享有 17 项免责事项权利。《汉堡规则》采用完全过失责任原则加以代之，并采取推定过失与举证责任相结合的原则来确定承运人的责任。《鹿特丹规则》延续了《海牙规则》的基本理念，但与《海牙规则》采取"开放式列举"不同，《鹿特丹规则》采用了"封闭式列举"，即明确规定免责事项仅限于公约列明的 15 项，同时也有以下变化：其一，增加了"海盗、恐怖活动"的规定，[1]以反映当今航运实践的现状和发展情况。其二，明确火灾免责仅限于在船舶上发生的火灾，不包括陆地上发生的火灾。[2]其三，根据以往国际海运公约的规定，只要是救助或试图救助海上人命或财产都构成合理绕航，承运人无需对由此导致的损失承担赔偿责任，[3]但《鹿特丹规则》则强调，对于财产救助的免责必须是采取合理措施的结果。[4]其四，增加了为避免对环境造成损害而采取合理措施导致的货物灭失、损坏或迟延交付，承运人可以免责的规定。[5]

2. 进一步明确托运人的义务

《海牙规则》没有规定托运人和收货人定义。《汉堡规则》在第 1 条规定了合同托运人和交货托运人，并规定收货人为有权提取货物的人。《鹿特丹规则》不再单方面对承运人的权利义务进行调整，而是细化了对托运人的权利义务的规定。除规定了托运人、收货人外，还首次规定了"单证托运人"和"持有人"的定义，上述主体都是运输各个阶段有资格对货物主张"控制权"的人，不能简单地归于托运人。

（1）托运人实行"推定无过失责任制"。《鹿特丹规则》关于托运人的赔偿责任制的规定是以前各公约所没有的。《鹿特丹规则》规定，对于承运人遭受的损害，除非承运人能证明是由于托运人违反公约规定的义务或托运人的

---

〔1〕　参见《鹿特丹规则》第 17 条第 3 款（c）项。

〔2〕　参见《鹿特丹规则》第 17 条第 3 款（f）项。

〔3〕　参见《海牙规则》第 4 条第 2 款（1）项和第 4 款。

〔4〕　参见《鹿特丹规则》第 17 条第 3 款（m）项。

〔5〕　参见《鹿特丹规则》第 17 条第 3 款（n）项。

过失造成的，托运人无需承担赔偿责任。[1]按照这一规定，一旦发生货物灭失或损坏，首先推定托运人没有过失，承运人必须承担举证责任，举证不成则托运人不负责任。显然该规定对托运人比较有利。

（2）托运人交货时的义务和责任。以前的几个海运公约都侧重承运人并对承运人义务有详细规定，但对于货主应该承担的责任没有明确规定，即便有也是各国国内法规定。《鹿特丹规则》基于对等平衡原则，参照关于承运人义务的规定，在多个条款中将托运人的义务和赔偿责任作出类似设置和规定，可谓进一步平衡了双方的利益。依据《鹿特丹规则》的规定，除非运输合同另有约定，在货物交付运输时，托运人应向承运人交付备妥待运的货物，货物应处于能够承受预定运输的状态；承运人与托运人可以约定由托运人、单证托运人或收货人装载、操作、积载或卸载货物；托运人应妥善而谨慎地积载、绑扎和加固集装箱或车辆内的货物，使之不会对人身或财产造成损害。托运人和承运人应在提供信息和指示方面进行合作，以保证请求方能够获取有关货物正确操作和运输的信息。托运人负有向承运人提供有关货物的信息、指示和文件的义务。托运人应当及时向承运人提供拟定合同事项以及签发运输单证或者电子运输记录所需要的准确信息。根据"危险货物特别规则"，当货物因本身性质或者特性而已对人身、财产或者环境形成危险，或者适度显现有可能形成此种危险时，托运人应承担相关义务和责任。[2]从上述规定可见，托运人的责任和义务明显加大，托运人要熟悉公约的相关规定。

3. 引进单证托运人的概念

《鹿特丹规则》首次设置了单证托运人的概念。单证托运人被界定为托运人以外的，同意在运输单证或者电子运输记录中记名为"托运人"的人。[3]引进单证托运人的概念，是针对国际贸易当事人在使用 F 组贸易术语时卖方托运人的利益保护问题。在 F 组贸易术语下，与承运人签订运输合同的买方是托运人，负责向承运人实际交付货物的卖方则是单证托运人，即运输单证中记载卖方为托运人。例如，以 FOB 条件出口货物时，由于买方安排货物运输并与承运人订立运输合同，此时买方是托运人。卖方将货物交给承运人接

---

〔1〕 参见《鹿特丹规则》第 30 条。
〔2〕 参见《鹿特丹规则》第 27 条、第 28 条、第 29 条、第 31 条和第 32 条。
〔3〕 参见《鹿特丹规则》第 1 条第 9 款。

管后，通常要求承运人向其签发以卖方为托运人的运输单证。于是就出现运输单证上的托运人（卖方）不是与承运人订立运输合同的托运人（买方）。

国际社会为了解决这一问题曾进行了不少探索。《鹿特丹规则》通过界定单证托运人的概念来解决这一问题，其特点在于：一是单证托运人不是托运人，托运人是与承运人订立运输合同的人，单证托运人与运输合同的承运人不存在合同关系；二是单证托运人在向承运人实际交付货物后，必须经托运人同意才能向承运人索取运输单证并在单证上记载；三是对托运人规定的权利与义务适用于单证托运人。

《鹿特丹规则》对单证托运人的规定是系统化的，有定义、享受权利和承担义务的成套规定。需要指出的是，《鹿特丹规则》对单证托运人承担的义务和责任却未规定限制条件，特别是在提供信息责任方面，单证托运人成了最后兜底的责任人。因此，《鹿特丹规则》中关于单证托运人的规范在权利义务方面是失衡的，这对卖方利益的保护不利。

4. 引入控制权概念

为使海上货物运输法律制度与国际货物贸易法律制度更好地衔接，解决在货物运输途中谁有权控制货物这一重要问题，《鹿特丹规则》首次在海上货物运输领域引入"控制方"和"控制权"概念。依据《鹿特丹规则》，托运人、单证托运人、单证持有人、收货人等都是运输各个阶段有资格主张"控制权"的人，即"控制方"。[1]这一新的规定，使得提单仅表示对"物"（货物）的控制权，而非为"物权"凭证，这对平息提单究竟是物权凭证、所有权凭证、抵押权凭证还是债权凭证的争论可能有一定的指导意义。依据《鹿特丹规则》，所谓"控制权"，即货物的控制权，是指按照运输合同向承运人发出有关货物的指示的权利，具体包括：就货物发出指示或修改指示的权利，但此种指示不构成对运输合同的变更；在计划挂靠港或在内陆运输情况下，在运输途中的任何地点提取货物的权利；由包括控制权人在内的其他任何人取代收货人的权利。[2]

以往的国际海运公约并没有单独就运输途中的货物控制权进行规定，《鹿特丹规则》首次在海运公约中引入"控制权"概念，主要是基于如下考虑：

---

〔1〕　参见《鹿特丹规则》第51条第1款（a）项。
〔2〕　参见《鹿特丹规则》第50条第1款。

其一，可以与货物贸易法中卖方的中途停运权相对应。在以往的国际运输中，由于大多数情况下使用的是可转让提单，卖方可以通过控制提单来行使对货物的控制权。但目前海运的情况有所变化，使用可转让单证的情况正在迅速减少甚至已完全消失。因此规定控制权以保护未使用可转让单证进行货物运输的卖方利益已经成为必需。其二，控制权对于未来的电子商务至关重要。其三，明确在货物运输途中以及抵达卸货港交付货物之前，控制人是承运人的合同相对方。

在涉及类似控制权问题的国际条约中，通常将该权利限定在不可转让运输单证情形。《鹿特丹规则》明确规定控制权也适用于可转让运输单证或电子运输记录或没有签发任何运输单证的情况，因此关于控制权规定的内容是全新的。尽管该概念自引入之日起就伴随争论，但从实体上及程序上加以规定，可以保护未使用可转让单证进行货物运输的卖方托运人及第三方持单人的权利，也有利于海上货物运输法律与贸易法律的衔接和协调。

5. 批量合同当事人具有较大的合同自由

《鹿特丹规则》另一重大创新在于将批量合同明确纳入了公约的调整范围，并对批量合同采取非强制适用的原则。依据《鹿特丹规则》第 1 条第 2 款的规定，批量合同是指在约定期间分批装运约定数量货物的运输合同，货物数量可以是最低数量、最高数量或一定范围的数量。常见的类型是远洋班轮运输中的服务合同。这种一般是一次托运货物数量较多的大宗货物运输合同，其特点在于，托运人（货主）通常拥有较大数量的货源需要运输，而承运人一般为具有雄厚承运能力的大运输公司。当前，国际班轮航线上的一些货物运输经常通过签订批量合同方式完成，因此批量合同自然成为《鹿特丹规则》的调整对象。

以往的国际运输条约，均对承运人的权利、义务和赔偿责任予以强制性规范，承运人不得背离或违反这些强制性规定，以防止承运人滥用合同自由和自身优势免除或减轻其责任。换言之，若在运输合同中增加条约赋予的权利或降低条约规定的义务、责任和赔偿责任，这样的条款均为无效。《鹿特丹规则》一方面对运输合同当事人的合同自由进行严格限制的同时，[1]另一方面则采取了"非强制适用"原则，赋予批量合同当事人较大的合同自由，允

---

〔1〕 参见《鹿特丹规则》第 79 条。

许在符合一定条件下，承运人与托运人可以背离公约的规定，自行协商约定在批量合同中增加或减少公约规定的权利、义务和赔偿责任。[1]这是对传统海运公约下限制承运人合同自由的一大突破，也是契约自由精神在一定程度上的回归，因而引发了极大争议。该制度的创设，不仅考虑到批量合同的普遍适用，更重要的是基于批量合同当事人订约地位基本平等，船货双方协商确定各自权利、义务，以鼓励交易，减少公约对合同的强制适用。[2]但批量合同当事人背离公约的自由也要受一定条件的限制，《鹿特丹规则》特别强调公约中的一些义务是批量合同绝对不能背离的，即承运人的适航义务，托运人提供信息、指示和文件的义务，危险货物规则下托运人的义务以及承运人丧失责任限额的利益等。[3]

美国自《哈特法》以来，立法无不对承运人规定最低责任限度，以防止承运人滥用合同自由和自身优势逃脱责任。随着现代物流的发展，批量合同已大量使用。《鹿特丹规则》赋予批量合同当事人合同自由的基本理念是，在签订批量合同情况下，承运人和货方之间的权利、义务相对来说比较平等，是否签订合同，签订什么样的合同由双方当事人决定。《鹿特丹规则》考虑到拥有一定贸易规模和经验并需要多批次托运大宗货物的货主力量和地位的增长，其具有与承运人平等谈判的能力，能够订立不同于《鹿特丹规则》强制性规定的运输合同条款，这在某种程度上为大贸易商提供了便利。但作为中小贸易商的托运人在与承运人协商批量合同条款的过程中，因受制于承运人的优势缔约地位，承运人可能假借订立批量合同所享有的合同自由损害托运人的利益，这是中小贸易商对批量合同背离公约最为担忧的问题。[4]

6. 关于货物交付规范

《海牙规则》将其适用的时间段定在货物装上船起至卸离船止，因此根本没有涉及交付货物的内容。《汉堡规则》将这一时间段规定为承运人在装运港接管货物起至卸货港交付货物止，但对货物的具体交付及其责任划分却没有

---

〔1〕　参见《鹿特丹规则》第80条第1款、第2款。

〔2〕　李广辉："海上货物运输公约的新发展——《鹿特丹规则》之评析"，载《比较法研究》2012年第3期，第115页。

〔3〕　参见《鹿特丹规则》第80条第4款。

〔4〕　冷柏军、姚新超："《鹿特丹规则》下承运人责任与义务的变化及其影响"，载《国际贸易问题》2011年第7期，第176页。

具体规定。理论界长期以来认为，提取货物是收货人的一项基本权利，是货主在支付运费后期待的货物完成运送的结果。基于商业利益的考虑，收货人通常能顺利地接受承运人的交付。但是，随着贸易复杂化，一些收货人拒绝接收货物的事件逐渐发生，这使得人们感到有必要再次论证货物交付的基本性质，即收货人是否有义务接受货物。《鹿特丹规则》在制订的过程中，充分认识到货物交付问题的复杂性，谨慎地选择其中必须解决的问题予以论证，并将其订入公约之中。《鹿特丹规则》第一次以公约的形式肯定，接受货物和确认收到货物是收货人的一项强制性义务。[1]这就意味着如果收货人懈怠这一义务，其行为所导致的承运人在诸如港口费用方面的损失将由收货人承担。同理，如果收货人不出现，承运人可以追究托运人的相关责任。

记名提单下的无单放货也是长期困惑理论界和司法实践的难题。无单放货通常指在无正本提单的情况下，承运人将提单项下的货物交给提货人的行为或现象。[2]承运人无单放货通常会面临正本提单持有人的索赔，但现实中无单放货却又屡屡发生。船舶提速或航程较短使得运输单证流转滞后于航程，是导致无单放货的主因。发货人、船舶承租人基于合同利益有时也会指示承运人或船东无单放货。无单放货现象的普遍存在使得提单的物权凭证功能与航运实践之间产生了很大矛盾，将无单放货的责任一律由承运人承担，不能反映当前的航运现实，对承运人也有失公允。《鹿特丹规则》的起草者正是充分认识到这一点，改变了当前航运实践中无单放货的习惯做法，对提单项下承运人的无单放货行为进行重新规定。《鹿特丹规则》关于记名提单的货物交付主要规定在第45条和第46条。第45条的规定主要是确认海运单、记名提单等不可转让运输单证可以仅凭收货人身份交货。第46条则是强调若不可转让运输单证载明必须凭单交货的，承运人必须凭单放货，收货人即使提交了不可转让运输单证但未表明其收货人的身份，承运人仍可以拒绝交货。

《鹿特丹规则》采用创新方法为承运人实施无单放货设定了条件，即可转让运输单证必须载明——无须提交可转让运输单证或可转让电子运输记录便可以交付货物，[3]即"可不凭单放货"，这样就可以将无单放货的风险交与

---

〔1〕 参见《鹿特丹规则》第43条、第44条。

〔2〕 张湘兰、邓瑞平、杨松：《海商法论》，武汉大学出版社1996年版，第89页。

〔3〕 参见《鹿特丹规则》第47条第2款。

货方（托运人和单证托运人）认可。《鹿特丹规则》不再将"凭单交货"作为一项强制性义务加诸承运人，而是在一些特殊的情况下或符合一定条件时赋予承运人无单放货的权利，但在实践操作中存在一定风险。其最大的隐患是可能损害提单作为货物控制权凭证的作用，从而动摇国际贸易融资中跟单信用证习惯做法的基础。而承运人可以不承担赔偿责任的风险，可能为其图谋欺诈提供便利。

　　7. 明确权利转让问题

　　《海牙规则》规定了提单记载事项的初步证据效力，《维斯比规则》和《汉堡规则》规定了提单转让后的最终证据效力，但这些海运公约都没有明确提单转让与运输合同项下权利、义务转让的关系。实践中，这些问题通常由各国国内法解决。例如，英国 1992 年《海上货物运输法》和美国 1916 年《联邦提单法》。

　　《鹿特丹规则》专门规定了权利转让制度。签发可转让运输单证的，单证持有人可以通过向其他人转让该运输单证而转让其中包含的各项权利，[1]主要是请求提货权、控制权。权利转让的同时，义务并不当然同步转让。《鹿特丹规则》明确了可转让运输单证或可转让电子运输记录的转让将产生合同项下权利转让的结果，但运输合同项下的义务并不随之转让，单证持有人只有在行使单证上的任何权利时，才承受转让义务的后果。[2]《鹿特丹规则》没有规定在未使用任何运输单证或签发了一份不可转让单证的情况下，运输合同项下的权利如何转让的问题，只能留给各国国内法去解决。

　　8. 解决了承运人的识别问题

　　由于航运实践中在某些情况下托运人很难准确判断出谁是真正的承运人，其利益得不到应当的保护。因此，《鹿特丹规则》第 37 条对承运人识别的问题进行了相关规定。公约对这个问题规定较为简单，即如果提单上载有承运人的以此为准；如果没载明的，推定装载货物的船舶的登记所有人或船舶的光租承租人为承运人。[3]这样的规定和航运实务的操作是一致的，无疑为托运人识别承运人指明了方向。因为在现代航运实践中，船舶的所有权和使用

　　〔1〕　参见《鹿特丹规则》第 57 条。
　　〔2〕　参见《鹿特丹规则》第 58 条。
　　〔3〕　参见《鹿特丹规则》第 37 条。

权分离的现象普遍存在，船舶很可能被转租多次，船舶所有人也可能不是很清楚究竟谁是真正的承运人。因此就海上运输而言，通过推定登记所有人或光船租船人为承运人的做法在实践上很有必要，在法理上也有一定的基础，即无论登记所有人或光船租船人是不是与托运人签订运输合同的人，其总是实际运送货物的人，也就是《汉堡规则》中的实际承运人。

第 37 条在形成过程中并无什么激烈的争论，目前的海运实践也是这么处理的，索赔人发现提单上没有明确载明承运人名称时，会设法查明载货船舶的登记所有人或船舶的光船承租人，然后向其索赔。如果索赔数额巨大，往往采取申请法院诉前扣押船舶，以期取得担保的措施。根据《汉堡规则》或许多国内法的规定，实际承运人要承担与承运人大致相同的责任。因此，即便登记所有人或光船租船人不是与托运人签订运输合同的承运人，推定其为承运人并承担承运人的责任并不会产生过大的不公平。但这种推定在《鹿特丹规则》中存在很大问题，原因是公约的适用范围超出了传统的海上运输范畴。在这种情况下，推定登记所有人或光船租船人为承运人，很可能会使他们为其所不了解的其他运输区段的损失承担责任，这对于船舶所有人而言又无疑是不合理和不公平的。[1]

（三）关于《鹿特丹规则》的若干思考

条约的通过与生效是两个不同的概念。《海牙规则》从通过至生效用了大约 8 年，《维斯比规则》是 10 年，《汉堡规则》大约 15 年。如今《鹿特丹规则》虽已获通过，但其生效的前提是全球 20 个国家批准或加入后 1 年生效。公约何时生效尚未可知，即使届时生效，也未必能被国际航运界和国际贸易界广泛接受。《汉堡规则》以及 1980 年《联合国国际货物多式联运公约》就是很好的例子。但是，无论该公约将来命运如何，我们都应对公约给我国带来的影响以及是否加入公约进行广泛研究，相关行业应尽快知悉公约内容，为其生效后的实施做好时间上的准备，同时也应积极关注其他国家，特别是世界主要航运国家和贸易大国对公约的态度和反应。

1. 公约生效前景并不明朗

《鹿特丹规则》对许多制度进行了重大创新，这些新内容是现有国际条约

---

〔1〕 李广辉："海上货物运输公约的新发展——《鹿特丹规则》之评析"，载《比较法研究》2012 年第 3 期，第 119 页。

不曾规定过的事项，增加了各国接受的难度。《鹿特丹规则》在追求全面性的同时不可避免地会使公约内容成为一个机构庞大、内容繁杂的运输法律体系，这无疑大大增加了公约实施和国际统一理解公约条款的困难，甚至有学者指出，《鹿特丹规则》以一步到位的设想探索运输法的统一，可能是适得其反，不易取得正果。[1]而且，《鹿特丹规则》不允许加入的国家作出保留，[2]即一国加入就必须接受该公约中的所有制度。为了参加公约，一个成员国可能需要对本国的运输法律进行重大调整和修改，这使得各国难以在短时间内完成，也不利于各国的接受。

《鹿特丹规则》内容具有很大的创新性，同时也紧跟海上货物运输发展的潮流，如果公约被普遍接受将会对全球海上货物运输产生重大影响。但从目前公约的签字情况来看还很难预估公约何时能够生效。根据《鹿特丹规则》的规定，公约生效需要 20 个国家的加入或批准。截至 2023 年 3 月，美国、法国、西班牙、挪威、瑞典等 25 个国家已签署了《鹿特丹规则》，在签字的国家中通过国内立法程序批准公约在其国内生效的国家并不多，目前只有西班牙、多哥、刚果、喀麦隆和贝宁五个国家批准了该公约。[3]欧洲虽然有丹麦、挪威、瑞典、希腊、荷兰、法国、西班牙等国签字，但欧盟并没有作为一个整体加入公约，还处于一个观望状态。现在的英国虽然海运量并不大，但作为影响重大的海商法律国家，其态度对公约生效起着重要的标杆作用。虽然美国在公约上签了字，但距离批准程序还遥遥无期。美国将条约区分为"自执行条约"和"非自执行条约"。对于"非自执行条约"只有经过国会立法转化为国内法之后，才能发挥效力。[4]可见，如果现在就得出结论，认为《鹿特丹规则》将取代《海牙规则》和《汉堡规则》，"一统天下"地引领新的国际航运法律时代，还为时过早。[5]

---

〔1〕　朱曾杰："初评《鹿特丹规则》"，载《中国海商法年刊》2009 年第 Z1 期，第 15 页。

〔2〕　参见《鹿特丹规则》第 90 条。

〔3〕　"关于《鹿特丹规则》的签署生效状况"，载 https://uncitral.un.org/zh/texts/transportgoods/conventions/rotterdam_rules/status，访问日期：2023 年 3 月 3 日。

〔4〕　从美国宪法角度看，《鹿特丹规则》的部分内容赋予了当事人直接的权利和义务，但也有很多条文是针对缔约国的，因此《鹿特丹规则》是一个混合条约，既有自执行的条文，也有非自执行的条文。

〔5〕　袁发强："海上货物运输实体法律统一化的冷静思考"，载《华东政法大学学报》2010 年第 6 期，第 119 页。

在《鹿特丹规则》起草之初，众多国际行业协会参与了调查与信息收集工作，非常积极地参与立法活动，例如，波罗的海国际航运公会（BIMCO）、英国航运公会（BCS）、国际商会（ICC）、国际海上保险联盟（IUMI）、国际货运代理协会联合会（FIATA）、国际航运公会（ICS）、美国国家工业运输联盟（NITL）、世界航运理事会（WSC）和国际港口协会（IAPH）等。然而这些行业协会毕竟只能代表运输企业自身的愿望，未必能够反映有关国家的意图。虽然在联合国有关工作组对草案进行讨论的过程中，多数国家都积极派出了政府代表团参与公约草案的讨论工作，但国际条约毕竟是各国意志协调的产物，不可能完全反映所有国家的全部希望和利益。对于定稿的公约内容，各国不可能仅根据航运企业的意愿就决定是否加入，还需考虑公约对国内法律变动的影响，对其他行业企业的影响等。因此，各国对于《鹿特丹规则》的接受程度还不是很清晰。倘若公约能够生效，也不能确定公约对于航运业的影响到底有多大。就像《汉堡规则》，虽然其通过已长达40多年，但对于世界航运业产生的影响也远未达到预期的效果。因此，将《鹿特丹规则》视为未来国际海上运输法律的发展方向是合适的，但不必对该公约的立即生效抱有幻想，也不必期望"鹿特丹时代"的早日到来。也许《鹿特丹规则》发挥的是"示范法"的作用，但它的生效时间仍然是一个未知数。

2. 国际货物运输法律统一化是一个漫长的过程

如果把国际性与地区性的国际条约计算在内，有关跨国运输的国际条约并不算少。但迄今为止，还没有一部国际条约能够就某一方面的问题在全球范围内实现统一，也还没有一部国际条约是世界上所有国家都签字参加了的，即使是《联合国宪章》也不例外。一部国际条约总是只能满足部分国家的愿望，这样就能促使更多的国际立法活动试图统一各国运输实体法律，进而出现更多的有关货物运输的国际条约。

欢呼"鹿特丹时代"的学者也许过于乐观，而否定《鹿特丹规则》的积极意义则似乎过于消极，好像没有普遍参加就是失败。这种看法只注意到了某个公约本身的统一效果，而没有看到不断发展的国际运输公约对推动法律统一化所带来的积极变化。事实上，这种国际社会努力的结果已经对很多国家的国内运输法律变革起到了促进作用。一部国际条约的通过往往能够影响一些国家发展变革其国内法。即使国际条约以示范法或草案的形式存在，如果其内容能够反映当前的法律发展方向，也能够引起各国国内法的变化。应该看到的是，法律统一化是国际海上运输法律关系的内在要求，国际航运企业不断推动运输实体法律的国际条约制定本身就说明了这一点。国际经济的全球化分工使得贸易空前发展的同时，也促进了运输法律关系的内在趋同。当跨国运输企业普遍认同某一习惯做法时，行业惯例也就形成了。这种跨国的行业惯例需要得到法律的认可，也需要法律规范的调节，而不是仅仅停留在惯例的层面。这也是为什么国际社会热衷于立法的原因。

就国际海运公约而言，有的国家只是《海牙规则》的成员国，有的国家同时是《维斯比规则》的成员国，有的国家只是《汉堡规则》的成员国，还有一些国家没有加入任何一部国际运输公约。这样，在不同国家间可能出现适用公约的冲突，造成更加复杂的法律不统一局面。《鹿特丹规则》则试图解决这个问题，在公约中规定，凡批准《鹿特丹规则》的国家，应当同时申明退出《海牙规则》《维斯比规则》和《汉堡规则》等，[1]以期取代旧的国际海运公约发挥作用。这是一个大胆而可能失败的规定，有可能使《鹿特丹规则》的制定目的落空，甚至使《鹿特丹规则》被彻底葬送。试想一下，《鹿特丹规则》的生效条件需要 20 个国家的批准。这 20 个国家在加入的同时退出其他国际海运公约将会带来这样的结果——在与非《鹿特丹规则》成员国的运输关系中没有可共同适用的国际公约规范。这对于首先加入《鹿特丹规则》的国家而言无疑是一个巨大的风险。

3. 内容庞杂的公约面对缓慢变革的国内法

《鹿特丹规则》不仅试图取代《海牙规则》《维斯比规则》和《汉堡规则》，还意图挽救失败的《联合国国际货物多式联运公约》，成为全面规范海上运输以及延伸到内陆运输的国际运输法典。这种法典化的国际立法模式虽然令人鼓舞，却未必现实。为了参加公约，一国可能需要对本国运输法律进行大幅度修改和调整，包括国内内陆运输法律也需要修改。这种可能性令人怀疑。有的国家，其调整内部运输关系的法律本来就和调整涉外运输关系的法律相同，或者说没有内外之分。那么在加入该公约时可能阻力要小一些。而另外一些国家，例如我国，严格区分了内外运输的不同，统一适用《鹿特丹规则》的结果就是改变国内运输法律规则，向国际规则看齐；内河运输、沿海运输以及与海上联运的内陆公路和铁路运输等法律规则也都需要改变。

---

〔1〕 参见《鹿特丹规则》第 89 条。

这无形中就加大了国家参加公约的难度。

《鹿特丹规则》起草之初的立法意图只是考虑电子单证的效力问题以及统一提单项下的法律责任问题，但在造法过程中高涨热情的驱使下，公约内容被扩大到涵盖几乎所有海上运输法律问题。[1]除了电子单证与记录外，全面规范承运人义务与责任的章节、托运人义务的章节以及货物交付、货物控制权问题的章节占据了主要地位，成为一部全面的海上运输法律。这种法典化的立法模式当然是理想的法律统一方法，但导致各国接受公约的难度加大。笔者以为，国际运输法律制度的统一化热情和趋势会因为法典化造法模式受到影响。看起来越是完备的国际条约，越难以被世界各国迅速接受。

《海牙规则》之所以成功，就在于它只解决某些与提单有关的法律统一问题，条文少，涉及面窄，需要各国改变国内法律的地方少，比较容易被接受。虽然这不利于短时间从根本上解决运输法律统一问题，但能够迅速被各国所采纳。与之相比较，《鹿特丹规则》相当于为各国重新设计海商法（虽然不是全部，但也是大部分内容），而国内法的变革不仅要适应国际运输方式发展的问题，还要综合考虑国内各方面的接受程度以及立法利益的博弈。缓慢变革的国内法与内容庞杂的公约之间不对称，必然影响公约的普遍接受程度。《鹿特丹规则》的生命力还有待观察。

4. 我国应积极冷静对待《鹿特丹规则》

自《鹿特丹规则》通过以来，在我国是否现在就加入《鹿特丹规则》这一问题上，学术界和航运界展开激烈讨论。有的观点认为我国应当积极加入，[2]有学者对我国加入该公约的利弊持怀疑态度。[3]笔者以为，不能仅以一部国际条约的通过就断言国际海上运输立法统一趋势，也不能因为公约部分条文对我国有弊端而完全否定其可能产生的积极影响。我国不必急于加入公约，而是应该以修改和完善我国《海商法》为基本路径，积极稳妥地采纳借鉴公约中成熟先进的内容，为将来加入公约做好准备。

---

〔1〕 袁发强："海上货物运输实体法律统一化的冷静思考"，载《华东政法大学学报》2010 年第 6 期，第 120 页。

〔2〕 司玉琢："《鹿特丹规则》的评价与展望"，载《中国海商法年刊》2009 年第 Z1 期，第 1~8 页。

〔3〕 朱曾杰："初评《鹿特丹规则》"，载《中国海商法年刊》2009 年第 Z1 期，第 15 页；朱曾杰："再评《鹿特丹规则》"，载《中国海商法研究》2012 年第 1 期，第 10 页。

（1）密切关注国际社会的态度。与我国国内的情形相类似，目前国际社会对《鹿特丹规则》的态度也不一致。但总体而言，支持的声音要远远大于反对的声音。2011 年 1 月 19 日，西班牙率先批准了公约，成为公约的第一个缔约国。除西班牙外，欧洲还有其他几个国家均已在不同场合明确表示要批准公约，如荷兰、挪威、丹麦和瑞士等，这些国家目前正在履行其国内的批准程序。而欧洲议会于 2010 年 5 月通过了一项决议，呼吁欧盟各成员国应尽速签署、批准并实施《鹿特丹规则》，以建立崭新的海运责任体系。[1]事实上，世界航运大国的态度决定着《鹿特丹规则》的生效进程。由于美国、中国、日本、欧盟各国的国际海上货物贸易量占全球 80% 左右，尽管公约生效与贸易量没有直接关系，但如果贸易量达不到一定比例，公约寻求国际法律的统一目标也就大打折扣。因此公约是否能够尽快在国际上真正生效和实施，很大程度上取决于贸易和航运大国的态度。如果这些国家能够很好地协调与沟通，并共同认识到公约前景和重要意义，相信会有助于公约的生效进程。当然，还有一些因素制约着公约的生效，即参加《汉堡规则》的十几个非洲国家，对公约的不少内容并不满意，认为公约对货方利益的保护力度还不够。因此，《鹿特丹规则》要达到 20 个国家批准或加入才能使之生效的条件，实现国际货物运输法律的基本统一，还要经历一段艰难的过程。

目前明确表态反对《鹿特丹规则》的国家并不多。德国或许是航运、贸易大国中唯一表示不支持该公约的国家。但值得指出的是，德国之所以不支持公约，主要是因为他们认为该公约将适用范围扩大到"门到门"运输不可取，而并非不赞成公约的其他各项主要变化，如承运人责任制度的变化。事实上，德国联邦司法部于 2011 年推出了《海商法改革法》（ Maritime Law Reform Act ）草案，其所确立的承运人责任制度在很多方面与《鹿特丹规则》基本一致。[2]除上述这些国家外，其他航运和贸易大国，如英国、俄罗斯、印度、日本、韩国等，对《鹿特丹规则》的态度目前尚不明朗。

在《鹿特丹规则》通过后，一些航运及贸易领域的非政府间国际组织或行业协会也纷纷表达了他们对公约的态度，同样的，支持的声音也远远大于

---

〔1〕 陈琦："欧洲共同体船东协会等国际组织赞赏欧洲议会支持《鹿特丹规则》"，载《中国海商法年刊》2010 年第 2 期，第 6~10 页。

〔2〕 司玉琢、蒋跃川："国际货物运输的世纪条约——再评《鹿特丹规则》"，载《法学杂志》2012 年第 6 期，第 31 页。

反对的声音。例如，在国际上拥有极大影响力的两个非政府间国际组织——国际商会（ICC）和国际海事委员会（CMI），均明确表示支持《鹿特丹规则》，并呼吁各国尽快批准公约。在航运业领域，几个著名的国际船东组织或航运业商会，包括国际航运公会（ICS）、波罗的海国际航运公会（BIMCO）、世界航运理事会（WSC）和欧盟船东协会（ECSA）等，都明确表示支持《鹿特丹规则》。事实上，目前还没有看到一个拥有一定影响力的国际或地区船东组织对《鹿特丹规则》明确表示反对。

在海上保险领域，代表国际上大多数船东保赔协会的国际保赔协会集团（International Group of Protection and Indemnity Association），专门为货运、港口及物流企业提供责任保险和风险管理服务的著名的"联运保赔协会"（TT Club），都明确表示支持《鹿特丹规则》。一些国际著名的货主组织，如美国全国工业运输联盟（NITL），也明确表态支持《鹿特丹规则》。而代表全球货运代理行业利益的国际货运代理协会联合会（FIATA），虽然在一开始曾明确表示反对《鹿特丹规则》，但后来由于其内部各成员对此问题存在较大争议，至今尚未达成一致意见，因此，他们对《鹿特丹规则》最终将持何种态度现在尚不明朗。目前，航运及贸易领域较大的行业组织中强烈反对《鹿特丹规则》的只有欧洲托运人协会（ESC），他们认为《鹿特丹规则》的实施将会给货主尤其是中小货主带来一些商业上的风险。

（2）我国的现实态度与路径。《鹿特丹规则》从起草到讨论直至通过，我国政府始终是重视和关注的。在国际海事委员会（CMI）起草阶段，我国海商法协会就派专家参加"运输法专家小组"的工作，从联合国国际贸易法委员会（UNCITRAL）第三工作组开始成立并展开工作时起，我国派出了仅次于美国的第二大代表团，积极参与规则的制定与讨论，直至它获得通过。尽管公约最终定稿还有一些内容特别是创新性方面的内容并不十分令人满意，甚至还有学者表示比较悲观，担心它极有可能如同《汉堡规则》一样因未能为国际社会普遍接受而沦为第四个国际海运公约。但就公约总体而言，应该肯定的是，作为一个具有时代特征的先进的国际条约，它对于促进国际贸易和国际航运是有积极意义的，对于我国建设贸易大国和航运大国也是大有益处的。

前文提到，在我国是否现在就加入《鹿特丹规则》这一问题上，学术界和航运界展开激烈讨论。主张加入的学者认为，我国作为一个有影响力的航运大国和贸易大国，应适时地加入《鹿特丹规则》，可以显示我国在国际竞争中的话语权以及参与游戏规则的制定。笔者以为，我国派代表参与公约的制定，本身就是在国际条约制定过程中充分表达自己的看法和立场，显示我国话语权的最好表现，不一定非要通过加入公约来表现我国是否参与全球游戏规则的制定。我国前几十年的实践同样也是参与的很好方法，既没有脱离实际制定一套新规则，也没有全盘接纳现有的国际运输公约，而是采取有针对性地吸收成熟规则的方法来跟进统一化实践。抛开理想主义，采取个别吸收可能是更好的选择。我国对待《海牙规则》的态度和做法是非常成功的表现。虽然我国并未加入《海牙规则》，但我国海商法借鉴了《海牙规则》中的部分重要内容，实践中主要外贸运输企业的提单也有载明选择适用《海牙规则》的规定。目前，应当理性地将《鹿特丹规则》看作是我国海商法的示范法，而不是实在法。[1]

在我国，有关铁路运输的交易方式和国外不同，同时，海商海事法律规范中严格区分了内外运输。提单等单证运输方式主要适用于对外运输，国内运输则以运单的方式应用。如果仅仅因为内河运输或铁路运输是海上运输的延伸部分而改变这种依照国内交易习惯而形成的法律关系，可能会造成内陆运输关系的混乱和内陆运输企业的不适应。因此，如果我国要统一适用《鹿特丹规则》，就必须改变国内运输法律规则，向国际规则看齐，内河运输、沿海运输以及与海上联运的内陆公路和铁路运输法律规则也都需要改变。在国内运输法律制度未作大幅度修改以前就加入《鹿特丹规则》是不适宜的。目前，不仅学术界，实务界对《鹿特丹规则》的认识也不统一。单纯从学理角度或文本解读范式探讨该规则对我国的影响是不够的。[2]从我国角度看，与其欢呼《鹿特丹规则》的通过和乐见我国加入，还不如以修改海商法为基本路径，积极而稳妥地采纳借鉴成熟的国际条约内容，特别是做到国内外运输法律制度的统一，使得海商法不仅适用于国际海上运输，而且适用于我国沿海运输和通海河流的运输。倘若在不久的将来《鹿特丹规则》开始生效实施，我国加入公约的困难将会大大减轻。

---

〔1〕 袁发强："谨慎迈进——中国对待《鹿特丹规则》的应有态度"，载《当代法学》2013年第4期，第145页。

〔2〕 邹盈颖："中国法视角下对《鹿特丹规则》评估的认识"，载《法学》2010年第11期，第108页。

第五章

国际货物贸易支付法律问题

　　国际贸易支付是国际贸易中的一个重要的环节，直接关系到买卖双方的切身利益。国际贸易支付通常会遇到货币选择、汇率变动、外汇管制等风险，以及关于票据流转的一系列复杂的法律问题，同时还涉及如何运用汇付、托收、信用证等支付方式解决收付中的安全保障和资金融通等问题。所以，在国际货物贸易中，货款的收付远比国内货物贸易复杂得多。本章重点介绍与讨论国际货物贸易支付中常用的支付方式，以及有关国际货物贸易支付的法律与惯例。

一、托收及其相关国际惯例

　　托收是国际贸易中普遍采用的支付方式之一。托收是由国际货物买卖合同的卖方（通常是出口商）开立汇票，委托银行向买方（通常是进口商）收取货款的一种结算方式。在托收方式下，信用工具的传递与资金的转移方向相反，因此托收是一种逆汇法。在托收付款下，付款人是否付款是依据其商业信用，银行办理托收业务时只是根据委托人的指示办理，并不承担付款人必须付款的义务。[1]在调整托收的法律上，国际商会在总结国际惯例的基础上于 1958 年制定和公布了《商业单据托收统一规则》，该规则于 1967 年进行了修订，1978 年将其改名为《托收统一规则》。1995 年国际商会公布了新修订的《托收统一规则》（ICC Uniform Rules for Collections），即国际商会第 522 号出版物，简称 URC522。该规则属于国际惯例，在国际贸易中已经得到了广泛的承认和使用。但当事人在选择适用 URC522 时，不得违反有关国家国内

---

　　〔1〕　张丽英：《国际贸易法专题研究》，法律出版社 2004 年版，第 255 页。

法中的强制性规定，如外汇管制的规定等。根据 URC522 第 2 条 a 项，"托收"是指银行根据所收到的指示处理第 2 条 b 项定义的单据，其目的为：（1）取得付款和/或承兑，或（2）凭以付款和/或承兑交付单据，或（3）根据其他条款及条件交付单据。[1]

（一）托收当事人及其法律关系分析

在常见的国际贸易支付方式中，托收和信用证是由银行介入的使用最为频繁的支付方式。相对于信用证而言，托收的操作简便快捷，费用低。在当前国际贸易早已形成买方市场的背景下，出口企业的竞争压力与日俱增。我国在相当长的一段时期内一直维持着国际贸易的顺差，为了扩大销售，增强出口竞争力，出口企业在出口货物时以托收方式结算货款的比重逐年提高。托收方式对于买方而言手续便捷，费用相对低，而且有利于资金周转，因而受到进口商的欢迎。但由于托收以买方的商业信用为基础，风险较大，因此出口商也将面临较大的收汇风险。就法律角度而言，有关托收的争议是伴随着贸易量的增长而增加的，正确理解托收关系中当事人之间的法律关系，银行的基本义务等，无疑具有重要的意义。在实践中，托收业务通常涉及四个基本当事人，即委托人、托收行、代收行和付款人。URC522 第 3 条 a 项规定了托收的当事人包括委托人、托收行、代收行和提示行，付款人则单独在该条 b 项列出。[2]

1. 托收当事人

（1）委托人。委托人是指委托银行办理托收业务的一方当事人，一般为国际贸易中的卖方（出口商）。委托人需按照贸易合同的规定发运货物并提交符合合同要求的单据及质检证书等。同时，委托人与托收行之间签订有托收委托书（Remittance Letter），具体规定托收的指示及双方的义务与责任。委托人承担的主要责任包括：一是作出明确的托收指示，[3]包括选定代收行，确定是付款交单还是承兑交单，指明代收取的手续费和利息是否可以放弃，付款方法，付款人地址和付款期限，付款人拒绝付款或拒绝承兑时如何处理等；二是及时发出指示，即委托人在接到银行有关拒绝付款或承兑的通知后，应

---

〔1〕 参见 URC522 第 2 条 a 项。
〔2〕 参见 URC522 第 3 条。
〔3〕 参见 URC522 第 4 条。

及时指示银行有关单据的处理办法；三是负担托收费用，即委托人应向托收行支付手续费以及托收行为了执行委托事项代为支出的其他费用，如邮递费、仓储费、制作拒绝证书的费用等。

（2）托收行。托收行又称委托行或寄单行，是指受委托人委托办理托收业务的银行，一般为出口商所在地的银行。在跟单托收中，托收行主要承担以下责任：一是作为委托人的代理人，托收行必须按照委托人的指示行事。二是审核单据，即核实所收到的单据种类和份数与托收委托书所载的是否一致，但不包含单据内容与合同是否相符的审核。三是承担过失责任。虽然国际商会从维护银行利益出发在 URC522 中规定了多项银行免责条款，但所有免责条款均被置于第 9 条的前提下，即"银行以善意行事，并且以合理的谨慎履行职责"。[1]因此，"善意和合理谨慎"原则构成委托人将单据交付银行办理托收业务的信赖基础，也构成了银行的基本义务和主张免责的基础，离开了这一信赖基础和基本义务，就根本谈不上银行可以对当事人的各种损失不承担责任问题。[2]

（3）代收行。代收行即托收行之外的参与办理托收业务的任何银行，一般为进口商所在地的银行。相比托收行，代收行在整个托收流程中的作用更为直接和重要。这是因为代收行是直接向付款人提示单据、要求付款或承兑的参与银行，无论是收到款项后的及时汇付抑或遭付款人拒付后单据的妥善保管等，所有义务均由代收行直接完成。[3]在托收业务中，代收行主要承担的责任包括：一是执行托收行的托收指示办理代收业务。二是审核单据，即代收行应确定所收到的单据在表面上与托收指示中所列的相符，如果发现有短缺或者与托收指示所列不相符，应以最快捷的方式毫不延迟地通知托收行。[4]三是对货物的处理，代收行只在个案情况下在其同意的限度内才会针对货物采取提取、仓储或保险等一定的行动。[5]四是代收行应依照托收指示书规定的方式毫不延迟地将代收情况通知托收行。[6]

---

〔1〕 参见 URC522 第 9 条。

〔2〕 陈治东："国际托收业务中银行责任之法律分析"，载教育部人文社会科学重点研究基地、武汉大学国际法研究所主办：《武大国际法评论》（第 2 卷），武汉大学出版社 2004 年版，第 3 页。

〔3〕 陈治东：《国际贸易法》，高等教育出版社 2009 年版，第 215 页。

〔4〕 参见 URC522 第 12 条。

〔5〕 参见 URC522 第 10 条。

〔6〕 参见 URC522 第 26 条。

（4）付款人。付款人是指托收指示书向其提示单据的人，一般为国际贸易中的买方（进口商）。在托收关系中委托人与付款人并不直接进行托收业务的联系，而必须通过银行作为中介完成付款和交付单据的事宜。

2. 托收当事人之间的法律关系

（1）委托人与托收行的关系。委托人与托收行之间是委托代理关系。按照国际上的习惯做法，委托人在委托银行办理托收时，须填写一份托收委托书，具体规定托收的指示及双方的责任。该项委托书就构成了双方之间的代理合同，应适用代理法的一般原则。在该代理合同项下，委托人负有前文述及的明确指示、及时指示和负担费用等义务，而托收行作为代理人应遵循"善意和合理谨慎"原则，按照托收委托书和 URC522 的规定履行其义务。当然，如果托收行违反委托书中的指示致使委托人遭受损失，则应承担相应的法律责任。

（2）托收行与代收行的关系。托收行与代收行之间是委托代理关系，它们之间的代理合同由托收指示书、委托书以及双方以前签订的业务协议等组成。在法律上任何一家银行均无义务接受其他银行的委托办理托收业务，然而一旦银行接受了托收行的委托办理代收货款的业务，应根据 URC522 的有关规定，在遵循"善意和合理谨慎"基本原则的前提下履行其主要义务。

代收行是托收行的代理人，其基本责任与托收行相同。然而，代收行在整个托收流程中的作用比托收行更直接和重要。这是因为，虽然托收行是接受委托人办理托收的代理人，然而托收行自己并不直接向付款人作付款提示或者承兑提示，而是以自己的名义再委托代收行办理此项业务。代收行才是直接向付款人提示付款或者提示承兑的参与银行，无论是收到款项后的及时汇付，还是遭拒付后单据的妥善保管等，所有义务均由代收行完成。托收行仅仅向代收行发出指示，并不直接行事。实践中，多数情况下是代收行违背托收指示书或者 URC522 的规定，导致委托人遭受损失。由此观之，在托收业务中，代收行的善意诚信、合理谨慎以及专业素质是国际托收业务得以顺利进行的关键。

（3）委托人与代收行的关系。委托人与代收行之间的关系是托收业务当事人的法律关系中唯一引起争议的问题。之所以如此，是因为上述三种关系都是建立在相应的书面协议之上：委托人与付款人的买卖合同、委托人与托收行的托收委托书、托收行与代收行的托收指示书，而唯独委托人与代收行之间不存在任何书面协议。

前文提及，代收行是国际托收业务中的关键当事人，相比托收行，代收行在整个托收流程中的作用更直接更重要。实践中，代收行违背托收指示书或 URC522 的规定或违反善意和合理谨慎的原则进行操作，从而导致委托人遭受损失的情况也屡屡发生。若委托人打算以自己名义直接起诉代收行以弥补损失时，那么便绕不开委托人与代收行之间法律关系的定性问题。因为只有确定了双方法律关系的性质，才能进一步确定委托人是否可以对代收行提起诉讼，诉因是什么，其诉讼请求是否可以得到支持。这些都是托收制度中的基本理论问题，若不解决，则当事人的索赔就无从谈起。然而，无论从 URC522 条文本身出发，还是从国际商会的出版物和意见函来看，对于委托人与代收行之间法律关系的认定都无法找到相应依据。

我国传统观点认为，按照代理法的一般原则，尽管托收行是委托人的代理人，代收行又是托收行的代理人，但委托人与代收行之间并没有直接的合同关系。因此，如果代收行违反托收指示书行事而导致委托人遭受损失时，委托人也不能依据委托合同直接对代收行提起诉讼，而只能通过托收行追究代收行的责任。[1]这样就剥夺了委托人直接向代收行追偿损失的权利，导致有过错的代收行不用承担任何责任，这显然有违商业交易及法律的基本原则。然而，自上海兰生股份有限公司诉华侨银行有限公司上海分行、花旗银行国际托收案开始，[2]至后续的振达时装公司诉桐乡市进出口公司代理出口直接向代收行寄单致进口商未付款赎单即提货赔偿案、[3]意大利飞奥公司诉武进市对外贸易公司、中国农业银行武进市（今武进区，下同）支行、武进市对外贸易经济合作局案、[4]上海赛风国际贸易有限公司诉中国工商银行股份有限公司常州分行、CANARA BANK 国际托收纠纷案，[5]司法实践一致转而认

<hr />

[1] 沈达明、冯大同编：《国际贸易法新论》，法律出版社 1989 年版，第 263 页；王传丽主编：《国际贸易法》，法律出版社 2005 年版，第 141 页；张丽英主编：《国际贸易法律实务》，中国政法大学出版社 2007 年版，第 306 页。

[2] 参见上海市第二中级人民法院［1995］沪二中经初字第 13 号民事判决书、上海市高级人民法院［2000］沪高经终字第 335 号民事判决。

[3] 参见浙江省嘉兴市中级人民法院［1997］嘉经初字第 54 号民事判决书、浙江省高级人民法院［1998］浙法告申经再字第 20 号民事判决书。

[4] 参见江苏省高级人民法院［2002］苏民三终字第 019 号民事判决书。

[5] 参见江苏省常州市中级人民法院［2006］常民三初字第 26 号民事判决书。

为国际托收法律关系为复代理关系，即出口方为委托人，托收行为代理人，代收行为复代理人。委托人在代收行违反 URC522 的规定及"善意和合理谨慎"原则时，可以直接起诉代收行并索取赔偿。

司法实践的发展引起了学界对于托收中委托人和代收行之间关系的新一轮分析和讨论。目前学界普遍倾向认为，委托人应当可以自身名义向代收行主张权利，也即委托人与代收行存在着一定的法律关系。根据委托人主张权利的依据不同可分为两类，一是认为委托人可以基于代理关系向代收行主张权利，[1]其中包括复代理说、间接代理说、共同代理说和直接代理说；二是认为基于提单的物权性质，委托人可以侵权为由向代收行主张权利，而银行在一定范围的免责不能构成委托人在特定条件下起诉代收行的法律障碍。[2]司法实践的做法突然颠覆了先前之通说，而随后的学说也转而支持托收之委托人可以直接起诉代收行，各种学术观点的差异性只是表现为学术结论和论证路线的差异。在毫无争论征兆的情形下，司法实践突然抛弃学界通说，且获得新学说对其判决结论一致的赞同，这本身就是值得国际贸易法理论界认真对待的问题。

（4）代收行与付款人的关系。代收行与付款人之间不存在合同关系。代收行不是托收业务中汇票的持票人，只是以代理人的身份向付款人提示汇票，收取货款。付款人之所以按照汇票金额向代收行付款，并不是其与代收行之间存在什么合同关系，而是由其与卖方之间的买卖合同决定的。因此，如果付款人拒绝承兑汇票或拒绝付款，代收行不能以自己的名义起诉付款人，而只能将拒付的情况通知托收行，再由托收行通知委托人即卖方，由委托人直接向付款人进行追偿。

（二）URC522 的适用问题

1. URC522 与国内法的关系

迄今为止，尚不存在任何调整托收法律关系的国际条约。URC522 只是作

〔1〕　卜威："论国际托收中委托人与代收行之间的法律关系"，载《辽宁行政学院学报》2006 年第 2 期，第 24 页；刘清生："论国际托收法律关系的性质——兼与王利明教授商榷"，载《哈尔滨学院学报》2007 年第 6 期，第 45 页；韩宝庆："国际托收中代收行法律地位的再思考"，载《国际商务（对外经济贸易大学学报）》2006 年第 4 期，第 97 页；邓旭："复代理抑或委托：国际托收中委托人和代收行之间的法律关系辨析"，载《国际贸易问题》2010 年第 4 期，第 106 页。

〔2〕　陈治东："国际托收业务中银行责任之法律分析"，载教育部人文社会科学重点研究基地、武汉大学国际法研究所主办：《武大国际法评论》（第 2 卷），武汉大学出版社 2004 年版，第 10 页。

为一项国际贸易惯例存在，虽然它能够对托收业务当事人之间以单据方式进行的交易规定应予遵循的基本原则和具体操作规程，但并未对各方当事人的法律关系作出明确的定性，也未对当事人违反该规则所设定的义务将承担何种法律责任作具体规定。事实上，该规则的制定者国际商会根本无意、也不可能对托收各方当事人之间的法律关系作出规定，更不能凌驾于各国法律之上，不顾不同国家法律对于同一事项的差异性规定而对托收关系及当事人的责任进行硬性规定。所以，一旦遇到具体争议且必须阐明特定托收当事人之间的法律关系时，就必须借助于国内法来解释当事人之间的法律关系。〔1〕

正如国际商会在其所编纂的其他规则所秉持的一贯立场：汇编并指引性地描述国际商业实践的做法，而各种商业做法之法律性质及其法律责任，留待当适用的内国法予以解决。〔2〕国际商会在国际托收领域的立场也是如此，在 URC522 的评论中指出，URC522 的适用应参考当地的法律。〔3〕例如，URC522 将委托银行办理托收业务的当事人称为"委托人"，但并未将委托人与托收行之间的"托收委托书"定性为委托合同，亦未规定银行违反"托收委托书"时应承担何种责任。关于委托人与托收行之间的"委托代理关系"以及"委托合同"等界定和定性，均是学界基于国内法中的代理法原理来解释托收当事人间的法律关系，并且以合同法原理来解释托收业务中当事人签订或者出具的各类文件的性质。国际商会的这一立场，虽然体现了充分考虑各国法律的差异性，但这也为基于不同内国法背景的学说如何认识托收关系业务各方的法律关系留下了出现不一致的可能性。〔4〕

由于 URC522 作为一项国际惯例，在面对托收纠纷时仍然依赖于国内法的适用，这势必造成处理国际托收纠纷时的法律冲突问题。首先会遇到管辖权冲突问题。当一个国际托收纠纷案件存在多个国家法院享有管辖权时，当事人会倾向于选择对自己有利的国家法院进行起诉，即出现"挑选法院"的情形。〔5〕而当任何一个国家法院无法受理一个国际托收纠纷时，即出现管辖

〔1〕 陈治东：《国际贸易法》，高等教育出版社 2009 年版，第 213 页。

〔2〕 Incoterms 2000 ICC Publication No. 560 ICC Official Rules, p. 5.

〔3〕 ICC Uniform Rules for Collections: A Commentary URC 522, ICC Publication No. 550.

〔4〕 邓旭："复代理抑或委托：国际托收中委托人和代收行之间的法律关系辨析"，载《国际贸易问题》2010 年第 4 期，第 106 页。

〔5〕 Dicey and Morris, *The Conflict of Laws*, 13th ed., Sweet & Maxwell, 2000, p. 126.

权的消极冲突情形，则当事人的合法权益就无法得到保护。其次，国际托收纠纷还会遭遇法律适用冲突的问题。托收作为一种国际支付方式属于国际贸易合同领域，一般允许当事人协议选择其法律关系的准据法，即实行"意思自治原则"。而在当事人没有选定准据法的情形下，则准据法的确定有两种方式：一是法律规定明确的客观标志或连接因素，如被告住所地、合同履行地等；二是规定与争议具有最密切联系的法律，即最密切联系原则。因此，准确理解 URC522 的法律性质及其与国内法的关系，是正确处理国际托收争议的前提，它不仅具有理论研究意义，而且具有实践意义，它关系到委托人在遭受损失时的权利救济问题。

2. URC522 的适用

根据 URC522 第 2 条的规定，该规则适用于跟单托收和光票托收，它既适用于金融单据的托收，又适用于商业单据的托收，同时还适用于既有金融单据又有商业单据的托收。[1]除非当事人以明示方式排除其适用，或者该规则与某一国家、某一政府或地方的强制性法律法规相抵触，否则该规则就适用于有关的托收业务，调整有关托收当事人的义务和责任。[2]

在国际托收实践中，银行寄出的所有单据必须附有一项托收指示，注明该项托收将遵循 URC522 办理。[3]接受委托办理托收业务的银行只能根据托收指示中的指示及 URC522 的规定办理。因此，虽然任何一国的银行都不存在必须处理托收或托收指示的义务，然而银行一旦接受了委托人的委托，或者接受了来自其他银行的托收指示，相关当事人事实上就托收事宜适用 URC522 达成了一致的意思表示，就必须按照该规则行事。[4]

二、信用证法律问题

在国际贸易中，买卖双方分别处于不同国家，货物运输往往需要较长的时间，这就存在一个信用可靠的问题。买卖双方互不信任，谁都不愿意先将货物或货款交给对方，担心一旦对方违约或破产，使自己遭受损失。同时，买卖双方都不愿意在货物运输期间积压自己的资金，以免影响资金周转。因

---

〔1〕　参见 URC522 第 2 条。
〔2〕　参见 URC522 第 1 条 a 项。
〔3〕　参见 URC522 第 4 条 a 项。
〔4〕　陈治东：《国际贸易法》，高等教育出版社 2009 年版，第 207 页。

此，商人们经过长期实践习惯，结合金融界智慧，导入信用证机制来解决贸易交往问题。信用证借助于银行信用，较好地解决了商业信用不足的问题。由银行介入国际贸易中，把原来纯粹的商业信用变为银行信用，银行给予卖方有条件的担保，即卖方只需在信用证规定的有效期和装运期内发货并提供规定的单据，收回货款就有保障。而买方只需向银行提供部分金额的保证金，银行即开出信用证，待收到全套相符的单据后，在合理的时间内向卖方付款。如果单据不符，银行可以拒付，这样就解决了买卖双方所担心的对方信用是否可靠的问题。

关于信用证的起源，史书上缺乏明确记载，因此一直没有公认的说法。到了 19 世纪中期，在欧美间的商业往来中开始使用类似于现在模式的商业信用证，并得到了迅猛发展。信用证的诞生标志着国际贸易支付方式发展的一个新阶段。由于该方式特殊，制度严密，从而使它在国际贸易支付中曾一度占据主要地位，得到了广泛持久的运用，并形成了一套公认的比较完整的国际惯例规则体系。目前，适用于信用证的国际惯例是国际商会在 1930 年制定的《跟单信用证统一惯例》(Uniform Customs and Practice for Documentary Credits)。该惯例经过 1951 年、1962 年、1974 年、1983 年、1993 年和 2006 年的多次修订，现在使用的是 2006 年修订并于 2007 年 7 月 1 日正式生效的修订本，通称为国际商会第 600 号出版物，简称 UCP600。凡是国际商会的成员国，在国际贸易中的信用证结算，均受该惯例的约束。

(一) 信用证的定义与法律特征

信用证作为国际贸易中重要的支付方式早已得到普遍广泛的使用，在国际商业往来中发挥着举足轻重的作用。目前法律界对信用证的定义很多，在很多英文法律书籍中把信用证称为跟单信用证（Documentary Credit）或信用证（Letters of Credit）或备用信用证（Commercial Credit）。在有关信用证的定义中，最详细、也最具权威性的是国际商会在《跟单信用证统一惯例》(UCP600) 对信用证所作的定义。UCP600 第 2 条中明确指出，"信用证意指一项约定，无论其如何命名或描述，该约定不可撤销并因此构成开证行对于相符提示予以兑付的确定承诺"。[1]并将信用证简单地称为 Credit。尽管 UCP600 对信用证有一个十分完整的定义，但由于不同的法系，学者们分析的

---

〔1〕 参见 UCP600 第 2 条。

角度不同，得出的结论也会有所差异，这是对信用证概念的正常理解，但也充分说明了信用证功能的多样化。[1]国内学界普遍认为，信用证是指开证行根据开证申请人的请求和指示，或以自身的名义，在与信用证条款相符的条件下，凭规定的单据向第三者或其指定的人付款，或承兑并支付收益人开立的汇票，或授权另一家银行付款或承兑并支付该汇票，或授权另一家银行议付的有条件承诺付款的书面凭证。简单地说，信用证是银行根据开证申请人的请求，开给受益人的一种保证银行在满足信用证要求的条件下承担付款责任的书面凭证。

一般认为，信用证具有以下特征：

（1）信用证是一种有条件的付款保证文件。开证行是应开证申请人的要求而签发信用证的，通常情况下，开证申请人不提出开证申请，银行是不会主动签发信用证的。银行一旦签发信用证，必须受信用证的约束。开证行在开立出信用证之后就承担了第一性的付款责任。对于受益人而言，亦即获得了一项由开证行提供的在一定条件下保证付款的权利。这里的保证不同于一般意义的保证，而是保证首先付款，只要受益人按照信用证规定装运货物，提交符合信用证要求的附随单据，不论进口商是否具备付款赎单能力，也不论进口商是否存在欺诈或诈骗行为，开证行都必须付款。通常认为，开证行的这项义务是绝对的，是银行信用的本质，也是信用证方式的魅力所在。

（2）信用证是一种独立于买卖合同的契约。信用证是开证行根据开证申请书而开立的，而开证申请书的基础又是买卖双方所订立的货物买卖合同。因此，买卖合同、开证申请书、信用证三者是紧密相连，存在一定的逻辑关系。但是它们的当事人又各不相同，而且是相互独立的，并无主从关系。虽然信用证开立的依据是买卖双方订立的买卖合同，但其独立于买卖合同，信用证不受买卖合同的真实性和生效与否的影响。所以，信用证一经开立，即成为一项独立于买卖合同的一种契约，开证行的付款义务是超然的，仅受信用证的约束而不问买卖合同的内容。正如UCP600第4条明确指出的，"就性质而言，信用证与可能作为其依据的销售合同或其他合同，是相互独立的交易。即使信用证中提及该合同，银行亦与该合同完全无关，且不受其约束"。[2]

---

〔1〕　徐冬根：《信用证法律与实务研究》，北京大学出版社2005年版，第1页。

〔2〕　参见UCP600第4条a项。

（3）信用证是一种纯粹的单据交易。信用证的主要目的在于银行提供信用与融资，它是一种纯粹的单据业务，而非货物的买卖。在信用证方式下，银行只管单据而不问货物，只要求卖方提供的单据在表面上完全符合信用证的规定，开证行就必须付款，至于货物的质量、数量是否完整、货物是否装运、途中有无灭失等情况，银行一概不问。正如 UCP600 第 5 条所明确规定的，"银行处理的是单据，而不是单据所涉及的货物、服务或其他行为"。信用证是单据交易的法律特征，还表现在单据的内容与信用证的规定严格一致，即通常所说的"单证相符、单单相符"。单据成为银行付款的唯一依据，银行只认单据是否与信用证相符，而"对于任何单据的形式、完整性、准确性、真实性、伪造或法律效力，或单据上规定的或附加的一般或特殊条件，概不负责任"。[1]这种一致性的要求非常严格，可称之为"机械式"或"刚性"的原则。当然，这一法律特征又表现出了它的弱点，为不法商人进行信用证欺诈创造了条件。

（二）信用证欺诈问题

信用证结算方式以银行信用代替了纯粹的商业信用，消除了位于不同国家的买卖双方因互不信任而不愿先付货款或发运货物的疑虑，同时为买卖双方提供了银行的融资便利，有力地促进了国际贸易的发展，被誉为"国际贸易的生命线"。[2]然而这种建立在银行信用基础上的结算方式，经常为不法商人进行信用欺诈提供了可乘之机。国际贸易中的信用证欺诈案件屡屡发生，给当事人造成了重大损失，但处理起来又较为棘手。因此，如何识别和防范国际贸易中可能发生的各种信用证欺诈现象，以及在发生信用证欺诈时怎样正确运用法律救济手段，是理论界和实务界都非常关注的问题。

1. 信用证欺诈的界定

正如许多法律概念很难精确界定一样，"信用证欺诈"的界定也是如此。虽然信用证欺诈案件在国际贸易中频频发生，但国际上并没有一个统一、严格的定义。尽管国际商会已经认识到信用证欺诈对于国际贸易活动所产生的潜在危害，但在 UCP600 中有意回避了这个问题，而把它留给各国国内法去解决。因此，目前世界各国对信用证欺诈的界定主要依据各国的国内法。

---

〔1〕 参见 UCP600 第 34 条。
〔2〕 余劲松主编：《国际经济法问题专论》，武汉大学出版社 2003 年版，第 228 页。

在英美法系国家，其成文法和判例法都未对"信用证欺诈"这一概念作出定义式规定。从成文法的角度来看，《美国统一商法典》并没有明确界定何谓欺诈，但是其具体规则指出："但是所要求的单据是伪造或者带有实质性欺诈的，或者提示承兑可能为受益人针对开证人或者申请人进行实质欺诈提供便利时。"这表明欺诈的含义是有限制的。从信用证欺诈的表现来看，该法典试图把伪造单据或实质性欺诈的情形归入信用证欺诈的范畴。这里还表明"欺诈"的构成应具备以下条件：其一，欺诈必须源于单据或者由受益人针对开证人或申请人作出的；其二，欺诈必须是实质性的。但这里并没有确立判定"实质性欺诈"的一般性标准。根据针对《美国统一商法典》的官方评论，单据的实质性欺诈应是对于单据的买方而言的，或者欺诈行为对于交易当事人来说是极为重要的。但这种阐述实质上也没有给何谓欺诈构建一个可以量化或便于量化的标准。[1]从美国判例法的角度分析，信用证交易中的如下情形可以认定为存在欺诈：产品质量为次级，产品数量上的错误，毫无价值的垃圾，出示未装货物的装运单据，违反法定的或衡平的职责、信托或信任，一系列的货物运输包含了一批无用的货物等。在大陆法系国家，法院一般是通过借助民法上的欺诈概念来界定信用证欺诈。值得特别注意的是，根据《德国民法典》第123条的规定，德国学理认为，在受欺诈的意思表示中，欺诈是直接对表意人故意而为的，可以有两种情形：一是相对人直接对表意人为欺诈；二是第三人或权利取得人对表意人直接为欺诈，相对人或权利取得人明知或可得而知之。[2]

我国最高人民法院2005年10月24日通过的《关于审理信用证纠纷案件若干问题的规定》第8条也是以原《民法通则》中确立的民事欺诈构成的法律原则为基础，对信用证欺诈做了列举式规定。[3]那么，究竟什么是民法上的欺诈？根据最高人民法院2021年12月30日通过的《关于适用〈中华人民

---

〔1〕　刘定华、李金泽："关于信用证欺诈例外的若干问题研究"，载《中国法学》2002年第3期，第110页。

〔2〕　龙著华："信用证欺诈的民事救济——兼评最高人民法院《关于审理信用证纠纷案件若干问题的规定》"，载《国际经贸探索》2006年第5期，第42页。

〔3〕　最高人民法院《关于审理信用证纠纷案件若干问题的规定》第8条规定："凡有下列情形之一的，应当认定存在信用证欺诈：（一）受益人伪造单据或者提交记载内容虚假的单据；（二）受益人恶意不交付货物或者交付的货物无价值；（三）受益人和开证申请人或者其他第三方串通提交假单据，而没有真实的基础交易；（四）其他进行信用证欺诈的情形。"

共和国民法典〉总则编若干问题的解释》第21条的规定，故意告知虚假情况，或者负有告知义务的人故意隐瞒真实情况，致使当事人基于错误认识作出意思表示的，可以认定为欺诈。[1]据此，欺诈的构成要件是：其一，必须有欺诈人的欺诈行为；其二，欺诈人必须有欺诈的故意；其三，因欺诈人的欺诈而使相对人陷入错误；其四，相对人因陷入错误而为意思表示，即错误与意思表示之间存在因果关系。

信用证欺诈虽然仅发生在国际贸易领域，是一个比较特殊的现象，然而信用证纠纷案件毕竟是民商事案件，《关于审理信用证纠纷案件若干问题的规定》依照《民法典》等民事法律的规定来界定信用证欺诈，是合适可行的。面对随时可能出现的新型信用证欺诈行为，这种思路相当于为信用证欺诈的认定设定了一个"一般条款"，使现行法上的信用证欺诈概念具有更大的包容空间。

2. 信用证欺诈产生的根源

信用证欺诈发生的原因固然有多方面，但其中一个根本原因，在于信用证制度的独立抽象性原则。该原则有两层含义：其一，信用证与作为其基础交易的买卖合同是彼此独立的法律文件，即使信用证中含有对基础交易合同和其他有关文件的提示，银行也不受基础合同的约束，开证申请人、受益人和中介银行都不得利用单据不符以外的抗辩对抗开证行。其二，信用证交易是单据交易，只要受益人提交的单据与信用证条款要求表面相符，开证银行即承担付款责任。银行在检查单据是否符合信用证规定时，不负责审查单据的真实性、有效性，也不对这些单据所涉及的货物、劳务和履约行为的真实情况进行审查。

信用证独立抽象性原则是现代信用证制度赖以存在的基石，这充分体现在 UCP600 中。[2]该原则确立了开证银行在单证相符条件下的绝对的、第一位的付款责任，禁止以单证不符以外的任何抗辩拒付；任何基于基础合同违约的抗辩，甚至发生合同落空、事实或法律上的履行不能等情形，也不能免除信用证下银行的付款责任和开证申请人的偿付义务。这就有效地解决了国际贸易中当事人双方尤其是卖方最为关心的交货付款的可靠性问题。然而，

---

〔1〕 参见最高人民法院《关于适用〈中华人民共和国民法典〉总则编若干问题的解释》第21条。

〔2〕 参见 UCP600 第4条、第5条和第34条。

也正是在该原则之下，银行坚持"单证表面相符"而不考虑单据的真实性、有效性以及单据所涉及的基础交易的履行情况，从而给不法之徒利用信用证进行欺诈提供了可乘之机，欺诈者可以利用现代科技手段，虚构交易或伪造、变造单据以达到骗取银行付款的目的，相对于买方而言风险更大。

针对信用证支付方式下存在的上述问题，不断有学者提出应在 UCP600 中增加有关银行审查单据责任的规定，主张开证行应负责审查单据的真伪性和有效性，以防止单据欺诈的发生，但这一建议一直未能得到国际商业界尤其是银行业的认同采纳。银行业之所以坚持信用证独立抽象性原则，主要基于如下考虑：首先，银行为国际贸易当事人提供信用支付服务的主要目的，在于解除位于不同国家境内的交易双方彼此之间的不信任感，以银行信用来保证付款，而不是对交易本身和当事人提供保险。如果要求银行负责审查单据的真实性和有效性，承担本应由交易当事人承担的风险，对于仅收取较低开证费的银行而言，显然是不公平的。其次，从银行的业务分工看，其在国际贸易中的主要职能是为交易当事人提供款项结算和资金融通方面的服务，银行职员并不具备有关交易货物、运输、保险的专业知识，难以准确判断单据的真伪和有效与否，若要求他们参与审查信用证涉及的基础交易，势必影响银行为客户提供的快捷结算服务。最后，信用证独立抽象性原则已为国际银行业普遍接受采纳，并且长期以来一直构成在各国通行的信用证统一惯例制度的基石，银行正是根据此项原则只对单证进行表面相符的审查，避免了当事人提出文义之外抗辩的可能，才有效地保证了当事人能及时地交接货物和收取货款。如果增加银行审查单据有效性的责任，破坏信用证独立抽象性这一传统原则，必然损害信用证支付方式在国际贸易结算中具有的广泛作用与价值。

（三）信用证欺诈的法律救济——欺诈例外原则

维护信用证独立抽象性原则虽然对保证信用证支付方式在国际贸易中继续发挥重要作用是必要的，但在信用证欺诈屡屡发生的国际贸易现实情况下，绝对严格地遵循此项原则，显然有悖于公平合理、诚实信用的基本原则，势必为欺诈者大开方便之门，而使受欺诈的当事人缺乏应有的保护。而且，信用证欺诈现象若缺乏相应的法律机制予以制约救济，任其泛滥，最终将危害动摇信用证制度的存在价值。基于这种认识，一些国家通过立法和司法判例，确立了欺诈例外原则，即在肯定信用证独立抽象性原则的前提下，允许银行在存在欺诈的情况下有权拒付或承兑汇票，受欺诈的买方也可以请求银行不予以付款或承兑，或要求法院签发禁付令阻止银行对信用证的付款或承兑。

1. 欺诈例外原则的确立

目前可考的关于信用证欺诈例外原则的最早案例是 1941 年美国纽约州最高法院审理的 Sztejn v. J. Henry Schroeder Banking Corp. 案。[1] 该案原告 Sztejn 与一家印度客商签订了购买一批猪鬃的合同，买方请求美国的银行 J. Henry Schroder Banking Corp. 开出以卖方为受益人的不可撤销信用证，单据由印度的一家中间银行作为托收代理提交给开证行。发票和提单都注明货物是猪鬃，但买方发现卖方所装的根本不是猪鬃，而是一些牛毛和其他废物。买方指控卖方是欺诈，诉至法院请求宣告信用证无效并签发禁付令阻止银行兑付信用证项下的货款。法庭以受益人存在欺诈为由，准许了买方的禁付令请求，禁止银行承兑由卖方开出的汇票。在听证过程中，卖方并没有抗辩其提供的物品是符合合同约定的货物。问题的焦点在于买方的主张是否足以使法庭阻止银行在信用证项下的支付。被告认为银行只能关注单据是否在表面上与信用证条款相符，声称原告缺乏诉因的抗辩。但法庭拒绝接受被告的主张。尽管法庭也承认并强烈支持信用证独立性原则，但认为该案中发生了卖方已经违反了某些承诺和保证的情形，应该有所区别。审理该案的 Shientag 大法官首先肯定信用证的独立性，然后指出："我相信该案中呈现了一种不同的情形。这里不是买方和卖方之间有关违反商品质量承诺方面的争议；在这里可以说卖方已经有意图地不运送买方指定的货物。此种情形下，在汇票和单据为要求支付而向银行提示前，卖方的欺诈已经引起了银行的注意，银行在信用证下的义务独立原则不应该延伸到保护不道德（unscrupulous）的卖方。的确，即使单据是伪造或虚假的，如果开证行在接到关于卖方欺诈的通知以前已经支付了汇票，倘若银行在支付前尽到了合理的谨慎义务，则它应该受到保护……卖方违反承诺和主动欺诈之间的区别是应该被权威和理性所支持的。正如以前的一个法庭所指出的：很显然，当信用证开证人知道单据虽然在形式上是正确的，而事实上是虚假或者违法的，则它不能根据申请而认可该单据符合信用证条款。"

Sztejn 案开创了在欺诈情况下法院颁发止付令禁止银行按信用证要求付款

---

[1] Sztejn v. J. Henry Schroder Banking Corp. , 31NYS 2nd 631（1941）.

的先例，打破了信用证独立抽象性这一传统原则，成为世界上第一个全面阐述信用证欺诈司法救济规则的具有里程碑意义的案例。1952 年制定的《美国统一商法典》接受了 Szetjn 案判决所确立的原则，承认欺诈例外。该法典第 5—114 条第 2 款规定："除非另有协议，当各项单据表面符合信用证规定，但其中某项必要单据属于伪造、带有欺诈性或在交易中存在欺诈时：（i）开证人必须兑付汇票或支付命令，如果提出兑付要求的是议付行或汇票的正当持票人或善意购买人。（ii）在其他情况下，开证人只要善意作为，仍可以兑付汇票或支付命令，即使开证申请人已发出通知，说明单据上存在欺诈、伪造或其他表面上不能显现的缺陷，但具有管辖权的法院可禁止此种兑付。"

在英国的司法实践中，长期坚持信用证独立抽象性原则，不承认欺诈例外。英国司法实践较早分析信用证欺诈例外的判例是 1975 年的 Discount Records Ltd. v. Barclays Bank Ltd. 案。[1]该案件对欺诈的范围和特征作了分析。该案原告（买方）申请法院向银行发布禁付令，其依据是卖方为了获取装运单据和得到信用证项下的付款，欺诈性地故意将毫无价值的货物运送给买方。法院肯定了欺诈可以使银行免于承担信用证下的付款义务的原则，但同时指出该案原告未受该支付的影响，不同意发布禁付令。法院认为，如果支付是源于银行的资金，则原告不能控告，因为倘若银行向卖方错误支付了，原告可以提起针对银行的赔偿请求。法院在该案分析中也承认基于欺诈而接受例外的情形，但否定了买方有此种能力。

让英国法院彻底改变态度，明确接受欺诈例外的重要判例是 1982 年上议院审理的 United City Merchants Investment v. Royal Bank of Canada 案。[2]该案涉及承运人倒签提单，货物是在 1976 年 12 月 16 日装上船，但提单日期写为 12 月 15 日。此处的当事人很显然明知这种做法与事实不符，即存在欺诈行为。在案件审理时 Diplock 勋爵指出，买卖合同有任何纠纷不应影响卖方在信用证下获得支付，唯一的"欺诈例外"是卖方知道单证虚假或伪造，而通过欺诈获得信用证下的支付。在考虑假单证能否在信用证下获得支付时，迪普洛克（Diplock）勋爵认为必须严格而狭义地解释"欺诈例外"，否则谈不上

---

〔1〕　Discount Records Ltd. v. Barclays Bank Ltd. , (1975) 1 WLR 315.
〔2〕　United City Merchants Investment v. Royal Bank of Canada, (1982) 2 Lloyd's Rep. 1.

是尊重信用证的自主或独立。[1]从他在裁决中的分析可以看出,"欺诈例外"应同时满足两个条件:一是明知单据是虚假或者伪造的;二是卖方或受益人想以此来欺诈该单证的未来持有人。

从信用证欺诈例外的发展逻辑来看,其在美国最早确立并发展,后来在英国逐步通过判例接受并肯定该制度,可以看出英美国家法院在适用欺诈例外时非常谨慎,以免损害信用证的独立抽象性原则。因此,可以分析总结出信用证欺诈例外规则具有如下几个特点:其一,信用证欺诈例外规则具有很强的不确定性,法官的自由裁量具有很大的空间。其二,信用证欺诈例外是在同信用证独立抽象性原则相较量的过程中渐进发展的,但前者的适用通常都顾及了信用证独立抽象性原则。其三,信用证欺诈例外问题是国内法规制的问题,国际惯例并不试图对该问题形成统一的标准或规则。从信用证欺诈的实质来看,它已经不仅仅是影响私权关系的违法现象,可以说它在一定程度上冲击了公共的市场秩序法则,具有很强的侵害公众权益的属性,正因为如此,有人解释信用证欺诈例外的法理在于公共秩序的保留理论。[2]其四,信用证欺诈例外的实质是国家试图通过权威的司法力量来平衡管理所不能制约的利益冲突,合理地分配信用证交易相关的风险。《美国统一商法典》第5—109条第2款的规定充分反映了这种平衡分析的特质。[3]

大陆法系国家一般也承认欺诈是银行合理拒付信用证的理由。法国的法学理论和司法实践判决倾向于承认银行具有以欺诈为由拒付信用证的权利。在德国,法院往往会根据《德国民法典》第242条"债务人应按照善意的要求履行义务,并考虑一般习惯"的规定,以违反民商事交易中应遵守的诚实信用和善意原则为依据,判决欺诈的卖方无权要求信用证下的支付。[4]

鉴于欺诈例外原则越来越多地在各国法院有关信用证欺诈案例中确认,国际商会在这个问题的立场也有所松动。1980年12月9日,国际商会银行技术委员会在答复孟加拉国一银行询问的在假提单下议付行和开证行之间的偿

---

〔1〕 杨良宜:《信用证》,中国政法大学出版社1998年版,第179~181页。

〔2〕 我国国内有个别案件的判决中便根据"公共秩序保留"原理来拒绝适用国际惯例,即拒绝适用信用证独立抽象性原则。

〔3〕 刘定华、李金泽:"关于信用证欺诈例外的若干问题研究",载《中国法学》2002年第3期,第109~110页。

〔4〕 郭瑜:"论信用证欺诈及其处理",载《南京大学法律评论》1999年第2期,第64页。

还责任问题时认为，议付行提示被证明是伪造的单据时，其利益仍受 UCP400 第 9 条规定的保护，除非议付行本身是欺诈的当事方，或在单据提交前已对欺诈知悉，或未尽合理注意义务发现单据表面的伪造痕迹。委员会注意到，这一点与各法院的裁判是一致的。[1]由此可见，国际商会也显然也意识到了过分严格适用信用证独立抽象性原则的不合理性，承认在一定条件下，欺诈可以构成信用证独立抽象性原则的例外。

2. 欺诈例外原则适用的排除问题

各国的信用证欺诈例外适用机制，通常为善意第三人留下了保护合法权益的空间，这也可以说是司法平衡相关当事人利益的具体表现。因为信用证欺诈例外的启用将直接冲击信用证独立抽象性原则，受该原则保护的有关当事人必然受到损害性的影响。尤其是与信用证相联系的流通票据——汇票有其相对独立性，善意的持票人或者已经给付对价的银行都可能因为信用证独立抽象性原则被侵蚀而遭受损害。

英美判例法也明确肯定了信用证欺诈例外不应适用的情形，尤其是需要保护善意第三人的情形。在 Angelica Whiteware v. Bank of Nova Scotia 案中，英国法官雷丹（LeDain）将信用证和信用证项下的汇票区别开来，他提出"欺诈例外不应该损害信用证项下汇票的正当持有人"。[2]因此，如果申请人通过单据不符来举证存在欺诈（伪造或虚假单据等欺诈）时，正当持有人有义务证明其持有票据时并不知道交易中存在欺诈，而且自己善意地给付了对价。从议付行的角度来看，它并没有真正卷入到信用证项下的交易中去，它所持有的信用证项下的汇票是流通票据，因此汇票法应该适用于此种情形。如果议付行能够证明其给付了对价，并且是善意而不知悉欺诈的存在，那么开证行就不能拒绝对议付行的支付。

《美国统一商法典》为欺诈例外列举了排除适用的具体情形，并将这种排除情形放在了规定"欺诈"的专节之首。"在表面看来如果提示（presentation）是严格符合信用证条款和条件，但是所要求的单据是伪造或者是带有实质性欺诈的（forged or materially fraudulent），或者提示承兑可能为受益人针对开证人或者申请人进行实质性欺诈提供便利时：（1）开证人应该承兑该提示，假

---

〔1〕 ICC Documents 470/371, 470/373.

〔2〕 Angelica Whiteware v. Bank of Nova Scotia［1987］1S. C. R. 59 at 84.

如承兑是由下列人要求的：一个指定的人作出，该人已经善意地且不知道存在伪造或实质性欺诈而给付对价了；或者他是保兑人并善意地承兑了其保兑；或者他是信用证项下汇票的正当持有人，而汇票已经被开证人或者指定的人兑付了；他是开证人或者指定人的延迟义务的受让人，在开证人或指定人的义务发生后，他被给付了对价并且不知道存在伪造或实质性欺诈。（2）在其他任何情形下，开证人可以善意地承兑或拒绝承兑提示"。[1]由前述规定可以看出，只要单据表面上符合信用证的要求，即使存在伪造单据或者实质性欺诈，或者提示的承兑有助于实质性欺诈的发生，也可以在特定的情形下排除信用证欺诈例外规则的适用，即开证行应该接受提示。

信用证欺诈外不能适用的几种情形，在构成要件上基本有三种：一是主体要件，向开证行提出付款要求的应是特定的主体，即被指定付款的人（如议付行）、保兑人、汇票持有人、延迟义务的受让人等；二是主体的主观要件，即应该是善意的，且不知悉欺诈的发生；三是主体已经被给付对价、被承兑或者对他人承兑了保兑。值得提出的是，前述规定还明确允许在善意的前提下，即使发生欺诈，开证人对其承兑或拒绝承兑也不承担责任。当然通常情况下如果发生欺诈，往往是申请人先通知了开证人已经有欺诈存在，这种情况下开证人尚未对外承兑或者支付，则它需要善意地判断欺诈有无；不过只要申请人没有在法院申请到禁付令，开证人还是可以善意地支付或者拒绝支付。

（四）我国有关信用证欺诈的立法和司法实践

我国目前并没有关于信用证欺诈的专门立法，只能在其他法律中找到与信用证欺诈相关的基本原则和零星规定。《民法典》关于民事活动应当遵循诚实信用原则，以欺诈手段所为的民事行为可以撤销的规定，《刑法》确定的信用证诈骗罪，《民事诉讼法》关于财产保全的规定等。在早期，司法部门主要依据最高人民法院1989年6月12日发布的《关于印发〈全国沿海地区涉外、涉港澳经济审判工作座谈会纪要〉的通知》（以下简称《纪要》）来处理有关信用证欺诈问题。《纪要》一方面充分肯定了信用证的独立抽象性原则，要求人民法院在一般情况下不要轻易冻结中国银行所开信用证下货款；另一方面也借鉴了国际上普遍承认的欺诈例外原则，明确规定了人民法院可以冻结

---

〔1〕 Revised UCC Article 5, Section5-109 "fraud and forgery".

信用证项下货款的几项要件：其一，有充分证据证明卖方利用签订合同进行欺诈；其二，中国银行在合理的时间内尚未对外付款；其三，买方提出请求；第四，在远期信用证情况下，中国银行尚未承兑汇票。[1]但由于《纪要》规定的法院发布止付令的条件过宽，导致法院在裁定冻结信用证项下货款时表现出很大的随意性，尤其是频繁损害善意第三人的权利。

为更好地审理信用证纠纷案件，依法维护当事人的合法权益，最高人民法院 2005 年 10 月 24 日通过了《关于审理信用证纠纷案件若干问题的规定》（以下简称《信用证司法解释》），其中有关信用证欺诈的具体内容涉及：信用证欺诈的认定，信用证欺诈例外，善意交易参加人的保护，法院受理案件的条件，当事人及其他利害关系人的复议请求权等，其内容已基本与国际接轨。《信用证司法解释》的出台，无疑为我国信用证欺诈案件的审理提供了较为细致的规范，有助于法院处理该类案件时在认定事实、适用法律和划分责任上的统一化。但与此同时，也应清醒地意识到，尽管《信用证司法解释》是在广泛征求了法院系统、法学界、银行界和有关外贸企业的意见和建议的基础上经过多次修改才出炉的，填补了我国信用证欺诈制度的一些空白，但其中的疏漏和不足仍十分明显。

第一，关于"欺诈"的界定失之过宽。从前述分析可以看到，虽然各国法律和判例对适用欺诈例外原则的"欺诈"界定标准不一，如《美国统一商法典》明确要求必须是"实质性欺诈"，法国、德国等国家则从"权利滥用"的角度对欺诈作出概括，但从实践来看，各国法院对于"欺诈"的把握均采取谨慎的态度，并非对所有的欺诈行为均适用信用证欺诈例外原则。我国《信用证司法解释》第 8 条采取了列举加概括的方式，在对实践中常见的三类信用证欺诈行为列举之后，使用了"其他进行信用证欺诈的情形"这一兜底条款。从条文解释的角度来看，除第 10 条规定的情形（保护善意交易参加人）外，只要存在信用证欺诈，不论其危害程度大小均可以适用信用证欺诈例外原则。这无疑有悖于信用证欺诈例外原则产生的最初宗旨。因此，我国可以借鉴《美国统一商法典》，引入"实质性欺诈"概念，并设置认定标准，即"欺诈会对整个交易目的产生根本影响，使得买方当初订立合同的目的完

---

〔1〕　参见 1989 年 6 月 12 日最高人民法院《关于印发〈全国沿海地区涉外、涉港澳经济审判工作座谈会纪要〉的通知》（法（经）发〔1989〕12 号）。

全落空；或欺诈给开证申请人造成实质性损害"。依此标准，受益人交付的货物是否无价值，要用基础合同的目的是否完全落空来判断。倒签提单并不必然构成信用证欺诈，也并不必然导致银行可以以此为由拒付信用证项下的款项，应当分别情形处理。[1]只有将欺诈限定为那些对交易目的产生根本影响的欺诈行为，才符合信用证欺诈例外原则的产生宗旨。

第二，关于"欺诈主体"的范围规定不明。信用证欺诈种类繁多，按照实施主体的不同可分为以下几类：受益人欺诈，受益人与开证申请人合谋欺诈，开证申请人欺诈，第三方欺诈等。上述四类欺诈中，受益人欺诈以及受益人与开证申请人合谋欺诈在国际贸易中最为常见，也是各国防范及规制的重点。欺诈例外原则无疑可对此两类欺诈提供有效的救济，但就开证申请人单独实施的欺诈而言，不会涉及欺诈例外原则的适用问题。

目前关于第三人欺诈能否适用欺诈例外原则，各国做法不一。所谓第三人欺诈，是指买卖双方以外的第三人如承运人一手制造虚假单证，卖方只是按正常商业途径取得并向银行提交单据，对欺诈并不知情。这种情况下若适用欺诈例外原则，银行拒付，则卖方无辜受害；若不适用欺诈例外原则，则买方无辜受害。对此问题，英国法院是倾向于保护无辜的卖方，因而欺诈例外原则不适用于第三方实施欺诈的情形。[2]加拿大最高法院认为，欺诈例外应局限于信用证受益人的欺诈，而不应引申到第三人所为而受益人无辜的欺诈中。美国法院对此则持相反的态度，而我国《信用证司法解释》关于这个问题并未表明态度。虽然第8条关于对欺诈行为的认定所列举的均属于受益人单独实施欺诈或参与欺诈的情形，但由于最后的兜底条款"其他进行信用证欺诈的情形"并未明示行为主体方面的要求，反而容易造成理解上的分歧。因此，应将《信用证司法解释》第8条的兜底条款"其他进行信用证欺诈的情形"改为"受益人实施或参与实施的其他信用证欺诈的情形"，将欺诈例外原则的适用严格限定在受益人欺诈或参与欺诈的情形，从而排除第三方如承运人、货运代理人、报关行等单独实施的欺诈对此原则的适用。[3]

---

〔1〕 刘德权主编：《最高人民法院司法观点集成》（第2版），人民法院出版社2014年版，第1419页。

〔2〕 United City Merchants Investment v. Royal Bank of Canada, (1982) 2 Lloyd's Rep. 1.

〔3〕 吕苏榆："我国信用证欺诈例外制度再探——兼评《最高人民法院关于审理信用证纠纷案件若干问题的规定》"，载《国际经贸探索》2007年第8期，第68页。

总体而言，我国在信用证欺诈问题的处理上，一方面要严厉打击信用证欺诈活动，另一方面应尽可能维护信用证独立抽象性原则，对欺诈例外原则的适用条件和范围施加严格的限制，以防止其滥用。如何在二者之间寻求恰当的平衡，仍需要在立法与实践方面不断探索和完善。

三、国际保理法律问题

自 20 世纪 70 年代以来，国际贸易竞争日趋激烈，国际贸易领域买方市场逐渐形成。贸易竞争的手段逐渐从质量、价格转向了支付结算方式上来，对进口商不利的信用证结算比例逐年下降，以赊销贸易为主，其安全性、快捷性、综合性较高的服务模式更受青睐。由于国际保理能够很好地解决赊销中出口商面临的资金占压和进口商信用风险问题，融现代信息技术和国际金融业务于一身，因而在欧美、东南亚等地日渐流行，并在世界各地迅速发展起来。

（一）国际保理概念的界定

"保理"源于英文中"Factoring"一词，往往又被译为"保付代理""销售包理"，在国际商业领域一般更多使用"国际保理"这一术语。由于保理种类的多样性以及实务发展中存在的多种操作机制，目前关于"保理"尚无统一的定义。1988 年 5 月通过的《国际统一私法协会国际保理公约》（UNIDROIT Convention on International Factoring，简称《国际保理公约》）和 2013 年国际保理商联合会（FCI）修订的《国际保理通则》（General Rules for International Factoring，GRIF），均未对"保理"一词有明确的定义，而是界定了保理合同的内涵外延。

《国际保理公约》是全球第一部关于国际保理的专门公约，首次对保理合同进行了定义。根据其第 1 条的规定，保理合同是指一方当事人（供应商）与另一方当事人（保理商）签订的一种合同，根据该合同，供应商可以或将要向保理商转让由供应商与债务人订立的货物销售合同所产生的应收账款，但主要供债务人个人、家人或家庭使用的货物销售所产生的应收账款除外。该公约指出，在资金融通、管理与应收账款有关的账户、代收应收账款、提供坏账担保这四项保理职能中，保理商至少应当承担其中两项职能。[1] 与

---

〔1〕　UNIDROIT Convention on International Factoring, Art. 1, 1988.

《国际保理公约》相比，《国际保理通则》对保理合同的定义要宽松一些，其第 1 条规定，保理合同指供应商无论是否以融资为目的，把已经存在的或将要形成的应收账款或应收账款的一部分转让给保理商，保理商至少能为供应商提供销售分户账管理、账款代收、坏账担保服务中的至少一种。[1]《国际保理通则》与《国际保理公约》类似，保理合同所包含的应收账款仅限于与出口保理商签订协议的供应商以信用方式向债务人销售货物或者提供服务所产生的应收账款，而排除以信用证、凭单付款或者任何种类的现金交易为基础的销售产生的应收账款。[2]《国际保理通则》和《国际保理公约》的不同之处在于，《国际保理公约》要求保理商必须至少承担所列举的四项保理职能中的两项，而《国际保理通则》则指出无论保理商是否以融资为目的，只需要提供所列举的三项服务之一即可构成保理合同。

我国《民法典》有关于保理合同的定义，是指应收账款债权人将现有的或者将有的应收账款转让给保理人，保理人提供资金融通、应收账款管理或者代收、应收账款债务人付款担保等服务的合同。[3]相比之下，《民法典》对于保理合同的定义则比较模糊，虽然描述了保理业务的核心——应收账款转让，规定了保理商提供的其他服务，但与前述国际条约和贸易惯例相比，并未规定提供额外服务的种类要求，也未规定可叙作保理业务的应收账款范围。

保理的主要功能在于资金融通、付款担保、应收账款管理与代收，不论是在国际贸易还是国内贸易中，当供应商采取以赊销为代表的信用销售方式开展贸易时，供应商的应收账款回笼需要较长周期，面临着较大的资金压力，这就对债务人的信用和应收账款管理提出了较高要求。保理商的角色恰好完美地解决了供应商的交易需求，一方面利用自身专业优势评估债务人信用状况，提供付款担保，负责管理和收取应收账款；另一方面则根据客户经营需求附带提供融资服务，解决部分供应商扩大生产的资金周转需要。所以在现代保理中，资金融通并不是保理商的首要功能，此点也是目前国内保理业对于保理认识的最大误区。[4]

---

〔1〕 General Rules for International Factoring, Art. 1, 2019.

〔2〕 General Rules for International Factoring, Art. 3, 2019.

〔3〕 参见我国《民法典》第 761 条。

〔4〕 丛树人：《两岸发展 Factoring 业务的始末与现况》，金融研训院 2016 年版，第 163~166 页。

从本质上来看，诞生于国际贸易中的保理与信用证、见索即付的保函等金融工具在功能上有着较多相似之处，由于国际贸易的双方当事人位于不同国家，双方在交易时缺乏足够的了解与信任，保理商等金融机构的介入则为双方的交易增加了信用。保理商根据卖方的申请受让应收账款债权，并核定买方的信用额度，在信用额度内为卖方提供付款保证、应收账款管理与代收服务。因此，保理应当是一种以交易双方信用为基础，以应收账款债权的转让为前提的交易工具。保理融资是在信用的基础上根据卖方经营需求衍生出的服务，这确实是保理商履行的职能之一，但是融资既非保理合同首选项，更不是必选项。[1]

国际保理是相对于国内保理而言的，国际保理与国内保理的区别在于国际保理的国际性。《国际保理公约》规定，公约适用于营业地位于不同国家的供货商和债务人之间订立的货物销售合同所产生的保理合同项下应收账款的转让。[2]由该项规定可知，国际保理中的"国际"是指基础合同的买卖双方当事人位于不同的国家或地区，而非指签订保理合同的保理商和供应商。即使保理商和供应商分别处于不同的国家，若供应商所做的是国内贸易，他们之间的保理业务仍然属于国内保理。

综上所述，参照《国际保理公约》和《国际保理通则》对保理合同的规定，可以将国际保理定义为，在国际贸易中采取托收、赊销等结算方式时，卖方将其与买方签订的货物买卖合同或服务合同所产生的应收账款债权转让给保理商，由保理商向卖方提供集贸易融资、应收账款账户管理和代收、买方资信调查及坏账担保于一体的综合性现代金融服务。

（二）国际保理的法律性质分析

国际保理产生于国际贸易实践中的金融创新，而非源自成文法规则，因而各国专门针对国际保理或者保理性质的法律规范相对缺乏，可以说国际保理业务是在法律性质不确定的情况下发展起来的。解决国际保理业务中产生的纠纷，就需要明确当事人之间的权利义务关系，首先得确定国际保理的法律性质。从国外的法律理论及保理实践来看，目前对国际保理的法律性质存

---

[1]　这也是《国际保理通则》（GRIF）第 1 条对保理合同进行定义时所强调的，"无论合同是否以融资为目的，只需提供以下服务之一（Whether or not for the purpose of finance, for at least one of the following functions）"的最根本原因。

[2]　参见《国际保理公约》第 2 条。

在不同的观点，主要有委托代理说、债权质押说、清偿代位说和债权让与说。

1. 委托代理说

该观点将国际保理的性质归结为一种委托代理关系，认为国际保理是基于出口商和保理商之间的委托代理关系而进行运作的。[1] 鉴于保理商不但代收款项，还要承担进口商无力付款时的担保付款责任，著名学者施米托夫认为保理商是承担特别责任的代理人的典范。[2] 关于代理，通常是指代理人在代理权范围内，以被代理人的名义同第三人独立为民事法律行为，由此产生的法律后果直接由被代理人承担。[3] 如果按照委托代理理论来解释国际保理的性质，则可以这样界定国际保理当事人之间的法律关系：保理商得到出口商的授权后，即作为出口商的代理人并以出口商的名义向进口商收取应收账款，即使无法收回，保理商也不负责，由出口商自己承担相应的法律后果。显然，这样的解释与现代意义上的国际保理并不相符。

第一，追溯保理制度的源头，可以发现保理的确是从早期的商务代理制发展起来的，而且在现代保理中仍然有委托代理关系的存在，例如保理商代替出口商收取应收账款就可以理解为一种委托代理关系，但这些并不意味着国际保理的性质就是委托代理。在历经几千年的发展后，现代保理的概念已发生了质的改变，形成了新的职能与特征，代理这一特征已不甚明显。当事人各方的身份也已发生了变化——出口商从保理商的委托人变成了客户，向保理商出售债权，保理商则由原来的代理人变成了受让出口商应收账款的债权人。因此，将现代保理业务的法律基础仍归结为委托代理关系是不科学的。

第二，在现代国际保理业务中，保理商自身也要承担一定的风险。保理商在接受出口商的债权让与后，是以自己的名义以该债权所有人的身份直接向进口商收取应收账款。如果账款无法收回，相应的法律后果也由保理商自己承担。即便是在隐蔽型国际保理业务中，保理商虽然不能直接参与应收账款的收回，也要自行承担进口商不付款的责任。而在委托代理中，代理人实施行为的后果由被代理人承担，这一重要的差别使得国际保理与委托代理无法等同。

---

〔1〕 冯大同主编：《国际商法》，对外经济贸易大学出版社 1991 年版，第 325 页。

〔2〕 〔英〕施米托夫：《国际贸易法文选》，赵秀文选译，中国大百科全书出版社 1993 年版，第 409~413 页。

〔3〕 佟柔主编：《中国民法》，法律出版社 1990 年版，第 197 页。

总之，委托代理说可以解释早期保理制度中当事人之间的法律关系，在特定的历史阶段及特定的范围内有其合理性，但它已无法解释现代国际保理制度中的相关问题。

2. 债权质押说

该观点认为，国际保理的实质是出口商将其对债务人的债权质押给保理商，保理商向其提供贷款，若出口商不能到期偿还保理商所借款项，则保理商直接向债务人收款，并从中扣除出口商所欠款项。债权质押说主要流行于普通法系国家，因国际保理的融资功能被强调而成为该观点的主要理论支撑。事实上，在英美国家，国际保理最为常见的融资功能与操作程序确实与债权质押比较相近，具有一定的相似性，[1] 而且从国际保理的起源看，保理商也曾在一定程度上拥有质权人的某些权利。实务中，保理商通常向出口商提供资金融通，很容易使人理解为出口商是通过应收账款质押而获得了一笔贷款。《国际保理通则》第 12 条第（1）款甚至也允许将应收账款提供担保权纳入保理的范畴。[2] 但是，国际保理与债权质押还是有着明显的不同：

第一，债权的权利人改变与否不同。债权质押时，出质人只是将债权的权利凭证移交给债权人占有，并非将债权转让给债权人。即使债务到期未能履行而实现质权时，债权人所拥有的权利也只是就债权利益优先受偿而不是质押债权的权利人。而国际保理则是在出口商与保理商签订保理合同之后，不管有无贸易融资，应收账款的权利人都已从出口商转变为保理商，由保理商以债权受让人的身份向债务人收取款项。

第二，应收账款债权的作用不同。对债权质押而言，应收账款债权是作为主债权的担保而起作用的，质权人并不以获得应收账款债权为目的，只有在出质人届期不能清偿债务时，出质债权才发挥其担保作用。而在国际保理中，应收账款债权成了保理合同的主要标的，或者说，保理商与出口商签订保理合同的目的在于获得应收账款债权的受让人身份，不论保理商有无提供资金融通，应收账款债权都已通过保理合同转让给了保理商，而非作为担保而移转占有。

---

〔1〕 ［英］弗瑞迪·萨林格：《保理法律与实务》，刘园、叶志壮译，对外经济贸易出版社 1995 年版，第 124 页。

〔2〕 《国际保理通则》第 12 条第（1）款规定："账款的转让意味着并构成通过各种方式的对与账款相关的一切权利、权益及所有权的让渡。根据本定义，以账款提供担保权亦被视作账款的转让。"

第三，权利实现的方式不同。债权质押中，质权人行使质权后，若所收账款大于被担保的债权额，须将多余部分退还给出质人；如有不足，则质权人有权继续向出质人请求偿还未能清偿部分。而在国际保理中，当保理商未收回或未完全收回款项的，只要出口商没有违反合同义务，保理商就不能要求出口商承担继续清偿的义务，这正是保理商对信用风险承担的生动体现。

第四，对债权的处置不同。债权质押中，出质人在清偿款项后，有权收回质押的债权凭证。而在国际保理业务中，出口商并无此项权利。当然，若出现保理商进行追索时，出口商也会将其应收账款债权买回，但此时买回债权不是出口商的权利，而是其义务。

由上述区别可见，虽然债权质押与国际保理在外观上有诸多相似之处，在融资方面存在类似功能，但区别似乎更加明显。

3. 清偿代位说

所谓清偿代位，是指与债的履行有利害关系的第三人，在为债务人向债权人作出清偿以后，因此取得代位权，可以在其向债权人清偿的范围内，以自己的名义代位行使债权人的权利。[1]主张清偿代位说的学者将清偿代位制度运用于国际保理业务，认为保理商能介入买卖双方之间的基础合同关系并提供融资和担保付款服务，是建立在保理商代买方（债务人）向卖方（出口商）清偿了债务从而代位取得卖方所享有的应收账款债权的基础之上。[2]如果按照清偿代位说解释国际保理的性质，则出口商、保理商与进口商之间的关系可以表现为：保理商向出口商付款是代进口商向出口商履行债务并由此取得代位权，保理商可以在其履行的范围内，以自己的名义向进口商行使债权，收取应收账款。这种观点试图解释保理商收取原属于出口商的应收账款的权利来源，但却并不符合国际保理的实际运作情况，也难以疏通当事人对应收账款责任分担的逻辑关系。

第一，在通常的国际保理业务中，不管出口保理商是否向出口商提供部分或全部预付款融资，收到发票副本等相关单据后，出口保理商即对其核准的全部应收账款享有所有权，出口商还要对这部分应收账款负瑕疵担保责任。如果因出口商违约导致应收账款不能收回，出口商不仅不能要求保理商付款，

〔1〕 王家福主编：《中国民法学·民法债权》，法律出版社 1991 年版，第 195 页。
〔2〕 朱宏文：《国际保理法律与实务》，中国方正出版社 2001 年版，第 52 页。

还应当返还保理商已经支付的款项。但是依照清偿代位说，保理商必须先预付款项给出口商，然后在其预付款项限度内向债务人求偿。至于能否实现求偿权则与出口商无关，即使原有债权存在瑕疵。换言之，保理商不仅要承担债务人的信用风险，还必须承担出口商因违反基础交易合同而导致受让债权存在瑕疵的风险。

第二，清偿代位说不仅无法解释国际保理的实际运作状况，同时，国际保理运作过程也不能满足清偿代位的适用条件。在清偿代位中，清偿债务的人往往是与债的履行有利害关系的第三人，而保理商在叙作保理之前与债的履行无任何关系，也并非以担保人身份介入买卖双方之间。同时，保理商在发票到期日前向出口商付款，不是出于为债务人清偿债务的目的，而是为了获得出口商对债务人享有的债权而支付对价，并且并非一定要在债权到期前预付款项。由此可见，清偿代位说不能揭示国际保理的法律性质，尤其不能为到期保理自圆其说。

4. 债权让与说

债权让与说是众多学说中认可度最高的一种，也是目前理论界的通说。所谓债权让与，又称债权转让，是指不改变原有合同产生的债权关系的内容，债权人通过与第三人订立让与合同将其债权转移于第三人享有的现象。[1]债权让与说主要从国际保理业务的运作、国际保理合同当事人之间的权利义务关系、国际保理的职能、有关国际保理的公约、惯例及国内立法规定等几个方面来进行阐释的。[2]

第一，从国际保理的实务操作看，出口商发货后，将进出口贸易合同及发票副本交给出口保理商，并根据保理商的要求在发票上粘贴或打印有关债权转让文句，同时将介绍信寄给进口商。[3]这是明确告知进口商应收账款债权转让给保理商的事实，并要求进口商将应收账款支付给保理商。实际上这种方式是一种债权让与的通知。

第二，从国际保理合同当事人之间的权利义务来看，出口商与保理商签订保理合同之后，就不再对应收账款承担买方信用风险责任，该风险由保理

---

〔1〕　崔建远：《债法总论》，法律出版社 2013 年版，第 219 页。

〔2〕　黄斌：《国际保理——金融创新及法律实务》，法律出版社 2006 年版，第 22~23 页。

〔3〕　赵威主编：《国际代理法理论与实务》，中国政法大学出版社 1995 年版，第 58 页。

商承担。进口商是否付款不影响保理商在合同中承诺的担保付款责任。特别是在融资性保理中，出口商所获得的融资款在会计核算上可以反映为已收回相应的应收账款，即应收账款的减少和流动资金的增加。由此，出口商实际上退出了与进口商的债权债务关系，转而由保理商作为债权人向进口商主张债权。这其实是保理商通过承担进口商信用风险及支付融资款，受让了原属于出口商的应收账款债权。

第三，从国际保理的职能看，贸易融资、代收应收账款、信用风险担保及销售账户管理是国际保理的四大职能，而前面提到的委托代理说、债权质押说和清偿代位说都不能解释上述职能，最多也只能解释其中一个方面，只有债权让与说可以将上述职能有机统一起来——保理商从出口商处受让应收账款债权后，便承担了可能发生的进口商信用风险，保理商可在受让时或在应收账款债权到期后支付对价，而贸易融资正是即时支付的一种方式；为了实现已获得的债权，保理商自然会对应收账款进行销售账务管理及进行应收账款代收。

第四，从有关国际条约、贸易惯例与国内相关法律规范看，都将国际保理界定为以应收账款转让为前提的一种金融服务。国际统一私法协会制定的《国际保理公约》以应收账款转让为保理业务的核心，从总则、当事人的权利义务到再转让等各章节，始终都是围绕着应收账款转让而展开。联合国国际贸易法委员会 2001 年制定的《联合国国际贸易中应收账款转让公约》也明确国际保理业务的核心问题为应收账款转让，其中一些规则对《国际保理公约》进行了突破与创新。而国际保理商联合会制定的更具操作性的《国际保理通则》，其中许多规定也是以应收账款转让为基本前提。

值得注意的是，我国《民法典》合同编增设了保理合同，专章九个条款对保理合同的定义、内容和形式、虚构应收账款的法律后果、保理人对债务人的通知、多重保理的清偿顺序等问题进行了规定，最后明确指出，本章没有规定的，适用债权转让的有关规定。[1]我国原银监会 2014 年颁布的《商业银行保理业务管理暂行办法》，中国银行业协会 2016 年发布的《中国银行业保理业务规范》都明确规定保理业务是围绕着应收账款转让而进行。

通过对上述各种学说的分析可以发现，不论是委托代理说、债权质押说、清偿代位说还是债权让与说，虽然在某个层面上可以找到与国际保理的契合

---

〔1〕　参见我国《民法典》合同编第十六章"保理合同"第 761 条至第 769 条。

点，但均无法完整地解释国际保理法律关系中包含的丰富多样的业务模式。但不可否认的是，国际保理是基于应收账款转让而由保理商向进出口商提供的综合性金融服务，没有应收账款的转让就不能称之为真正的国际保理，这点在《联合国国际贸易中应收账款转让公约》《国际保理公约》《国际保理通则》以及各国有关保理的国内立法中均得到认同。

（三）国际保理当事人之间的法律关系

不同的国际保理业务种类，参与的当事人是不同的。由于双保理模式在我国国际保理业务中开展的频率最高且业务模式最为成熟和典型，所以笔者对于国际保理当事人之间法律关系的分析将以国际双保理为例。在国际双保理业务中，会形成出口商与进口商、出口商与出口保理商、出口保理商与进口保理商以及进口商与进口保理商之间的四层法律关系。

1. 出口商与进口商

出口商与进口商之间是货物买卖合同关系，在采用国际保理的支付方式后，双方同时会成为国际保理交易中的当事人，其法律关系一部分仍由买卖合同确定，另一部分则转化为各自与本国保理商之间的权利义务关系。这种关系对双方在涉及付款的权利义务方面有所影响，主要表现在：其一，在出口商通知义务方面，出口商在依据合同规定向进口商交付货物或提供服务后，即产生了对进口商的应收账款债权。出口商将应收账款转让给保理商，并应及时将转让的事实及相关信息通知进口商。其二，在进口商付款方面，进口商应当按照买卖合同规定向保理商付款，该义务以出口商履行通知义务为前提。当然，进口商在向保理商付款时，进口商向出口商主张的抗辩权同样可以对抗保理商，这符合债权转让的原理。

2. 出口商与出口保理商

出口商与出口保理商之间的法律关系是依据出口保理合同建立起来的合同关系。出口保理合同是国际保理交易中的主合同，是出口商与出口保理商法律关系的根本依据。根据出口保理合同及商业惯例，出口商应将出口保理合同范围内的所有合格应收账款转让给出口保理商，使出口保理商对这些应收账款取得真实有效且完整的权利，以便从实质上保证应收账款有效且具有相应价值，不存在也不会产生任何障碍。而出口保理商为出口商提供销售分户账管理，对其可能接触到的出口方面的经营、财务等信息承担保密义务。从实质上说，出口保理合同是一项关于债权买卖的合同。英美等国的法律和判例也把出口保理合同视为买卖特定债权的合同。[1]

3. 出口保理商与进口保理商

出口保理商与进口保理商之间是一种合同关系。双方签订的保理协议是双方权利义务的主要依据。实践中，双方通常就开展国际保理业务签订一个长期的框架协议，规定双方互为对方的出口保理商或进口保理商，并约定合作条件。而当双方发生具体交易时，可签订具体的保理协议。双方之间具有债权转让人与受让人间的关系，即出口保理商将自己从出口商手中购买的应收账款债权再转让给进口保理商而形成法律关系。

4. 进口商与进口保理商

严格地讲，进口商与进口保理商之间不存在合同关系，但随着出口保理商将应收账款债权转让给进口保理商后，则在进口商与进口保理商之间形成了事实上的债权债务关系。《国际保理公约》第 6 条规定，即使出口商与进口商间订立有禁止转让应收账款的任何协议，保理商受让应收账款仍然有效，除非进口商所在国的相关法律有相反规定并且该国对此作出保留。[2]进口保理商应在债务到期时向进口商提交对账和付款通知。进口商逾期不付款的，进口保理商可以采取相应的催收措施，进口商无理拒付的，进口保理商有权采取诉讼或其他措施解决。但是，在进口保理商要求进口商支付根据货物买卖合同产生的应收账款时，进口商在该合同项下对出口商的抗辩权，同样可以用来对抗进口保理商。[3]如果进口商对出口商享有债权，且该债权先于转让的应收账款债权到期或同时到期，则进口商可以行使抵销权。[4]

〔1〕 Norbert Horn, *The Law of International Trade Finance*, Kluwer Law and Taxation Publishers, 1989, p. 288.

〔2〕 参见《国际保理公约》第 6 条。

〔3〕 李仁真主编：《国际金融法》，武汉大学出版社 1999 年版，第 333~336 页。

〔4〕《国际经济法学》编写组编：《国际经济法学》（第 2 版），高等教育出版社 2019 年版，第 135 页。

第六章

变革中的 WTO 争端解决机制

　　WTO（世界贸易组织）争端解决机制是建立在 1947 年《关税与贸易总协定》（简称 GATT）近 50 年的实践经验基础之上，由 GATT 争端解决机制发展、演变而来的一套新颖而又复杂的制度。GATT 在争端解决方面的规定仅有第 22 条和第 23 条两个条款。乌拉圭回合达成的《关于争端解决规则与程序的谅解》（Understanding on Rules and Procedures Governing the Settlement of Disputes，DSU 或简称《谅解》）对 GATT 争端解决机制进行的一系列根本性改造，形成了由 27 个条款组成的规则体系，[1]使 WTO 争端解决机制事实上具备了在绝大多数情况下对贸易纠纷的强制管辖权，逐步摆脱了 GATT 时期争端解决始终依赖"外交方法"或将"外交方法"与"司法方法"并重的被动局面，完成了争端解决机制从外交性质的"实力取向"到法律性质的"规则取向"的历史性转变，[2]提升了 WTO 的公信力和权威性。自 WTO 争端解决机制开始运作以来，对于妥善解决各成员方在履行 WTO 规则过程中所产生的争端，保证相关协定和规则的执行，维护 WTO 正常运作及其各成员方依据相关协定所享有的各项权利和义务，进而保障多边贸易体制的稳定性和可预见性发挥着至关重要的作用，争端解决机制因此被誉为 WTO"皇冠上的明珠"。[3]

---

　　〔1〕《谅解》第 3 条第 1 款规定："各成员方确认，遵守在此以前根据 GATT1947 第 22 条和第 23 条及其进一步修改和完善的各项规则及程序所适用的争端管理的各项原则。"

　　〔2〕 赵维田："论 GATT/WTO 解决争端机制"，载《法学研究》1997 年第 3 期，第 54 页。Judith Hippler Bello，"*The WTO Dispute Settlement Understanding：Less is More*"，American Journal of International Law，Vol. 90，Iss. 3，1996，p. 416；*Thomas J. Dillon Jr.*，"*The World Trade Organization：A New Legal Order for World Trade?*"，Michigan Journal of International Law，Vol. 16，Iss. 2，1995，p. 373.

　　〔3〕 *WTO Disputes Reach 400 Mark*，https：//www. wto. org/english/news_ e/pres09_ e/pr578_ e. htm. Peter D. Sutherland.，"Concluding the Uruguay Round—Creating the New Architecture of Trade for the Global Economy"，*Fordham International Law Journal*，Vol. 24，Iss. 1，2000，p. 26.

中国加入 WTO 以来，国内学界对于 WTO 争端解决机制关注度非常高，研究成果可谓汗牛充栋，数不胜数。[1]因此，关于争端解决机制一些的基本问题不再赘述，我们将着重分析探讨争端解决机制的性质以及近年来逆全球化趋势下争端解决机制面临的危机和改革问题。

一、WTO 争端解决机制的性质

关于 WTO 争端解决机制的性质，该机制赖以确立的法律文件即《谅解》，并未对此作出明确界定，而且《谅解》所包含的独特用语和程序，又极易使人们产生不同的理解。因此，从法律角度界定争端解决机制的性质历来是学者们讨论的热点问题，大致上有几种观点：其一，WTO 争端解决机制是一种新型的、独特的国际组织和平解决国际贸易争端的制度，其属性既非司法性又非政治性，而是司法性与政治性结合所产生的法律性，其重心倾向于争端解决的法律方法。[2]其二，WTO 争端解决机制绝不是一种司法性的体制或准司法性的体制，而是一种集各种政治方法、法律方法和准法律方法的综合性争端解决体制。这种机制的实质在于不是决定当事方在有关案件中的胜败或制裁某一当事方，而是求得有关争端的有效解决，维持和恢复争端当事方依照有关协定的权利和义务之间的平衡。[3]其三，WTO 争端解决机制是一个国际司法性制度，争端解决机构成为事实上的"国际贸易法院"。[4]笔者认为，尽管 WTO 争端解决机制已具有强烈的司法色彩，但它还不具备一种国际司法体制所必需的充分条件，因此可以将其界定为具有准司法化的争端解决机制。

（一）WTO 争端解决机制的司法化特点

WTO 争端解决程序中涉及的机构主要包括总理事会、争端解决机构（简称 DSB）、总干事及其领导的秘书处、上诉机构，以及非常设的专家组。《马拉喀什建立世界贸易组织的协定》（以下简称"WTO 协定"）规定总理事会承担争端解决的职能，[5]具体由总理事会下设的 DSB 来操作。DSB 设有自己

〔1〕 根据 2023 年 3 月 7 日在"中国知网"检索的数据，以"WTO 争端解决机制"为主题，共找到 4500 多条结果，其中各类期刊论文 3000 余篇，硕士和博士学位论文多达 968 篇。

〔2〕 余敏友：《世界贸易组织争端解决机制法律与实践》，武汉大学出版社 1998 年版，第 208 页。

〔3〕 曾令良：《世界贸易组织法》，武汉大学出版社 1996 年版，第 134 页。

〔4〕 余劲松主编：《中国涉外经济法律问题新探》，武汉大学出版社 2000 年版，第 160 页。

〔5〕 参见《WTO 协定》第 4 条。

的主席、工作人员、程序规则和文件系统，其运作方式在《谅解》及其附录中。《谅解》是 WTO 争端解决机制统一的法律渊源。为阐释该机制的准司法性质，我们先分析《谅解》规定的争端解决机制中被誉为司法化的一些新规则、新程序及其内容。

1. "反向协商一致"规则的确立

GATT 在传统上是按"协商一致"（consensus）方式运行的，这意味着在争端解决的每一程序阶段，任何一当事方就能使该程序陷于停顿。在 GATT 时期，设立专家组的决定是通过"协商一致"的方式作出的。只有所有缔约方，包括被诉缔约方，对设立专家组的申请不表示反对，都同意设立专家组时，该专家组才得以成立。因此，在争端解决程序开始阶段，被诉方就能阻止通过设立专家组的决议，也可以通过反对专家组成员而拖延时间。一旦专家组作出决定并发布报告，败诉方又能通过行使否决权阻止 GATT 理事会通过报告，导致报告未经通过就无法律效力。

GATT 的改革者处于进退两难的境地——怎样才能使争端解决程序在更方便的同时又保持运行中的协商一致原则。在考虑多方建议后，《WTO 协定》明确要求 WTO 应继续遵循 GATT 协商一致的决策惯例，[1]但在《谅解》中，"协商一致"有特殊的含义。原则上，在 DSB 作出关于设立专家组、通过专家组和上诉机构的报告以及授权中止减让的决定时，除非 DSB 经协商一致不同意，否则就应当通过决定，[2]这被称为"反向协商一致"（inverted consensus）。因此，对于 DSB 拟作出的决定，只要不是全体成员一致反对，只要有一个成员同意，就没有达到一致不同意的标准，相关决定就应当通过。实际效果是，提交 DSB 的这些事项都将自动通过必然通过，从而把主动权和决定权交给了 WTO 成员个体，通常是申诉方。"反向协商一致"规则的运用，充分尊重了申诉方的主动权，节省了时间，杜绝了被诉方运用否决权或其他政治影响对争端解决进行阻挠的可能性，使 WTO 争端解决机制下各种程序的更迭具有诉讼程序的明确快捷，如同起诉、上诉一样，只需一方当事人提出即可启动。可以说，"反向协商一致"规则标志着向一种司法机制倾斜的转折点。[3]

───────────

〔1〕　参见《WTO 协定》第 9 条第 1 款及脚注 1。

〔2〕　参见《谅解》第 6 条第 1 款、第 16 条第 4 款、第 17 条第 14 款、第 22 条第 6 款和第 7 款。

〔3〕　余敏友："论我国对世界贸易组织争议解决机制的对策"，载《中国法学》1996 年第 5 期，第 80 页。

2. 专家组程序的强化

专家组程序是 GATT 时代争端解决机制的核心，WTO 争端解决机制继承了专家组程序并将专家组断案作为整个争端解决的核心，并以一揽子协定的方式固定下来并加以强化。主要体现在：

第一，从专家组成员来看，《谅解》对专家组成员的资质、来源、选择、组成专家组的时间均作了规定，尤其强调专家组成员工作的独立性。《谅解》规定，专家组由合格的政府或非政府人士组成，通常具有不同背景和丰富经验。争端当事方或第三方的公民一般不得担任专家组成员，除非争端当事方同意或不持异议，则另当别论。[1]《谅解》规定的这种"回避"是可以理解的。专家组成员是以个人身份任职的，保持独立性，而不能作为政府或其他组织的代表行事，贯彻政府或其他组织的意志，WTO 任何成员也不得就专家组审议的事项向专家组成员作出指示或试图对其施加影响，干扰专家组成员公正判案。[2]《谅解》对专家组成员的要求更具有司法的色彩，类似于国际法院的大法官，或国内司法程序中法官的独立性条件和案件审理的回避制度。同时 DSB 注重引进法律方面的专家，使专家组成员的组成更适应国际贸易多样化的要求，这也是 DSB 断案司法化的重要标志。

第二，从专家组的设立和专家组报告的通过看，因"反向协商一致"规则的应用，一旦申诉方要求设立专家组，实质上就意味着专家组设立的自动性和必然性，因为申诉方肯定是同意的，这也意味着申诉方的起诉具有自动通过的性质，如同国内司法体制中原告方的起诉就引起第一审程序的开始。申诉方行使诉权是通过提出设立专家组的书面申请开始的，申请书的内容完全由申诉方自己决定。在该申请书中，申诉方应阐明是否已进行磋商，指明争端中意见不一的各项具体措施，并提供一份简要概述以明确说明作出该项申诉的法律依据。在专家组作出争端解决的报告后，按照"反向协商一致"规则，除非 DSB 经协商一致决定不予采纳，否则该报告将视为经 DSB 通过。这无疑是为防止败诉方不合理阻挠裁决的生效在程序上设置了屏障。

第三，从专家组审理案件的程序看，《谅解》详尽规定了专家组的工作程

---

[1] 参见《谅解》第 8 条第 3 款。

[2] 参见《谅解》第 8 条第 9 款。

序和时间表，这体现在第 12 条的一般工作程序和附录 3 的具体工作程序中。[1]从专家组设立、书面陈述和实质性会议、中期报告提交、专家组报告的作出、专家组程序的中止、多个申诉方的专家组程序等各个程序的时限规定可以看出，这些规则程序能够保证争端当事方充分陈述事实阐明意见，也能够保证专家组客观准确地认定事实，正确公正地适用规则。这些程序性规定使《谅解》更像是一部完整的诉讼程序法，确保了争端的迅速解决，避免出现 GATT 框架下争端"久拖不决"的现象。

另外，《谅解》对专家组的审理期限提出明确要求，专家组报告一般应当在 6 个月之内作出，自专家组组成和职责范围确定到最终报告提交争端各方。对于紧急案件，审理期限则为 3 个月。[2]如果专家组认为不能在 6 个月或 3 个月时间内完成报告，应通知 DSB 迟延的原因及估计期限。但任何情况下，自专家组审理到报告散发给 WTO 各成员，审理期限不得超过 9 个月。[3]很显然，严格明确的时间期限增加了司法意味。

3. 常设上诉机构的创立

WTO 争端解决机制的最独特方面之一，是设立了一个常设的上诉机构，这是其他国际性裁判机构，是国际法院所不具备的，也是 GATT 框架下的争端解决机制所没有的。常设上诉机构的创立是 WTO 争端解决机制司法化的最佳体现。

第一，对专家组作出的争端解决报告，如果争端方认为专家组在作出裁决时出现错误或对规则解释错误，就可以单方面提起上诉，通过启动上诉审查程序获得救济，这也使得上诉机构更加接近国内司法程序中的二审法院。上诉机构负责审查专家组案件的上诉，并作出裁决，即上诉机构报告。对于上诉机构报告，除非 DSB 一致决定不通过，否则应予以通过。DSB 通过上诉机构报告的方式，与前文介绍的通过专家组报告的方式是一样的，都是"反向协商一致"规则的体现。对通过的上诉机构报告，争端各方应无条件接受，它构成了争端方之间争端的最终解决。

第二，上诉机构由七名成员组成，是"在法律、国际贸易和有关协定方

[1]　参见《谅解》第 12 条第 1 款。
[2]　参见《谅解》第 12 条第 8 款。
[3]　参见《谅解》第 12 条第 9 款。

— 171 —

面有显著专长的公认权威"。与专家组成员一样，上诉机构成员同样"不依附于任何政府"，不得参与审议任何可能产生直接或间接利益冲突的争端，[1]这些规定进一步体现了上诉机构的司法独立。从 WTO 成立以来的实践看，上诉机构成员都具有很强的法律背景，并且在地理上分配基本合理，[2]总有一名来自欧盟，一名来自美国，一名来自拉美，一名来自非洲，一名来自日本，剩下两名来自亚洲和大洋洲。这使得上诉机构俨然成为 WTO 的"最高法院"，并成为 WTO 争端解决机制司法化的最权威、最有说服力的证据。[3]

第三，上诉机构审查专家组案件的上诉，对专家组报告涉及的法律问题和专家组所作的法律解释进行审查，可以维持、修改或撤销专家组的法律裁决或法律解释。[4]实践中，专家组和上诉机构除解决争端外，还对 WTO 相关协定的一些模糊含义予以澄清。由于专家组所作的法律解释要经过上诉机构的审查，由于上诉机构所作的法律解释由 DSB 自动通过，因此，专家组和上诉机构在争端解决报告中对 WTO 相关协定的规定发表的观点、所作的解释，将成为 WTO 争端解决机制中对相关协定的最终解释和权威依据，避免 WTO 法律解释的碎片化，也避免出现对于类似的事实和法律问题却作出不同裁决的情况，从而有利于维护 WTO 法律的统一性和争端解决机构的权威性。而实践中，上诉机构在缺乏 WTO 法律支撑和"正当理由"的情况下，往往把以往裁决的报告作为先例和标准，引用其中的观点或解释；专家小组在后续其他案件的调查和决定中，也以此为依据和参照。因此，专家组和上诉机构的裁决就具有先例的地位和作用，相当于国内法中的司法解释和判例，尽管对此还存在争议，但这点显然体现了 WTO 争端解决机制的司法性特征。

第四，上诉机构的七名成员定期举行例会，讨论政策、做法和程序事项，以保证决策的一致性和连贯性，吸收个人和集体的专长。上诉机构在裁判时，虽然只有三名成员组成审判庭审理案件，然而实践中全体成员都参与案件讨论。这种"联合领导"的方式能够增强上诉机构对于地区差异和文化差异的

---

〔1〕 参见《谅解》第 17 条第 3 款。

〔2〕 Debra P. Steger，"The Appellate Body and Its Contribution to WTO Dispute Settlement"，in Daniel L. M. Kennedy and James D. Southwick eds.，*The Political Economy of International Trade Law*：*Essays in Honor of Robert E. Hudec*，Cambridge University Press，2002，pp. 482~495.

〔3〕 赵维田：《世贸组织（WTO）的法律制度》，吉林人民出版社 2000 年版，第 471 页。

〔4〕 参见《谅解》第 17 条第 13 款。

理解，增强裁决的说服力并保证案例法的延续性。[1]同时，在绝大多数案件中，上诉机构只发出一种声音。根据学者的调查，这是因为上诉机构的第一批成员曾达成一致，相互承诺不公开发表不同意见；其后的上诉机构成员继承了这种"团队精神"，七名成员都将自己视为整体的一部分，而不是七个独立的个体。这种做法有效地防止了内部的反对意见削弱其裁决的正当性。[2]在审判庭完成上诉报告散发给 WTO 成员前，应与其他成员交换意见，但审判庭审理和裁决特定上诉案件的权利和自由不受干涉。[3]上诉机构这种集体工作方式，保证了其裁决的连贯性和一致性，使得上诉机构作出的裁决更具有权威性。[4]

4."交叉报复"的引入

执行程序历来是司法程序中不可缺少的重要组成部分，执行程序的有效与否直接影响着司法程序的强弱。根据《谅解》所建立的争端裁决的执行、监督程序，加强了 WTO 法的约束力，使 WTO 争端解决机制更加完善、更加有效。《谅解》第 21 条"对执行建议和裁决的监督"和第 22 条"补偿和中止减让"，都属于裁决执行程序的范畴，从两个方面为败诉方执行 DSB 的裁决或建议制定了纪律。裁决执行程序对其措施被裁定违反了 WTO 相关协定的败诉方作出了新的限制或约束，对指控成功的申诉方行使指控带来的权利或恢复被损害的权利提供了进一步的保障，这使 WTO 争端解决机制的运行有了一定的可预见性，也使上诉机构的最终裁决或建议具有法律意义和有效的执行力。与不存在裁决执行程序的争端解决制度相比，与依靠道义力量执行裁决相比，WTO 争端解决机制更具有法治化的色彩。[5]

《谅解》规定，如果败诉方在合理期间内不执行 DSB 作出的建议或者裁决的临时措施，或在合理期限届满之日起 20 日内与申诉方无法达成双方可接

---

[1]　Donald McRae, "The WTO Appellate Body: A Model for an ICSID Appeals Facility?" *Journal of International Dispute Settlement*, Vol. 1, Iss. 2, 2010, p. 375; Shoaib A. Ghias, "International Judicial Lawmaking: A Theoretical and Political Analysis of the WTO Appellate Body", *Berkeley Journal of International Law*, Vol. 24, Iss. 2, 2006, p. 543.

[2]　Alberto Alvarez-Jimenez, "The WTO Appellate Body Decision—Making Process: A Perfect Model for International Adjudication?", *Journal of International Economic Law*, Vol. 12, Iss. 2, 2009, pp. 316-320.

[3]　参见《上诉审查工作程序》规则 4。

[4]　韩立余：《既往不咎——WTO 争端解决机制研究》，北京大学出版社 2009 年版，第 139 页。

[5]　韩立余：《既往不咎——WTO 争端解决机制研究》，北京大学出版社 2009 年版，第 163 页。

受的补偿办法，申诉方可以在获得 DSB 授权的情况下，对败诉方中止适用之前已经作出的减让或中止适用其他义务（统称中止减让或其他义务，中止减让）。这一措施实际上就是通俗意义上的报复措施。对申诉方而言，这是对有关成员违反 WTO 规则所采取的最后的也许是最有力的救济措施。但与 GATT 不同的是，《谅解》规定了更强有力的报复措施，不仅允许申诉方在同一部门或同一协定下对败诉方采取报复措施，而且允许跨部门或跨协定进行报复，即允许"交叉报复"。[1]

在 WTO 诞生前的 GATT 时期，还不存在所谓的"交叉报复"。那时为了能够使专家组报告得到执行，申诉方所能采取的措施只是在同一部门或同一协定下对败诉方中止减让义务，此为平行报复，通过采取报复手段给败诉方施加压力，迫使败诉方履行义务。然而，实践证明，平行报复若想奏效，往往要求申诉方较败诉方在同一部门内具有更为强有力的经济实力。如果报复申诉方在同一部门内与败诉方相比，经济实力相对较弱，那么这种报复即使最终被授权实施了，也不能起到对自己有实质利益的作用。简言之，经济实力决定了报复能力。在乌拉圭回合谈判中，各方也渐渐认识到，要想设计一个更为有效的争端解决机制，就必须有一套强有力的执行程序来保障裁决的最终执行，在积累实践经验的基础上，WTO 争端解决机制首创了"交叉报复"并在《谅解》中作了明确规定。可见，"交叉报复"措施的引入，使得经济实力较弱的发展中国家也得以与全球贸易大国相抗衡，有利于其根据本国经济发展现状更灵活地维护自身权益，大大加强了 WTO 争端解决的执行力度，从而有效地支撑了 WTO 其他规则制度的有效运行。

（二）WTO 争端解决机制的非司法性表现

如上所述，《谅解》规定了一整套相对独立而又自我完备的争端解决模式，并带有浓厚的司法色彩。在专家组程序中，可以看到"原告""起诉状""一审法官"的模糊影子，而在上诉审查程序中，"上诉"一词本身就是诉讼

---

〔1〕 根据《谅解》第 22 条第 3 款的解释，"部门"，对于货物是指所有货物，即所有货物为同一部门；对于服务，指用于确认此类部门的现有服务部门分类清单中所有确认的主要部门，共分为 11 个部门；对于与贸易有关的知识产权，指知识产权的每一类别（7 个类别）、知识产权权利的执行义务或知识产权取得与维持方面的义务，即在与贸易有关的知识产权方面，共有 9 个部门。"协定"，对于货物，指《WTO 协定》附录 1A 所列各项协定的总体，以及争端方参加的诸边协定。换言之，对于货物而言，只存在一个协定；对于服务，指《服务贸易总协定》；对于知识产权，指《与贸易有关的知识产权协定》。

用语，"上诉机构"不由使人联想到国内司法程序中的二审法院或上诉法院。但是我们不能就此简单定论，将 WTO 争端解决机制看作一种国际司法体制。而国际司法是指争端当事国把争端提交给一个已经成立的，由独立法官组成的国际法院或国际法庭根据国际法对争端当事国作出具有法律拘束力的判决。无论就其形式还是实质而言，《谅解》规定的争端解决各项程序虽表现出一定的司法化趋势，但显然还无法满足国际司法体制的必备要件。

1. 相关称谓不具有司法色彩

从机构名称和相关称谓看，WTO 争端解决机制中的专家组和上诉机构并不称作"法院"或"法庭"，尽管专家组成员和上诉机构成员有类似法官的任职要求，但也不称作"法官"和"二审法官"。上诉机构成员的遴选实际上也充满"政治"色彩，由 WTO 成员组成一个遴选委员会协商决定。[1] 争端方不称为"原告"和"被告"，而是称作申诉方和被诉方。专家组和上诉机构的报告也不称作"判决"，而且报告并非一经作出就具有法律效力，还需要经过 DSB 协商一致通过。尽管使用"常设上诉机构"（Standing Appellate Body）一词来称呼对专家组案件上诉进行审查的机构，但是"二审法院""上诉法院""二审判决"等词语都被小心地回避了。

2. 专家组和上诉机构的报告不是判决

从报告的性质和报告的通过程序看，专家组作出的报告不是判决或裁决，专家组的职权范围是"除非争端方另有商定，专家组按照争端方引用的相关协定的有关规定，对申诉方在其设立专家组的申请中指明的提交给 DSB 的事项进行审查，并作出协助 DSB 根据相关规定提出建议或作出裁决的裁定"。[2] 可见，专家组的职权与一般审判机关或仲裁机构的职权不同的是，专家组不是为了作出裁决本身而作出裁决，即作出裁决本身不是目的，专家组作出裁决是为了协助 DSB 根据相关规定提出建议或作出裁决。[3] 与一般诉讼或仲裁不同的是，专家组审查争议措施所依据的法律，不是专家组自己认为应适用于案件的法律，而是争端方引用的相关法律。即使上诉机构审查对专家组报告提起的上诉是采用类似国内法院的二审方式，但上诉机构的审理范围也仅限于专

---

〔1〕　杨国华："WTO 上诉机构的产生与运作研究"，载《现代法学》2018 年第 2 期，第 152~153 页。

〔2〕　参见《谅解》第 7 条第 1 款。

〔3〕　韩立余：《既往不咎——WTO 争端解决机制研究》，北京大学出版社 2009 年版，第 124 页。

家组报告涉及的法律问题和专家组所作的法律解释,〔1〕无权审理专家组报告没有提及的事项,也不能像普通民事诉讼程序那样发回重审。同样,上诉机构作出的报告也不是最终裁决,仍需要得到 DSB 的批准。〔2〕

就专家组和上诉机构的报告通过程序而言,报告并不当然具有法律效力,也并不是由作出报告的成员以少数服从多数的民主方式作出评议,而是采取"反向协商一致"方式进行,即除非 DSB 协商一致不采纳该报告,否则该报告在 DSB 会议上应予以通过。这实际上使得专家组和上诉机构的报告几乎都能自动通过而具有法律效力,而民主评议方式是司法体制的本质特征。

3. DSB 的管辖权不具有强制性

从贸易争端的管辖权看,WTO 成员享有的申诉权和专家组设立的自动性,使得 DSB 对任何成员提起的申诉都享有管辖权,被诉方的反对也不影响 DSB 对申诉争端的处理。这与 GATT 时期需要全体成员同意才能设立专家组的做法、与国际法院的任择管辖权形成了明显区别。有学者因此将 WTO 争端解决机构的管辖权称为"强制管辖权",认为是对传统国际法中"不得强迫任何国家违反其本身意志进行诉讼"规则的重要突破。〔3〕

事实上,所谓 WTO 争端解决机构建立的这种强制管辖权,仍然是建立在争端方同意的基础之上的,是 WTO 成员通过"一揽子承诺"的协议方式对 DSB 的管辖权进行了事先同意,《谅解》就是 WTO 成员间包括潜在的争端方之间关于其争端解决的裁判条约。申诉方向 DSB 提起申诉,DSB 审理争端,都是基于双方存在事先的合意,即《谅解》的规定。可以说,实际上 DSB 享有的管辖权的基础还是争端方的同意,是一种主权和利益协调的结果。既然 WTO 成员将争端提交 DSB 反映了成员的"合意",在双方成员同意的情况下,当然也可以不将争端提交 DSB,而是通过双边磋商的方式来解决。《谅解》也认可并鼓励争端方达成双方满意的解决办法。〔4〕

另外也应注意到,WTO 成员签订的双边或区域自由贸易协定中,多有对争端解决的规定。在这些自由贸易协定与 WTO 协定规定的事项相同时,就会出现依据哪一个框架或机构解决争端的问题。这些自由贸易协定的争端解决

---

〔1〕 参见《谅解》第 17 条第 6 款。

〔2〕 参见《谅解》第 17 条第 14 款。

〔3〕 赵维田:《世贸组织(WTO)的法律制度》,吉林人民出版社 2000 年版,第 465 页。

〔4〕 参见《谅解》第 3 条第 7 款。

条款一般都规定了"场所选择"（choice of forum），允许缔约方从中选择。[1]一旦申诉方选择了其中一个，意味着排除了其他。鉴于 WTO 成员采取的选择场所来解决争端的态度，鉴于《谅解》鼓励成员通过磋商来解决争端，《谅解》并不强制成员将彼此间的争端提交 DSB 来解决。一成员对另一成员向DSB 提出申诉，DSB 基于《谅解》的规定享有对争端的管辖权，该管辖权既不来自争端方的单方承诺，也不涉及被诉方临时同意与否。因此，它仍然属于传统意义上的合意管辖权，建立在 WTO 成员包括争端各方的事先同意基础上。

综上所述，无论从哪一种意义上说，WTO 争端解决机构对贸易争端的管辖权都不是强制管辖权。与一般意义上的强制管辖权相比，将 DSB 的管辖权理解为"普遍管辖权"或"一般管辖权"可能更合适些。[2]

（三）结论：一种准司法化的争端解决机制

在 GATT 近 50 年的实践中，争端解决机制所表现出来的两种倾向——外交倾向和司法倾向，或者说实力取向和规则取向，又或者说法律主义方法和非法律主义的方法——如潮起潮落，此消彼长，呈现出一种对立统一的态势，让局外人困惑不解。乌拉圭回合对争端解决机制的改革被认为是决定机制取向的关键，在整个谈判过程中成为众多的国际法学家所关注的一个焦点。1991 年底邓克尔文本（该文本与《谅解》在主要内容上没有很大差别）出来后，有学者认为，邓克尔文本证实了 GATT 的实体规则及程序规则继续朝着由强调协商和谈判的务实性体制向更为法律化的、规则取向的体制方向演进，在争端解决程序上，更为严格的时限和更为自动的程序便是最好的明证。[3]1994 年乌拉圭回合达成的《谅解》出来以后，学者们则普遍认为《谅解》的基本方法是法律主义方法。例如洛文费尔德认为，在 GATT 近 50 年的争端解

---

〔1〕 例如《中华人民共和国和瑞士联邦自由贸易协定》第 15.1 条第 2 款规定："对于本协定和《世贸组织协定》项下就相同事项产生的争端，起诉方有权自行选择两协定项下的任一争端解决场所。由此选择的争端解决场所应当排除其他争端解决场所。"又如，《中华人民共和国和智利共和国自由贸易协定》第 81 条 "场所的选择"，《中华人民共和国和巴基斯坦伊斯兰共和国自由贸易协定》第 60 条"场所的选择"。

〔2〕 韩立余：《既往不咎——WTO 争端解决机制研究》，北京大学出版社 2009 年版，第 85～90页。

〔3〕 Ronald A. Brand, "Competing Philosophies of GATT Dispute Resolution in the Oilseeds Case and the Draft Understanding on Dispute Settlement", *Journal of World Trade Law*, Vol. 27, Iss. 6, 1993, p. 142.

决历史中，外交模式和裁决模式呈现出此盛彼衰的景象，但是在乌拉圭回合中，裁决模式明显取得了优胜。[1]

WTO 成立后，争端解决机制完成了从 GATT 时代"实力取向"的外交手段到"规则取向"的法律性质的历史性转变，呈现了浓厚的司法化特征，但如果就此将整个 WTO 争端解决机制视为一种强制性的司法体制显然是言过其实。以专家组程序为例，其运作方式类似于仲裁并具有准裁判性质，运行过程中体现了司法性与政治性的结合。一方面，专家组成员是依照一定标准，经严格挑选，独立进行单纯的司法性审查工作；另一方面，专家组的成立和专家组作出的报告必须经 DSB 通过，因此，它使得专家组程序的司法性审查被披上了政治性色彩。与任何其他国际组织一样，WTO 的诞生是各成员利益最优化实现的需要，作为其敏感的争端解决机制，也充分着眼于维持各成员利益的平衡。为促进贸易自由化和经济全球化而建立起来的 WTO，面对瞬息万变的全球经济动态，依靠一种僵硬的纯粹的司法体制，虽能迅速强硬地解决争端但却难得人心。若仍旧采用无休无止的外交方法，将无法适应形势发展需要。只有将外交方法与法律方法熔于一炉，借助司法化之优点，保留非司法性成分，才能既保证争端的迅速解决又兼顾各方的利益平衡。从 WTO 争端解决机构成立以来解决的争端看，外交方法和法律方法的使用及效果仍难分伯仲，在裁决的执行中损害争端解决机制司法权威性的情况也屡屡发生。由于受 WTO 作为国际组织本身的局限性和现实国际政治经济关系的制约，WTO 争端解决机制司法化的进程无疑是曲折而漫长的。

总之，尽管 WTO 争端解决机制已经具有明显的司法特征或者强烈的司法色彩，但它显然还不具备一种国际司法体制所必需的充分条件。WTO 争端解决机制仍是一种介于外交方法与法律方法之间的系统化和组织化的和平解决国际贸易争端的机制，是一种准司法化的争端解决机制。

二、逆全球化背景下 WTO 争端解决机制改革问题

WTO 争端解决机制运行近 30 年来，在解决成员间贸易争端方面发挥巨大作用，为增强多边贸易体制的稳定性和可预见性作出了重要贡献。然而近年

---

[1] Andreas F. Lowenfeld, "Remedies along with Rights: Institutional Reform in the New GATT", *American Journal of International Law*, Vol. 88, Iss. 3, 1994, p. 479.

来，因美国质疑争端解决机制并恶意阻挠上诉机构人员遴选，导致上诉机构被迫停止运作，引发了 WTO 争端解决机制乃至整个多边贸易体系的危机。目前 WTO 争端解决机制面临的危机既是近年来逆全球化和单边主义抬头、多边贸易体制遭遇困境的体现，也是机制内部缺陷、WTO 各成员政治经济利益和力量变化博弈等内外多种因素合力导致上诉机构成员的任命越来越趋向政治化的结果。[1]

（一）全球经济力量的变化和多边主义陷入困境

从历史角度看，包括《谅解》在内的乌拉圭回合一揽子协议谈判及 WTO 的成立发生在 20 世纪 80 至 90 年代，当时多边主义正于世界范围内盛行。制定有约束力且可强制执行的争端解决机制符合美国应对与欧共体、日本等缔约方贸易争议的实际需要。同时，乌拉圭回合谈判使美国在市场准入和新的贸易规制纪律方面（包括服务贸易、知识产权及投资等领域）获益巨大。当时尽管美国国会有反对 WTO 争端解决机制的声音，但未成气候。这种历史条件与当前逆全球化浪潮和贸易保护主义趋势有很大差别。自 2001 年以来，WTO 发起的首轮多边贸易谈判即多哈发展回合谈判始终未能取得预期进展，致使 1994 年乌拉圭回合谈判形成的 WTO 文本协定和运作机制缺乏应对 21 世纪各种贸易挑战的能力，使得多边贸易体制受到质疑。从更广阔的背景看，国际经贸领域的多边主义与区域主义之争一直呈此消彼长之势，[2]近年来诸如"英国脱欧"、全球公共卫生危机、地缘政治冲突、能源危机、贸易争端等复杂的国际情势，使得多边贸易体制在全球范围内遇到前所未有的质疑和困难。

美国对争端解决机制的担忧自加入 WTO 以来就一直存在，但在近年来有加速强化的趋势。美国担心 WTO 争端解决机制侵蚀国家经济主权。针对 WTO 特别是争端解决机制对美国可能的潜在损害，美国设立了动态评估机制，并保留国内法（尽管较少使用）保护自身权益。美国需要一个有效体系保障自身权益，但争端解决机制逐渐偏离了美国的理想模式。在小布什时期，美国

---

〔1〕　Robert Howse, "The World Trade Organization20 Years On: Global Governance by Judiciary", *European Journal of International Law*, Vol. 27, Iss. 1, 2016, p. 72.

〔2〕　Ian M. Sheldon, Daniel C. K. Chow and William McGuire, "Trade Liberalization and Constraints on Moves to Protectionism: Multilateralism vs. Regionalism", *American Journal of Agriculture Economics*, Vol. 100, Iss. 5, 2018, p. 1375.

和智利向 DSB 特别会议提交的争端解决机制审议提案中充满了对上诉机构的担忧，例如滥用权利和"填补空白"问题，但一直未得到回应。而在奥巴马时期就提出 21 世纪的贸易规则应由美国来书写，美国政府曾由于对断案不满而阻止了部分上诉机构成员的连任。在特朗普执政期间，多次对 WTO 争端解决机制表示不满，批评 WTO 和争端解决机制不公正对待美国，声称美国已经在"几乎所有的 WTO 诉讼"中败诉，并且认为其原因是美国的法官比其他国家少，导致在专家组设立之时美国就没有占据多数优势地位。[1]特朗普时期的商务部长、贸易代表办公室代表及国家安全顾问等鹰派人物极力奉行"美国优先"政策，挑战 WTO 的底线，将所谓"国家安全"等因素凌驾于多边贸易纪律之上，以所谓对美国不公平为由对中国等多个 WTO 成员采取单边贸易制裁措施。这些均表明美国经贸政策发展变化的新特点，即美国认为在必要时为维护其自身利益需要，可不接受国际贸易纪律的约束。[2]在所谓的"美国例外主义"之下，[3]在美国鹰派人物的鼓噪推动下，美国政府频繁采取歧视性的进口限制等措施，发动中美贸易战，与欧盟、日本等 WTO 成员的经贸摩擦也未间断。美国对 WTO 争端解决机制的不满和指责也可被视为其国内政治生态的需要，或试图以此加强其谈判筹码达到对其有利的改革目标。

中国改革开放 40 多年以来在经济上的逐渐崛起和近年来在国际事务中影响力增强等因素使得美国政府将中国视为强有力的战略竞争对手，指责中国进行不公平贸易行为、强制技术转让、采取各种投资限制、对国有企业进行不当补贴等。中国的崛起在很大程度上改变了 WTO 重要成员间的实力对比，打破了乌拉圭回合谈判时的利益平衡。美国认为现行 WTO 规则（包括争端解决机制在内）有利于中国进行所谓的"不公平贸易行为"，减少了美国能够自由使用贸易救济措施的机会，使其难以有效挑战中国对国有企业的补贴等做法。美国指责中国从 WTO 成员资格中获取了不匹配的经济利益，其将从各方

〔1〕 "Full Lou Dobbs Interview: Trump Asks What Could Be More Fake Than CBS, NBC, ABC and CNN?", https://www.realclearpolitics.com/video/2017/10/25/full_ lou_ dobbs_ interview_ trump_ asks_ what_ could_ be_ more_ fake_ than_ cbs_ nbc_ abc_ and_ cnn. html.

〔2〕 Ian Bremmer, US vs. Them: The Failure of Globalism, Portfolio/Penguin, 2018, pp. 1~204. 胡加祥："美国贸易保护主义国内法源流评析——兼评 232 条款和 301 条款"，载《经贸法律评论》2019 年第 1 期，第 4 页。

〔3〕 Daniel Deudney, Jeffrey Meiser, "American Exceptionalism", in Michael Cox and Doug Stokes eds., US Foreign Policy, 2nd ed., Oxford University Press, 2012, pp. 21~40.

面遏制中国发展作为其重要战略，包括中止 WTO 争端解决机制的运作以防止更多所谓"有利于中国"的裁决产生，提出需要对 WTO 成员的权利与义务进行再平衡。

从中美贸易争端和 WTO 危机的形成过程不难看出，美国对中国贸易行为和 WTO 的不满均源于对"美国优先"的执念。美国对中国正式发起贸易争端，本质上是因为美国恣意认为中国在全球价值链中的位置不断上升，危及美国的霸权地位、战略优势和"美国第一"原则，因而产生"巨大焦虑"，从而实施"美国优先"贸易政策的转向。美国企图通过贸易战，牢牢控制贸易规则制定、解释的主导权，巩固美中在贸易规则话语权上的主从地位，遏制中国的发展势头。这些也在经济和政治层面反映了多边主义的困境及 WTO 争端解决机制的危机。

（二）WTO 争端解决机制的合法性危机

GATT 时期采取"协商一致"方式成立专家组以及通过专家组报告的做法使得任何一缔约方（通常是被告）能够行使一票否决权，从而阻碍专家组成立及其所作报告的通过，导致一些贸易争端不能通过争端解决机制进行解决。换言之，GATT 机制具有很强的成员控制特点，很大程度上牺牲了争端解决机制所能达到的效率和公平。故而 WTO 争端解决机制采取"反向协商一致"方式成立专家组以及通过专家组和上诉机构报告的制度设计。这种演进虽然确保了争端解决的效率，但却丧失了 WTO 成员的绝对控制权。

在《谅解》的框架下，上诉机构原则上从属于争端解决机构，WTO 成员可以在 DSB 会议上表达其对上诉机构报告的看法，还可控制上诉机构成员的选任，甚至在极端情况下拒绝执行报告。但因上诉机构报告受"反向协商一致"的准自动通过机制的影响，WTO 成员对上诉机构成员的制衡相对有限。[1]WTO 成立以来，上诉机构在争端解决方面享有较为广泛的自治权，其所作报告直接或间接影响着 WTO 成员的权利和义务。上诉机构的运作，在很大程度上促成了 WTO 框架下的国际贸易法治，WTO 协定的解释和适用很大

---

[1] Alec Stone Sweet and Thomas L. Brunell, "Trustee Courts and the Judicialization of International Regimes: The Politics of Majoritarian Activism in the European Convention on Human Rights, the European Union, and the World Trade Organization", *Journal of Law and Courts*, Vol. 1, Iss. 1, 2013, pp. 64~66.

程度上（尽管不是完全）走向了不受权力和政治影响的法律化道路。[1]尽管这一机制自始就面临争议，但这种制度设计带来的影响早先并未被 WTO 成员特别是美国充分认知。伴随着多哈回合谈判的失败和 WTO 谈判功能的日渐弱化，上诉机构作为案件裁判者的权力及其报告中的调查结果和建议措施对各成员权利和义务产生的影响在一定程度上被放大。争端解决机制在近 30 年的演进中逐渐显现出成员控制与裁判独立之间的矛盾，这种矛盾被美国打上了上诉机构"合法性"危机的标签，成为其反对上诉机构成员选任的理由。

根据《谅解》第 3 条的规定，WTO 争端解决机制旨在提供迅速、满意和积极的争端解决，从而维持贸易权利义务的平衡，体现多边贸易体制的安全性和可预见性。但在达到这些目标的同时，争端解决机构的建议和裁决不能增加或减少 WTO 成员在相关协定项下的权利和义务，并需遵从 WTO 成员对各项协定的排他性权威解释权。这些目标和限制对于上诉机构成员而言，在实践中引发的问题在于，争端解决的实质是专家组和上诉机构按照习惯国际法解释规则，判断 WTO 成员采取的措施与其在相关协定项下的义务是否相一致。如同诸多国际条约一样，WTO 相关协定的文本或用语在很多方面并不明确，或重复或冲突。[2]《谅解》要求争端裁判者"澄清"条约中的模糊规定，但上诉机构成员在具体个案中根据特定情况对 WTO 相关协定的用语进行解释和适用时，其所作的条约解释是"澄清"条约规定，还是进行越权解释导致所谓"扩张性规则制定"，从而侵蚀专属于 WTO 成员对相关协定的排他性权威解释权，其实并不容易区分。

GATT/WTO 在架构上的一个重要特点是成员驱动，[3]其表现之一即成员的政治监督，具体体现为成员对所有重要事项的控制，并保护对各成员通过谈判达成的贸易义务和承诺的正确解释。尽管 WTO 争端解决机制的设计体现了合法化和司法化的特点，但从乌拉圭回合谈判的历史、《谅解》的制度安排

---

〔1〕 李晓玲："世贸组织上诉机构改革的谈判进程与岔路口选择"，载《国际经贸探索》2020 年第 4 期，第 103 页。

〔2〕 Judith L. Goldstein and Richard H. Steinbergt，"Regulatory Shift：The Rise of Judicial Liberalization at the WTO"，Walter Mattli and Ngaire Woods eds.，*in The Politics of Global Regulation*，Princeton University Press，2009，pp. 211~241.

〔3〕 Bernard M. Hoekman and Michel M. Kostecki，*The Political Economy of the World Trading System：WTO and Beyond*，3rd ed.，Oxford University Press，2010，pp. 638~663.

及文本表述等诸多方面看，WTO 创始成员似乎并无意图创设一个完全独立的司法系统，因为《谅解》并未赋予专家组和上诉机构对案件的固有管辖权，这种权力专属于争端解决机构。[1]同时，《谅解》规定上诉机构的权力在于为 DSB 提供根据相关协定对 WTO 成员采取措施是否违反其贸易义务的调查结果，并帮助 DSB 提出相应建议，其报告也只有经 DSB 通过后才具法律约束力。此外，《谅解》的诸多用语也强化了上诉机构的这种从属性地位和角色，例如采用"机构"而非"法庭""上诉机构成员"而非"法官""报告"等。

但 WTO 成员驱动的特点限制了上诉机构通过争端解决行使造法或立法权力。在实践中，客观上很难区分上诉机构是"澄清"协定的规定还是不当行使保留给 WTO 成员的排他性权威解释权。换言之，WTO 成员的控制与从属于 DSB 的上诉机构裁判案件权力之间的平衡应如何把握？上诉机构是否完全独立于 WTO 成员控制的司法裁判机构？在具体的争端解决案件中，上诉机构成员行使的权力是澄清当事方的权利与义务，还是越权行使本来只保留给 WTO 成员的对协定义务的权威性解释？无论从技术还是法律层面而言，这都是难以回答的问题。正因如此，尽管美国是 WTO 争端解决机制强有力的初始支持者，但多年来其一直在表达对争端解决机制运作方面的不满，特别是针对上诉机构成员在贸易救济案件中的所谓"越权"解释行为，并明确提出对《谅解》进行修订以加强 WTO 成员控制权的建议。[2]美国的建议实质上针对的是 WTO 成员在相关协定项下义务和承诺的解释问题，在上诉机构自主性和WTO 成员控制之间达成一种平衡，特别是针对那些在谈判中可能被故意留白或模糊处理的规定而言。但美国的建议并未得到其他 WTO 成员的积极响应，部分原因在于其他成员对美国的所谓上诉机构"越权"指责缺乏认同，并担心这种修改会导致争端解决机制甚至多边贸易体制回到以权力为基础的状态，这样一来，美国将能够利用自己的强势地位获得更多的支持性裁决。

（三）美国对上诉机构的批评与质疑

美国对上诉机构的批评并非始自特朗普政府，早在小布什时期和奥巴马

---

〔1〕　Debra Steger, "The Founding of the Appellate Body", in Gabrielle Marceau ed. , *A History of Law and Lawyers in the GATT/WTO The Development of the Rule of Law in the Multilateral Trading System*, Cambridge University Press, 2015, pp. 247-250.

〔2〕　USTR, Further Contribution of the United Staers. on Improving Flexibility and Member Control in WTO Dispute Settlement, Communication from the United Staers. , TN/DS/W/82, 24 Oct. 2005.

时期，美国就提出对上诉机构的担忧并表达其不满，多年来美国一直试图说服其他 WTO 成员积极启动对上诉机构的改革，但均没有成功。自 2016 年 8 月起，美国对上诉机构的批评与质疑既涉及《上诉审查工作程序》第 15 条的技术性问题，[1]也涵盖 WTO 争端解决机制的系统性问题。同时，美国对一些具体案件中的上诉机构报告提出了实体性关注。2020 年 2 月，美国贸易代表办公室发布的《2020 贸易政策议程及 2019 年度报告》中，再三重申了 WTO 促进各成员进行贸易协定谈判、监督协定执行和促进贸易争端解决的最初功能。[2]与此同时，美国认为上诉机构在当前的经贸治理中显得过分激进，过度解释甚至创造规则，这影响到通过贸易谈判来制定规则。美国贸易代表更是将阻止上诉机构成员任命作为美国启动 WTO 改革的有效措施。[3] 2020 年 2 月，美国贸易代表办公室发布了长达近 180 页的《WTO 上诉机构报告》，系统梳理了美国近年来对上诉机构的各类关切和不满。[4]总体而言，美国对上诉机构的批评与质疑主要涉及程序性、实体性以及系统性等三个方面。

在程序性方面，主要表现为上诉机构严重违反《谅解》规定的程序性要求。一是关于案件"超期审理"问题。美国批评上诉机构未遵循审限要求，根据《谅解》规定，上诉审查的期限是 90 天且没有例外。但自 2011 年开始，上诉机构开始违反 90 天的要求，不少案件的审理都超过了这一期限，这不仅与《谅解》"迅速解决成员间贸易争端"的要求不符，还导致审限届满后报告效力的不确定性和透明度等问题。[5]二是上诉机构成员存在"超期服役"。《上诉审查工作程序》第 15 条允许离任上诉机构成员可继续参与审理其任期

---

〔1〕 WTO, Working Procedures for Appellate Review, Communication from the Appellate Body, WT/AB/WP/W/11, 27 July 2010.

〔2〕 USTR, 2020 Trade Policy Agenda and 2019 Annual Report, February 2020, p. 3.

〔3〕 "Senator Lankford Attends Finance Committee Hearing on the World Trade Organization", https://www. marketscreener. com/news/latest/James- Lankford - Senator - Lankford - Attends - Finance - Committee - Hearing-on-the-World-Trade-Organization--28155024/.

〔4〕 USTR, Report on the Appellate Body of the World Trade Organization Office, February 2020, https://ustr. gov/sites/default/files/Report_ on_ the_ Appellate_ Body_ of_ the_ World_ Trade_ Organization. pdf.

〔5〕 USTR, Report on the Appellate Body of the World Trade Organization Office, February 2020, pp. 4~5.

内已经被分配的上诉案件,[1]美国对该规定提出质疑,认为这缺乏法律依据,与《谅解》第17条第2款的规定不符。美国认为,任期已届满的上诉机构成员能否继续审理任期内已经被分配的上诉案件,决定权在 DSB 而不在上诉机构本身。

在系统性问题方面,主要体现为上诉机构的司法裁判模式。一是关于"先例问题"。美国批评上诉机构声称自己的报告具有先例地位,并要求嗣后的专家组在案件审理中遵循先前的上诉机构报告。美国认为,上诉机构这一做法缺乏"强有力的理由"(cogent reasons),约束了专家组成员的案件审理,与 WTO 协定不符,也剥夺了各成员对 WTO 规则的权威解释权。二是上诉机构混淆审理中的"事实与法律"问题。美国认为,上诉机构错误地将 WTO 成员的国内法含义作为法律问题进行审查和解释,这表明上诉机构忽视了 WTO 规则并试图扩大自己的权威性和审查范围,而最终错误的 WTO 裁决结果将迫使美国和其他 WTO 成员不必要地废除或修改国内法律。三是关于"咨询意见"或附带意见。美国指出,上诉机构成员倾向于发表并非解决争端所必需的意见甚至对当事方未上诉的问题发表附带意见,该做法与争端解决机制不符。美国特别提到"一个令人震惊的事例"(one egregious instance),在一份上诉机构报告中竟然有超过 2/3 的内容(长达46页)属于附带意见性质。[2]美国认为,花费在起草咨询意见的时间和资源对于争端解决本身并无必要,反而导致审期延误和报告更冗长更复杂,并且有"造法"之嫌疑。

在实体性问题方面,则主要表现为上诉机构"越权裁判"。美国认为,上诉机构越权审查甚至推翻专家组的事实调查结果,增加了争端解决程序的复杂性、重复性和延迟性。上诉机构声称可以审查专家组对国内法含义的裁定,更是错上加错。同时,上诉机构在一些案件中对 WTO 相关协定的实体性解释存在越权问题,从而增加或减少了 WTO 成员的权利或义务。这突出体现在对《反倾销协定》中"归零"措施的定性、《补贴与反补贴协定》中"公共机构"的定义、《技术性贸易壁垒协定》第2.1条非歧视原则的审查标准,以及《保障措施协定》中"不可预见的发展"的解释等方面,这些"越权裁判"

---

〔1〕《上诉审查工作程序》第15条规定:"经上诉机构授权且通知 DSB 后,任期届满的上诉机构成员可继续完成其已经被分配的案件审理。仅为此目的,该成员可继续被视为上诉机构成员。"

〔2〕 这是指阿根廷——货物和服务贸易相关措施案(WT/DS453/AB/R)的上诉机构报告。

限制了美国出于公共利益进行监管或保护美国工人和企业免受不公平贸易的能力。[1]在美国看来，WTO 争端解决机制的目的是解决案件纠纷，而非"造法"，[2]有些事项应该通过部长级会议、总理事或 DSB 来行使职权。但在一些争端中上诉机构试图填补 WTO 协定中的"空白"，将一些未经美国和其他WTO 成员同意的权利或义务置入其中，这些错误做法有利于以牺牲市场经济为代价的非市场经济成员，使贸易救济措施无效，侵蚀了 WTO 成员合法的政策空间。[3]

事实上，美国对上诉机构批评与质疑的核心是所谓的上诉机构"越权"问题，而美国对上诉机构不满的深层原因是上诉机构作出了很多对其不利的裁决，尤其是在美国被诉的案件中，上诉机构推翻了很多对美国有利的专家组裁决，其中最典型的就是涉及"归零"措施的一系列美国被诉案件。可以说，上诉机构是目前唯一能够制约美国的国际准司法机构，因此在美国看来，上诉机构不合理地限制了美国的国家主权，阻碍了美国利益的实现，维持上诉机构或类似的上诉机制并不符合美国的利益。[4]美国希望通过改造上诉机构，在争端解决程序中增加 WTO 成员控制的空间，从而影响裁决结果。[5]

因此可以看到，在 2022 年 3 月美国贸易代表办公室发布的《2022 贸易政策议程及 2021 年度报告》中，依旧充斥着对上诉机构的不满和指责，并声称美国不打算同意启动填补上诉机构成员空缺的程序。[6]在 2023 年 2 月 27 日举行的 WTO 争端解决机构会议上，由 127 个 WTO 成员提出的重启上诉机构新法官遴选程序的提案，再次因美国反对而未获通过，这已经是该提案第 63 次受阻。[7]因美国屡屡反对，使上诉机构无法继续审理上诉案件，依然处于

---

〔1〕 USTR，2022 Trade Policy Agenda and 2021 Annual Report，March 2022，p. 170.

〔2〕 USTR，Report on the Appellate Body of the World Trade Organization Office，February 2020，p. 47.

〔3〕 USTR，Report on the Appellate Body of the World Trade Organization Office，February 2020，pp. 1~2.

〔4〕 梁意："论上诉机构存废背景下的 WTO 争端解决机制改革"，载《法学》2022 年第 12 期，第 179 页。

〔5〕 李晓玲："世贸组织上诉机构改革的谈判进程与岔路口选择"，载《国际经贸探索》2020 年第 4 期，第 108 页。

〔6〕 USTR，2022 Trade Policy Agenda and 2021 Annual Report，March 2022，p. 170.

〔7〕 "美国再次阻挠世贸组织上诉机构新法官遴选"，载 https://flash. jin10. com/detail/202302280 32153677100，访问日期：2023 年 3 月 10 日。

"停摆"状态。

（四）WTO 成员关于上诉机构的改革倡议

多边贸易体制的良好运作依赖于同等高效的规则制定和争议解决。关于如何尽快解决目前上诉机构面临的严重危机，促使美国回心转意，欧盟、中国、加拿大、印度等 70 多个 WTO 成员先后通过不同形式提出了若干份改革建议，包括欧盟 2018 年 9 月提出的《WTO 现代化概念文件》[1]、加拿大 2018 年 9 月提出的《关于强化和现代化 WTO 的讨论文件》[2]和 2019 年 1 月发表的《渥太华集团关于 WTO 改革的联合公报》、[3]中国 2018 年 11 月发布的《关于世贸组织改革的立场文件》以及 WTO 成员提交总理事会和 DSB 会议的十多份其他文件。

WTO 成员提交总理事会和 DSB 会议的文件包括：欧盟、中国、加拿大等 12 个成员（后增至 14 个）2018 年 12 月向总理事会提交的文件，涉及五个方面的程序性问题改革，[4]实际上是对美国质疑的逐一回应；欧盟、中国、印度（黑山共和国后加入）2018 年 12 月向总理事会提交的文件，涉及增强上诉机构独立性等方面；[5]澳大利亚和新加坡（哥斯达黎加、加拿大和瑞士后加入）2018 年 12 月向总理事会提交的文件，涉及如何处理 WTO 裁判机构增加或减少成员在 WTO 相关协定项下的权利和义务问题；[6]洪都拉斯 2019 年 1 月向总理事会提交的两份文件，分别涉及上诉案件的审理时限、上诉程序的效率以及如何处理在案件审限届满后作出的报告效力以及离任上诉机构成员的

---

〔1〕　European Union. Conception Paper-WTO Modernization Future EU Proposals on WTO Dispute Settlement.

〔2〕　WTO General Council. Strengthening and Modernizing the WTO：Discussion Paper, Communication from Canada, JOB/GC/201, 24 September 2018.

〔3〕　WTO. Joint Communique of the Ottawa Group on WTO Reform, Communication from Canada, WT/L/1057, 25 January 2019.

〔4〕　WTO General Council. Communication from the European Union, China, Canada, India, Norway, New Zealand, Switzerland, Australia, Republic of Korea, Iceland, Singapore and Mexico, Costa Rica and Montenegro to the General Council, WT/GC/W/752/Rev. 2, 11 December 2018.

〔5〕　WTO General Council. Communication from the European Union, China, India and Montenegro to the General Council, WT/GC/W/753/Rev. 1, 11 December 2018.

〔6〕　WTO General Council. Adjudicative Bodies：Adding to or Diminishing Rights or Obligations under the WTO Agreement, Communication from Australia, Singapore, Costa Rica, Canada and Switzerland, WT/GC/W/754/Rev. 2, 11 December 2018.

过渡期规则等问题；[1]洪都拉斯 2019 年 1 月向 DSB 和总理事会分别提交的文件涉及如何解决离任上诉机构成员继续审理案件的问题以及五方面改革建议，包括强制性的司法节制、附带意见、审查标准、条约解释方法以及可能的外部审议等。[2]

这些改革建议，首先很大程度上回应了美国针对上诉机构提出的批评，希望尽快解决上诉机构面临的危机，使其恢复正常运转；其次，纳入了一些保障上诉机构独立性、提高上诉机构工作效率的诉求，在机制上保证上诉机构运行免受个别成员的阻挠。相关改革建议可总结提炼如下：

1. 关于上诉案件 90 天审理期限

2018 年 12 月欧盟、中国、加拿大等 14 个成员联合发布提案，提出修改《谅解》规定的 90 天审限，如果争端当事方同意，报告可以超过 90 天作出，同时上诉机构应加强与当事方的磋商和透明度。如果报告预计要超过 90 天作出，上诉机构可在程序早期甚至上诉提出前与争端各方协商。如果当事方未就超时安排达成协议，则考虑设立相关机制调整该案件的上诉程序或工作安排，例如，建议当事方自愿聚焦上诉范围、为当事方上诉提交的材料内容设定篇幅限制、采取适当措施缩短报告长度或仅以上诉时的语言发布报告甚至动用"强制性司法节制"等方式，以符合 90 天审限的要求。这些变化不应影响现有规则关于超过 90 天作出报告的效力和报告通过的规定。

洪都拉斯提交的文件进一步建议，如果遵守现行 90 天审理期限的规定，则是否可考虑期限计算不包括周末和节假日、报告翻译时间，对 60 天上诉期限进行延期以避免出现上诉机构在某段时间内工作量过大不能按期结案等情况。还有一种选择是考虑修改现行 90 天的审理期限规定，延长至 120 天或允许上诉机构根据实际情况自行决定案件的审理期限。关于在 90 天审理期限届满后上诉机构作出报告的效力，应主要取决于上述期限是否为强制性的（即在具体个案中未进行调整），以及是否不遵守审理期限则自动通过专家组报告。[3]

---

[1] WTO General Council, Fostering A Discussion on the Functioning of the Appellate Body, Communication from Honduras, WT/GC/W/758, 21 January 2019；WT/GC/W/759, 21 January 2019.

[2] WTO General Council, Fostering A Discussion on the Functioning of the Appellate Body：Addressing the Issue of Alleged Judicial Activism by the Appellate Body, Communication from Honduras, WT/GC/W/760, 29 January 2019.

[3] WTO General Council, Fostering A Discussion on the Functioning of the Appellate Body, Communication from Honduras, WT/GC/W/758, 21 January 2019；WT/GC/W/759, 21 January 2019.

2. 关于任期届满的上诉机构成员继续审理案件的过渡规则

美国认为，根据《谅解》的规定，上诉机构无权将任期届满的成员仍视为成员，只有 DSB 才有权力决定届满成员是否应继续审理案件。WTO 成员对此提出的改革建议包括对上诉机构成员任期即将届满时的案件分配，规定有案件审理任务的上诉机构离任成员任期得以延长的条件，以及限制已延期的上诉机构成员介入未分配的案件审理或合议等。为确保即将离任和新任上诉机构成员之间的有序过渡，欧盟、中国、加拿大等 14 个成员的提案提出，WTO 成员应通过修订《谅解》的方式规定上诉机构离任成员的过渡规则，规定离任成员应完成在其任期内分配的已开庭案件。洪都拉斯提出的建议包括：一是任期届满离任的上诉机构成员应继续完成任期内已举行听证的上诉案件审理；二是在上诉机构成员任期届满前的 60 天之内不得再对其分配新的案件。这些建议一方面试图尽可能缩短上诉机构成员届满后继续审案的时间，另一方面则以案件是否已开庭作为划分标准，不仅有助于避免资源浪费，而且可促进争端的尽快解决。但这些建议只有在上诉机构正常运行的情形下才能发挥作用。

3. 关于发布咨询意见或附带意见

美国批评上诉机构成员倾向于发表并非解决争端所必需的意见甚至对当事方未上诉的问题发表附带意见，对此，欧盟、中国、加拿大等 14 个成员的提案建议应对《谅解》第 17 条第 12 款进行修订，即规定上诉机构 "应在上诉程序中处理当事方提出的每个问题"，但需要 "在解决争议的必要范围内"。[1]洪都拉斯的提案则建议考虑是否可对上诉机构规定强制性的司法节制，禁止上诉机构在其报告中包括咨询意见或附带意见，禁止进行抽象讨论或提供有关 WTO 法律条款的咨询意见等。[2]这将解决有关上诉机构作出对争端解决不必要的、冗长的咨询意见或附带判决意见等方面的问题，也间接有助于符合 90 天的审理期限要求。

---

〔1〕 WTO General Council, Communication from the European Union, China, Canada, India, Norway, New Zealand, Switzerland, Australia, Republic of Korea, Iceland, Singapore and Mexico, Costa Rica and Montenegro to the General Council, WT/GC/W/752/Rev. 2, 11 December 2018. p. 2.

〔2〕 WTO General Council, Fostering A Discussion on the Functioning of the Appellate Body: Addressing the Issue of Alleged Judicial Activism by the Appellate Body, Communication from Honduras, WT/GC/W/760, 29 January 2019, p. 2.

4. 关于上诉机构对事实问题的审查

美国认为，上诉机构在实践中适用不同标准审查专家组的事实认定，并得出一些并非基于专家组认定或本无争议的事实的结论，这特别体现在上诉机构针对专家组关于 WTO 成员方内法含义所作结论的重新审查，而这是事实问题而非法律问题，因此并不在上诉审查的范围内。对此，欧盟、中国、加拿大等 14 个成员的提案建议进一步澄清专家组报告中包含的法律问题及专家组所作法律解释的含义；在《谅解》第 17 条第 6 款的意义上而言，尽管专家组报告涉及的法律问题和专家组所作的法律解释包括了根据 WTO 规则对涉案措施所做的法律定义，和专家组根据《谅解》第 11 条对此进行的客观评估，但不包括 WTO 成员方内措施本身的含义。[1]

泰国在提案中认为，当专家组有关国内法的调查结论被看作兼具有事实和法律的混合性问题时，建议由专家组进行定性，即"秉持一个成员方国内法的含义不是法律问题的理念，鼓励专家组将他们的调查结论恰当地定性为事实问题或法律问题。当上诉中提出国内法真实含义的问题时，上诉机构须对专家组的定性给予充分的考虑"。[2] 洪都拉斯则建议对《谅解》进行修改，规定上诉机构审议事项应类似专家组根据《谅解》第 11 条进行的审议，即对提交的问题或事项进行客观评估，并且由 WTO 成员规定客观评估和审查标准的具体范围；明确禁止上诉机构审查事实问题，并且明确规定 WTO 成员的国内法属于事实问题，WTO 成员的法院或有权机构对其国内法的解释或修改不受上诉机构的审查；规定上诉机构不再进行所谓的完成法律分析。[3]

5. 关于事实上的遵循先例问题

美国指责上诉机构宣称其报告可作为先例，在嗣后的专家组报告应遵循

〔1〕 WTO General Council, Fostering A Discussion on the Functioning of the Appellate Body: Addressing the Issue of Alleged Judicial Activism by the Appellate Body, Communication from Honduras, WT/GC/W/760, 29 January 2019, p. 2.

〔2〕 WTO General Council, Decision on the Dispute Settlement System of WTO, Communication from Thailand, WT/GC/W/769, 26 April 2019, p. 2.

〔3〕 关于完成法律分析，一般是指在某些上诉案件中，当上诉机构推翻专家组的某项法律认定后，因缺乏将案件发回重审的权力，根据专家组报告中的事实认定继续完成相关的法律分析。WTO General Council, Fostering A Discussion on the Functioning of the Appellate Body: Addressing the Issue of Alleged Judicial Activism by the Appellate Body, Communication from Honduras, WT/GC/W/760, 29 January 2019, pp. 2-3. See Alan Yanovich, Tania Voon, "Completing the Analysis in WTO Appeals: The Practice and its Limitations," *Journal of International Economic Law*, Vol. 9, Iss. 4, 2006, pp. 934~936.

在先的上诉机构报告。美国认为这种做法缺乏 WTO 协定的法律基础，尽管上诉机构报告可以对 WTO 协定进行有价值的澄清，但其报告本身并非经过 WTO 成员谈判而一致同意的协定文本，不可作为其替代。从 WTO 成员的各种提案来看，没有争议的是，DSB 通过的上诉机构报告虽不构成对适用 WTO 协定的权威解释或有约束力的先例，但在嗣后案件的审理过程中仍应得到考虑，但在何种情形下应得到何种考虑，则存在较大争论。对此，欧盟、中国、加拿大等 14 个成员的提案建议，在上诉机构与 WTO 成员之间举行年度会议进行沟通交流时，WTO 成员可以发表与通过特定案件报告无关的观点；WTO 成员可表达对上诉机构成员审理案件所使用的方法、涉及的一些系统性问题或法理发展趋势等方面的关注；这种年度会议的沟通交流方式需要充分的透明度和基本规则来约束，以避免 WTO 成员对上诉机构成员施加不必要的压力。[1]在日本、澳大利亚和智利的提案中，认为专家组可以采纳不同于上诉机构已经形成的关于 WTO 条款的解释；为保证裁决在后期能顺利执行，应在 DSB 和上诉机构之间建立定期的对话机制，WTO 成员也应考虑如何确保定期对话机制的成果能够得到实施。[2]

6. 关于上诉机构的其他方面事项

除针对美国的批评与质疑外，WTO 成员还提出了上诉机构其他方面的问题。为保障上诉机构的正常运作，所有单独或联合提交提案的 WTO 成员均提议修订《谅解》，明确当上诉机构发生空缺时，自动启动遴选程序。例如，非洲集团提案建议上诉机构成员遴选程序应最迟于离任成员任期届满前 3 个月自动启动，且保留《上诉审查工作程序》第 15 条，允许离任上诉机构成员继续履职直至职位被填补，但该继续履职不得超过其任期届满之日起 2 年。[3]为提升上诉机构及其成员的独立性，防止个别 WTO 成员将上诉机构成员在第一个任期参与作出的裁决与是否同意其连任挂钩，欧盟、中国等成员的提案建议修改《谅解》，将上诉机构成员任期修改为 6 年至 8 年不可连任的单一更

---

〔1〕　WTO General Council, Communication from the European Union, China, Canada, India, Norway, New Zealand, Switzerland, Australia, Republic of Korea, Iceland, Singapore and Mexico, Costa Rica and Montenegro to the General Council, WT/GC/W/752/Rev. 2, 11 December 2018, p. 2.

〔2〕　WTO General Council, Informal Process on Matters related to the Functioning of the Appellate Body, Communication from Japan, Australia and Chile, WT/GC/W/768/Rev. 1, 26 April 2019, pp. 2~3.

〔3〕　WTO General Council, Appellate Body Impasse, Communication from the African Group, WT/GC/W/776, 26 June 2019, p. 2.

长任期；为提高上诉机构的工作效率以便遵守案件审限，提议将上诉机构成员从 7 人增加为 9 人，并将兼职修改为专职性质；同时可以考虑增强上诉机构秘书处的力量，为上诉机构提供行政和法律支持以促进高质量的上诉机构报告能快速散发给 WTO 成员。[1]

针对上诉机构增加或减少成员在 WTO 相关协定项下的权利和义务问题，澳大利亚、新加坡、加拿大等成员的提案建议立即启动以聚焦问题解决为中心的程序，在平等对待每一 WTO 成员意见的基础上，为解决特定争端的裁决机构提供约束性或非约束性的指导，也可以考虑加强争端解决框架以确保 DSB 和裁决机关的职能和责任的适当平衡。[2]洪都拉斯的提案认为，上诉机构增加或减少 WTO 成员的权利和义务，既包括成员的实体性权利义务，也包括成员的程序性权利义务，即涉及上诉机构修改或解释《谅解》的方式或方法，因此建议修改或删除《谅解》第 3 条第 2 款关于上诉机构的义务在于"澄清"WTO 协定相关条款的规定，或将其修改为上诉机构的义务仅在于以解决当前争议为目的而澄清相关条款的义务。[3]洪都拉斯的提案还建议引入发回重审程序，减少上诉机构审查的信息量，因该程序可能会延长整个争端解决程序，但可以通过修改对上诉机构成员与其他 WTO 成员进行合议的要求以避免迟延。[4]

综上，虽然 WTO 成员对上诉机构面临的危机严重关切并积极提出建议回应美国对上诉机构的批评，甚至在部分问题上接受了美国诉求，但各种方案或建议并未触及美国对上诉机构批评与质疑的核心问题。因此，美国只是一味地否定，并未提出具体建议或解决方案，正如前上诉机构成员彼得·范登博舍（Peter Van den Bossche）在 2019 年 5 月 28 日向 WTO 争端解决机构发表

---

〔1〕 WTO General Council, Communication from the European Union, China, India and Montenegro to the General Council, WT/GC/W/753/Rev. 1, 11 December 2018, pp. 1~2.

〔2〕 WTO General Council, Adjudicative Bodies: Adding to or Diminishing Rights or Obligations under the WTO Agreement, Communication from Australia, Singapore, Costa Rica, Canada and Switzerland, WT/GC/W/754/Rev. 2, 11 December 2018, p. 1.

〔3〕 WTO General Council, Fostering A Discussion on the Functioning of the Appellate Body: Addressing the Issue of Alleged Judicial Activism by the Appellate Body, Communication from Honduras, WT/GC/W/760, 29 January 2019, p. 3.

〔4〕 WTO General Council, Fostering A Discussion on the Functioning of the Appellate Body, Communication from Honduras, WT/GC/W/758, 21 January 2019, p. 3.

告别演说时所言，美国只是强调上诉机构应该遵守《谅解》中规定的规则，然而美国基本上对这实际上意味着什么保持沉默，也没有参与讨论目前摆在桌面上的任何改革建议。[1]美国这种消极态度引发了许多 WTO 成员的反驳和质疑，也更增加了 WTO 争端解决机制的不确定性。

（五）WTO 争端解决机制前景展望

自 2017 年 11 月以来，关于上诉机构成员的选任议题在争端解决机构会议上被讨论，均因美国频频动用一票否决权而未能达成一致结果。[2]2020 年 11 月 30 日，随着 WTO 上诉机构最后一名成员的任期届满，上诉机构因人员空缺而彻底陷入"停摆"。上诉机构成为一个只存在于《谅解》中的实体，这是自乌拉圭回合以来 WTO 争端解决机制的严重减损和倒退。[3]早在 2018 年 9 月，欧盟在《WTO 现代化概念文件》中就指出，随着越来越多的上诉机构成员离任而新的任命被阻挠，争端解决机构将很快陷入瘫痪，规则将无法执行，这相当于全球经济治理倒退 20 年，也意味着回到了一个规则只在方便的情况下执行，而实力取代规则作为贸易关系基础的贸易环境。[4]

1. 解决上诉机构困境的可能方案

美国通过阻挠上诉机构成员的连任和选任，以一己之力使上诉机构陷入"停摆"，如何摆脱上诉机构"停摆"困境，目前理论界讨论最多的方案主要包括三类：临时仲裁、投票遴选上诉机构人员以及考虑重新设计一套争端解决机制，三种方案各有利弊，考虑到此前学界对此已有相应分析，以下作简要介绍评述。

第一种方案，通过临时仲裁方式解决上诉案件。有学者提出，《谅解》第 25 条仲裁条款可以作为上诉机制的替代方案。[5]这种做法是将《谅解》第 25 条规定的仲裁程序进行适当变通，作为专家组报告的上诉通道，通过仲裁程序

---

〔1〕 "Farewell Speech of Appellate Body Member Peter Van den Bossche", https://www.wto.org/english/tratop_ e/dispu_ e/farwellspeech_ peter_ van_ den_ bossche_ e.htm.

〔2〕 WTO. Dispute Settlement Body Annual Report（2018），（2019-2020），（2021），（2022）.

〔3〕 "Farewell Speech of Appellate Body Member Prof. Dr. Hong Zhao", https://www.wto.org/english/tratop_ e/dispu_ e/farwellspeechhzhao_ e.htm.

〔4〕 European Union, Conception Paper-WTO Modernization Future EU Proposals on WTO Dispute Settlement.

〔5〕 Jens Hillebrand Pohl, "Blueprint for a Plurilateral WTO Arbitration Agreement Under Article 25 of the Dispute Settlement Understanding", in Densie Prévost, Iveta Alexovicova and Vens Hiuebrand Pohl eds, *Restoring Trust in Trade*：*Liber Amicorum in Honour of Peter Van den Bossche*, Hart, 2018, pp.148~149.

发挥上诉功能，因此可称之为"上诉仲裁"。[1]"上诉仲裁"包括有意向的WTO成员尝试订立双边仲裁协议，更为理想的方式是具有相同意愿的WTO成员组成"争端解决挚友"，签订具有诸边性质的仲裁协定，取代临时或逐案达成的提交仲裁的临时协议。[2]也有国内学者从中国视角对采取仲裁解决上诉机构"停摆"危机进行了较为深入的探讨。[3]从公开信息来看，"上诉仲裁"方案获得了部分WTO成员尤其是欧盟的认同。2019年7月和10月，欧盟先后与加拿大和挪威达成基于《谅解》第25条的临时仲裁协议，希望在上诉机构重新恢复职能之前，通过借鉴《谅解》第17条的实质性和程序性方面的审查实践，以及任命现任或已卸任的上诉机构成员担任仲裁员等方式，解决彼此间产生的贸易争端。[4]

第二种方案，投票遴选上诉机构成员。国外有学者提出，如果上诉机构"停摆"问题得不到解决，为了打破美国的桎梏，可依据《WTO协定》第9条第1款和第16条第3款的规定，启动投票制度遴选上诉机构成员。[5]亦有学者进一步指出，可将上诉机构成员的任命事项纳入WTO总理事会的议程，以"协议一致"方式通过该事项决议，如果有成员阻碍，则可以投票表决方式通过上诉机构成员的任命。[6]这一方案的优点是可以彻底解决上诉机构成员不足的问题，但却充满风险，这将打破WTO长期以来形成的协商一致的决策传统。尽管当前有不少WTO成员要求启动上诉机构成员的遴选程序，但这

---

〔1〕 Scott Andersen et al，"Using Arbitration under Article 25 of the DSU to Ensure the Availability of Appeals"，The Graduate Institute Geneva，Center for Trade and Economic Integration，2017.

〔2〕 Tetyana Payosova，Gary Clyde Hufbauer and Jeffrey J. Schott，"The Dispute Settlement Crisis in the World Trade Organization：Causes and Cures"，*Peterson Institute for International Economics*，No. PB18‐5，2018，pp. 11～12.

〔3〕 石静霞："世界贸易组织上诉机构的危机与改革"，载《法商研究》2019年第3期。

〔4〕 Canada and the European Union，Interim Appeal Arbitration Pursuant to Article 25 of the DSU，https：//trade. ec. europa. eu/doclib/docs/2019/july/tradoc_ 158273. pdf；The European Union and Norway，Interim Appeal Arbitration Pursuant to Article 25 of the DSU，https：//trade. ec. europa. eu/doclib/docs/2019/october/tradoc_ 158394. pdf.

〔5〕 Jennifer Hillman，"Three Approaches to Fixing the World Trade Organization's Appellate Body：The Good，the Bad，and the Ugly？"，https：//www. law. georgetown. edu/wp‐content/uploads/2018/12/Hillman‐Good‐Bad‐Ugly‐Fix‐to‐WTO‐AB. pdf.

〔6〕 Henry S. Gao，"Disruptive Construction or Constructive Destruction? Reflections on the Appellate Body Crisis"，in Chang‐fa Lo，Junji Nakagawa and Tsai‐fang Chen. eds. *The Appellate Body of the WTO and Its reform*，*Springer*，2019，pp. 235～236.

并不等于同意以投票的方式进行。目前阶段采取投票方式解决上诉机构危机的条件还不成熟，甚至在某种程度上会迫使其他 WTO 成员选边站队，引起对抗加剧和导致更严重的冲突，从而使多边贸易体制受到更大的伤害。确实，正如有学者所言，目前 WTO 成员几乎没有政治力量以这种方式排挤美国。[1]从理性的角度而言，美国退出 WTO，无论对谁而言，既不太现实也不理想。假如美国退出 WTO，其他成员方需坚持底线思维，估算必要时，在一个有美国但陷入停顿的 WTO 体系与能持续运作但缺少美国的 WTO 体系之间作出选择。

第三种方案，创设一套新的争端解决体制。有国外学者提出在 WTO 之外设立一个新的"上诉法庭"，而原上诉机构成员可以辞职加入这个新的法庭，新的法庭除了审理 WTO 成员间的贸易争端，甚至还可以裁决区域性贸易协定项下的争端。[2]WTO 前上诉机构成员詹尼弗·希尔曼（Jennifer Hillman）曾提出针对贸易救济类案件，可考虑单独设立上诉机构抑或取消贸易救济领域的上诉程序。[3]国内有学者大胆设想，提出在 WTO 框架之外，通过缔结大型协定的方式创立一个新的开放式的上诉机构。[4]这些建议事实上是"另起炉灶"，建立一个新的国际贸易裁判机构，摆脱 WTO 规则的约束。这种方案目前条件还不够成熟。就现实而言，突破现有 WTO 规则体系，要想达成任何一个多边协定都非常艰难，尤其是当前 WTO 多边贸易体系危机重重，在此背景下就争端解决创设一种新机制，更需要长时间的磋商和协调，难度可想而知。

在解决上诉机构危机的上述三种方案中，比较而言，第一种临时仲裁方案是最值得关注的，目前也是正在步入操作层面的一种方案。事实上，2019年 7 月和 10 月，欧盟与加拿大、欧盟与挪威已根据《谅解》第 25 条达成了争端解决的临时仲裁协议并向 WTO 通报了相关文件，这一模式逐步引起其他

〔1〕 Joost Pauwelyn，"WTO Dispute Settlement Post 2019：What to Expect？ What Choice to Make？" *Journal of International Economic Law*，Vol. 22，Iss. 3，2019，pp. 302~303.

〔2〕 Pieter Jan Kuijper，"The US Attack on the WTO Appellate Body"，*Legal Issues of Economic Integration*，Vol. 45，Iss. 1，2018.

〔3〕 Jennifer Hillman，"Three Approaches to Fixing the World Trade Organization's Appellate Body：The Good，the Bad，and the Ugly？" https://www. law. georgetown. edu/wp−content/uploads/2018/12/Hillman−Good−Bad−Ugly−Fix−to−WTO−AB. pdf.

〔4〕 孔庆江："一个解决 WTO 上诉机构僵局的设想"，载《清华法学》2019 年第 4 期。

WTO 成员的关注和响应。2020 年 1 月 24 日达沃斯世界经济论坛期间，中国、欧盟、加拿大等 17 个 WTO 成员发表一份部长声明，决心继续推进上诉机构成员遴选工作，认为争端解决机制对于以规则为基础的多边贸易体制至关重要，而独立公正的上诉机制是其基本组成部分；与此同时，决定将采取应急措施，根据《谅解》第 25 条建立多方临时上诉安排（Multi-Party Interim Appeal Arbitration Arrangement，MPIA）。[1] 2020 年 3 月 27 日，中国、欧盟等 16 个成员的贸易部长再次发表声明，宣布 MPIA 已经达成。声明重申该项安排是开放性的，欢迎任何 WTO 成员加入，并表示 MPIA 是临时性的，上诉机构一旦恢复，MPIA 即行终止。[2] 4 月 30 日，中国、欧盟和其他 17 个 WTO 成员正式向 WTO 提交通知，共同建立 MPIA，自该通知提交之日起开始生效运行。[3]

2. 对 MPIA 的评析

MPIA 参加方向 WTO 通报的文件，由正文和两个附件组成。正文主要包括序言、一般规定、仲裁程序、仲裁员、杂项等。附件一《DSX 号争端解决中根据 DSU 第 25 条仲裁的议定程序》是关于临时仲裁的具体程序，附件二《根据文件 JOB/DSB/1/ADD. 12 第 4 段组成仲裁员库》是关于组建仲裁员库的程序。[4] 依据 MPIA 协议及附件二，MPIA 设立仲裁员库（pool of arbitrations），由参加方一致选出 10 名 "对法律、国际贸易和 WTO 协定所涉事项有专门知识的公认权威人士"，每个上诉案件由其中 3 名仲裁员负责审理。仲裁员的条件与《谅解》第 17 条规定的上诉机构成员条件相同，仲裁员库具有类似上诉机构的法律地位和职能。2020 年 6 月 5 日，美国大使致函 WTO 总干事，对 MPIA 表示反对，认为 MPIA 具有上诉机构性质，重复了上诉机构的错误；MPIA 不应使用 WTO 资源和经费，包括 "预选" 仲裁员和提供秘书支持。在此背景下，MPIA 参加方仍然按期完成了仲裁员库的组建工作。2020 年 7 月 31 日，MPIA 参加方就 10 名仲裁员库的组成达成一致并向 WTO 通报，MPIA

〔1〕 "Statement by Ministers", https://trade. ec. europa. eu/doclib/docs/2020/january/tradoc_ 158596. pdf.

〔2〕 "Ministerial Statement", http://images. mofcom. gov. cn/tfs/202004/20200408172445660. pdf.

〔3〕 "中国与欧盟等成员向世贸组织通报多方临时上诉仲裁安排"，载 http://www.mofcom. gov. cn/article/ae/ai/202004/20200402961036. shtml，访问日期：2023 年 3 月 5 日。

〔4〕 Annex 1 Agreed Procedures for Arbitration Under Article 25 of the DSU in Dispute DSX, Annex 2 Composition of the Pool of Arbitrators Pursuant to Paragraph 4 of Communication JOB/DSB/1/ADD. 12.

正式投入运作。MPIA 的运作遵循《谅解》第 17 条关于上诉审查的实体性和程序性规定。此外，为提高上诉审理的效率，并顾及仲裁当事人的意愿，MPIA 还设置了一些新的程序规则。例如，提出上诉的起算日期和截止日期；向 WTO 秘书处而不是向 DSB 秘书处提交上诉通知；上诉审理的裁决期限为 90 天，按照仲裁员的建议，当事方可同意延长该期限；上诉审理裁决无须经 DSB 通过，而是通报 DSB 和管理 WTO 相关协定的理事会或委员会；在不影响 MPIA 协议所述原则的情况下，争端当事方可一致同意偏离上诉仲裁协议中规定的程序等。

相比争端当事方逐案签订仲裁协定，MPIA 具有稳定性和机制化的优势，通过附件一和附件二的安排，保留了 WTO 争端解决机制的专家组审理和上诉机构审查两级程序，维护了 WTO 争端解决机制的权威性和稳定性。这是自 GATT 以来多边贸易体系在争端解决机制方面的一大创举，是创造性和建设性使用《谅解》第 25 条的范例。[1]目前 MPIA 参加方既有发达经济体，也有发展中经济体，涵盖了相当大比例的国际贸易份额，具有广泛的地理代表性，并且包括了大多数 WTO 争端解决机制用户，充分体现了除美国以外的一些 WTO 成员承认 WTO 争端解决机制的运行对于以规则为基础的多边贸易体系的重要性，以及独立公正的上诉程序必须继续是其不可缺少的特征。同时，MPIA 中的部分约定也在一定程度上包含了各方在挽救上诉机构过程中所作出的努力的成果，并在一定程度上回应了美国针对上诉机构的指责。例如，在序言部分强调不得增加或减少成员的权利和义务；为了实现在 90 天内作出裁决之目的，仲裁员可采取包括限制页数、时限和截止期以及听证会的次数和时长等适当的措施，如有必要也可以向争端方提出实体性措施建议；上诉仲裁所涉事项仅限于专家组报告涉及的法律问题和专家组所作的法律解释；仲裁员仅对争端各方提出的问题作出裁决等。值得注意的是，2022 年 12 月 21 日，WTO 向成员散发了"哥伦比亚——冷冻薯条反倾销案（DS591）"的上诉仲裁结果，这是 MPIA 运作以来仲裁员根据 MPIA 协议作出的第一份仲裁裁决。[2]

---

〔1〕 都亳："上诉机构停摆后的 WTO 争端解决"，载《南大法学》2021 年第 1 期，第 108 页。

〔2〕 "WTO Arbitrators Issue Award in EU-Colombia Frozen Fries Dispute"，https：//www. wto. org/english/news_ e/news22_ e/ds591arb25_ 21dec22_ e. htm.

从性质上看，MPIA 是建立在 WTO 规则框架内的一项政治协议，是为了应对上诉机构"停摆"而采取的临时替代方案，必须在 MPIA 各参加方之间单独援引。在上诉机构恢复正常运作之前，参加方承诺不会将争端诉诸已"停摆"的上诉机构。当发生争端时，争端方应向 DSB 共同提交通知，说明在争端进入上诉阶段时，双方同意根据《谅解》第 25 条通过 MPIA 解决。如果争端方不通过 MPIA 提起上诉仲裁，则专家组的报告在 DSB 采用"反向协商一致"方式通过并生效；如果争端方根据 MPIA 提起上诉，则仲裁裁决具有终局效力。

总体上看，MPIA 在制度上具有合法性，在操作上也有明确的路径，在一定程度上缓解了 WTO 司法机制缺位的问题，然而，MPIA 的局限性也非常明显。作为一项临时性的制度安排，能够存续多长时间和审理多少案件，都不确定。目前仍有大量 WTO 成员没有参加 MPIA，未来会有多少成员加入，在多大程度上取代上诉机构，更是难以预料。如果一个争端案件发生在参加方和非参加方之间，该上诉仲裁安排不能适用于它们之间的上诉案件。而且考虑到美国在当今全球的重要经贸地位，一套不包括美国在内的争端解决机制，其局限性不言自明。当然也应看到，在上诉机构"停摆"的情况下，MPIA 能够解决几十个参加方之间的上诉问题，并且为 WTO 成员应对危机提供了一种模式，这一点是毋庸置疑的。从理论上讲，只要大多数 WTO 成员加入 MPIA，上诉机构"停摆"给多边贸易体制造成的紧急局面就能得到缓解。不仅如此，建立在原上诉程序之上，一个被绝大多数 WTO 成员接受其权威性的上诉仲裁制度，即使其声明没有正式约束所有 WTO 成员，也可能对 WTO 的法律制度产生重大影响，MPIA 会给未来更加完善的上诉机制提供经验。在这个意义上，MPIA 不仅具有实用价值，能够解决迫在眉睫的问题，而且具有历史意义，成为国际争端解决机制发展史上的里程碑。[1]

3. 思考与总结

上诉机构是多边主义和贸易争端约束力的有力象征。如果不能尽快恢复上诉机构的正常运行，则整个 WTO 争端解决机制将受到重创。这不仅将破坏 WTO 的争端解决功能，还将危及 WTO 作为谈判场所的重要作用和多边贸易

---

[1] 杨国华："WTO 上诉仲裁机制的建立"，载《上海对外经贸大学学报》2020 年第 6 期，第 38 页。

体制的顺利运行。当前，在贸易保护主义、单边主义抬头，逆全球化潮流若隐若现，多边贸易体制处于风雨飘摇之际，如何继续保证 WTO 规则的一致性和捍卫以规则为基础的多边贸易体制，是摆在 WTO 成员面前的迫切课题。诚然，WTO 确实存在一些需要改革的问题，但并不需要通过摧毁上诉机构来解决。一个运作良好、公正和具有约束力的争端解决机制是 WTO 的支柱，上诉机构"停摆"是全球经贸治理陷入困境的突出体现。上诉机构"停摆"也直接导致 WTO 功能的丧失，使其无法对贸易争端作出具有约束力的裁决，也将不再保证上诉审查的权利，很多悬而未决的贸易争端将陷入不确定的命运。

MPIA 是在上诉机构"停摆"期间欧盟、中国等一些 WTO 成员采取的临时措施，最终目标仍是启动上诉机构成员遴选，恢复上诉机构正常运转。但上诉机构"停摆"的时间越长，成员方选择放弃 WTO 诉讼而自行处理争端的可能性就越大。从长远看，考虑到美国政府近年来对多边主义和主要贸易伙伴缺乏信任，以及各国对多边合作价值的不同理解和全球经济力量对比的变化，围绕恢复 WTO 争端解决机制的良好运作问题，必然涉及更多困难，面临更多挑战。打破目前上诉机构陷入困境所需的改革，也并不仅限于 WTO 成员之间就争端解决事项达成协议，或就如何正确理解上诉机构成员的自主性和机构独立性问题取得共识，更重要的在于如何把握多边贸易体制在全球治理体系快速变革局势下的发展方向，这决定了包括上诉机构在内的 WTO 改革能否及如何适应各方需要。[1]

2023 年 3 月美国贸易代表办公室发布《2023 贸易政策议程及 2022 年度报告》，再度强调了美国对 WTO 改革的多方面诉求。[2]因此，不能孤立地看待上诉机构改革，在应对上诉机构危机时，仍要防止美国借题发挥，有意将上诉机构改革与 WTO 整体性改革捆绑，达到其想要的改革结果。未来 WTO 改革应维护非歧视、开放等多边贸易体制的核心价值，保障发展中成员的发展利益，遵循协商一致的决策机制，优先解决危及 WTO 生存的关键和紧迫性问题。[3]WTO 改革，是审查和改进 WTO 现有的一般规则，而不应是试图完

---

〔1〕　石静霞："世界贸易组织上诉机构的危机与改革"，载《法商研究》2019 年第 3 期，第 163 页。

〔2〕　USTR, 2023 Trade Policy Agenda and 2022 Annual Report, March 2023.

〔3〕　"中国关于世界组织改革的建议文件"，载 http://www.mofcom.gov.cn/article/jiguanzx/201905/20190502862614.shtml，访问日期：2023 年 3 月 5 日。

全重写规则。上诉机构的"停摆"使 WTO 争端解决机制陷入危机，改革是其必然选择，也是 WTO 成员的共识。长期看，上诉机构改革仍然需要在 WTO 框架下开展，这也使得其改革仍然具有艰巨性。今后中国应紧密地联合其他重要 WTO 成员，继续致力于为上诉机构重新恢复运转寻求快速且稳妥的解决方案，以保障 WTO 争端解决机制继续有效运行，从而维护以规则为基础的多边贸易体制。

参考文献

一、著作类

1. 《国际经济法学》编写组编:《国际经济法学》(第 2 版),高等教育出版社 2019 年版。

2. 陈安主编:《国际经济法学》(第 7 版),北京大学出版社 2017 年版。

3. 陈安主编:《国际经济法学专论》(上下编),高等教育出版社 2006 年版。

4. 姚梅镇主编:《国际经济法概论》,武汉大学出版社 1999 年版。

5. 余劲松:《国际经济法问题专论》,武汉大学出版社 2003 年版。

6. 余劲松主编:《中国涉外经济法律问题新探》,武汉大学出版社 2000 年版。

7. 余劲松、吴志攀主编:《国际经济法》(第 4 版),北京大学出版社、高等教育出版社 2014 年版。

8. 王传丽主编:《国际经济法》,中国人民大学出版社 2004 年版。

9. 朱榄叶主编:《国际经济法学》,北京大学出版社 2005 年版。

10. 冯大同主编:《国际商法》,对外经济贸易大学出版社 1991 年版。

11. 冯大同编著:《国际贸易法》,北京大学出版社 1995 年版。

12. 王传丽:《国际常易法——国际货物贸易法》,中国政法大学出版社 1999 年版。

13. 沈木珠:《国际贸易法研究》,法律出版社 2002 年版。

14. 郭寿康、韩立余编著:《国际贸易法》(第 4 版),中国人民大学出版社 2014 年版。

15. 丁伟主编:《国际贸易法》,中国政法大学出版社 2006 年版。

16. 张丽英:《国际贸易法专题研究》,法律出版社 2004 年版。

17. 张丽英主编:《国际贸易法律实务》,中国政法大学出版社 2007 年版。

18. 郭瑜:《国际货物买卖法》,人民法院出版社 1999 年版。

19. 张玉卿编著:《国际货物买卖统一法:联合国国际货物销售合同公约释义》(第 3 版),中国商务出版社 2009 年版。

20. 钟建华:《国际货物买卖合同中的法律问题》,人民法院出版社 1995 年版。

21. 李巍:《联合国国际货物销售合同公约评释》,法律出版社 2002 年版。

22. 高旭军:《〈联合国国际货物销售合同公约〉适用评释》,中国人民大学出版社 2017 年版。

23. 余延满：《货物所有权的移转与风险负担的比较法研究》，武汉大学出版社 2002 年版。

24. 王轶：《物权变动论》，中国人民大学出版社 2001 年版。

25. 崔建远：《债法总论》，法律出版社 2013 年版。

26. 刘德权主编：《最高人民法院司法观点集成》（第 2 版），人民法院出版社 2014 年版。

27. 朱曾杰等编著：《国际海上运输三公约释义：海牙规则　维斯比规则　汉堡规则》，中国商务出版社 2007 年版。

28. 张丽英等：《〈鹿特丹规则〉对进出口的影响》，中国政法大学出版社 2013 年版。

29. 胡正良等：《〈鹿特丹规则〉影响与对策研究》，北京大学出版社 2014 年版。

30. 赵维田：《最惠国待遇与多边贸易体制》，中国社会科学出版社 1996 年版。

31. 赵维田：《世贸组织（WTO）的法律制度》，吉林人民出版社 2000 年版。

32. 赵维田：《WTO 的司法机制》，上海人民出版社 2004 年版。

33. 王贵国：《世界贸易组织法》，法律出版社 2003 年版。

34. 曹建明、贺小勇：《世界贸易组织》（第 3 版），法律出版社 2011 年版。

35. 曾令良：《世界贸易组织法》，武汉大学出版社 1996 年版。

36. 余敏友：《世界贸易组织争端解决机制法律与实践》，武汉大学出版社 1998 年版。

37. 杨国华：《中国与 WTO 争端解决机制专题研究》，中国商务出版社 2005 年版。

38. 韩立余：《世界贸易组织法》（第 3 版），中国人民大学出版社 2014 年版。

39. 韩立余：《既往不咎——WTO 争端解决机制研究》，北京大学出版社 2009 年版。

40. 纪文华、姜丽勇：《WTO 争端解决规则与中国的实践》，北京大学出版社 2005 年版。

41. 对外贸易经济合作部条约法律司编译：《国际统一私法协会国际商事合同通则》，法律出版社 1996 年版。

42. 商务部条约法律司编译：《国际商事合同通则》，法律出版社 2003 年版。

43. 杨向东：《WTO 体制下的国民待遇原则研究》，中国政法大学出版社 2008 年版。

44. 赵德铭主编：《国际海事法学》，北京大学出版社 1999 年版。

45. 司玉琢：《海商法专论》，中国人民大学出版社 2007 年版。

46. 吴焕宁主编：《海商法学》，法律出版社 1996 年版。

47. 傅廷中：《海商法论》，法律出版社 2007 年版。

48. 尹东年、郭瑜：《海上货物运输法》，人民法院出版社 2000 年版。

49. 张新平：《海商法专题研究》，月旦出版社股份有限公司 1995 年版。

50. 罗昌发：《贸易与竞争之法律互动》，中国政法大学出版社 2003 年版。

51. 傅静坤：《契约冲突法论》，法律出版社 1999 年版。

52. 杨良宜：《信用证》，中国政法大学出版社 1998 年版。

53. 徐冬根：《信用证法律与实务研究》，北京大学出版社 2005 年版。

54. 朱宏文：《国际保理法律与实务》，中国方正出版社 2001 年版。

參考文獻

55. 黄斌：《国际保理——金融创新及法律实务》，法律出版社 2006 年版。

56. 赵威主编：《国际代理法理论与实务》，中国政法大学出版社 1995 年版。

57. ［美］林肯·佩恩：《海洋与文明》，陈建军、罗燚英译，天津人民出版社 2017 年版。

58. ［美］哈罗德·J. 伯尔曼：《法律与革命——西方法律传统的形成》，贺卫方等译，中国大百科全书出版社 1993 年版。

59. ［美］汉斯·史密特主编：《国际合同》，刘歌等译，中国社会科学出版社 1988 年版。

60. ［美］约翰·H. 杰克逊：《世界贸易体制——国际经济关系的法律与政策》，张乃根译，复旦大学出版社 2001 年版。

61. ［美］约翰·H. 杰克逊：《GATT/WTO 法理与实践》，张玉卿等译，新华出版社 2002 年版。

62. ［英］弗瑞迪·萨林格：《保理法律与实务》，刘园、叶志壮译，对外经济贸易出版社 1995 年版。

63. ［英］克利夫·M. 施米托夫等：《施米托夫论出口贸易：国际贸易法律与实务》（第 11 版），冷柏军主译，中国人民大学出版社 2014 年版。

64. ［英］麦克·布瑞奇：《国际货物销售法律与实务》，林一飞等译，法律出版社 2004 年版。

65. ［英］伯纳德·霍克曼、迈克尔·考斯泰基：《世界贸易体制的政治经济学：从关贸总协定到世界贸易组织》，刘平等译，法律出版社 2000 年版。

66. ［英］施米托夫：《国际贸易法文选》，赵秀文选译，中国大百科全书出版社 1993 年版。

67. ［英］施米托夫：《出口贸易——国际贸易的法律与实务》，对外经济贸易大学对外贸易系译，对外贸易教育出版社 1985 年版。

68. ［德］K. 茨威格特、H. 克茨：《比较法总论》，潘汉典等译，法律出版社 2004 年版。

69. ［德］彼得·施莱希特里姆：《〈联合国国际货物销售合同公约〉评释》（第 3 版），李慧妮编译，北京大学出版社 2006 年版。

70. ［加］William Tetley：《海上货物索赔》，张永坚等译，大连海运学院出版社 1993 年版。

71. ［古罗马］优士丁尼：《法学阶梯》（第 2 版），徐国栋译，中国政法大学出版社 2005 年版。

72. Andreas F. Lowenfeld, *International Economic Law*, Oxford University Press, 2002.

73. Bernard M. Hoekman and Michel M. Kostecki, *The Political Economy of the World Trading System: The WTO and Beyond*, 3rd ed., Oxford University Press, 2010.

74. David M. Sassoon, *C. I. F. and F. O. B. Contracts*, 4th ed., Sweet & Maxwell, 1995.

75. David Palmeter and Petros C. Mavroidis, *Dispute Settlement in the World Trade Organization: Practice and Procedure*, 2nd ed., Cambridge University Press, 2004.

76. Dicey and Morris, *The Conflict of Laws*, 13th ed., Sweet & Maxwell, 2000.

77. Filip De Ly, *International Business Law and Lexa Mercatoria*, Emerald Publishing, 1992.

78. John F. Wilson, *Carriage of Goods by Sea*, 7th ed., Longman, 2010.

79. John H. Jackson, William J. Davey and Alan O. Sykes, *Legal Problems of International Economic Relations: Cases, Materials and Text*, 7th ed., West Academic Publishing, 2021.

80. John O. Honnold and Harry M. Flechtner, *Uniform Law for International Sales Under the* 1980 *United Nations Convention*, 4th ed., Kluwer Law International, 2009.

81. Hans Van Houtte, *The Law of International Trade*, Sweet & Maxwell, 1995.

82. Michael Joachim Bonell, *A New Approach to International Commercial Contracts: The UNIDROIT Principles of International Commercial Contracts*, Kluwer Law International, 1999.

83. Michael Joachim Bonell, *An International Restatement of Contract Law: The UNIDROIT Principles of International Commercial Contracts*, 3rd ed., Transnational Publishers Inc., 2005.

84. Peter Van den Bossche, *The Law and Policy of the World Trade Organization: Text, Cases and Materials*, Cambridge University Press, 2005.

85. Raj Bhalaand Kevin Kennedy, *World Trade Law: the GATT-WTO System, Regional Arrangements, and U. S. Law*, Lexis Law Publishing, 1998.

86. Ralph H. Folsom et al., *International Business Transactions: A Problem-Oriented Coursebook*, 13th ed., West Academic Publishing, 2019.

87. Ray August, Don Mayer and Michael B. Bixby, *International Business Law: Text, Cases, and Readings*, 5th ed., Pearson Education, 2009.

88. Rufus Yerxa and Bruce Wilson, *Key Issues in WTO Disputes Settlement: The First Ten Years*, Cambridge University Press, 2005.

二、论文类

1. 王利明："《联合国国际货物销售合同公约》与我国合同法的制定和完善"，载《环球法律评论》2013 年第 5 期。

2. 万鄂湘、余晓汉："国际条约适用于国内无涉外因素的民事关系探析"，载《中国法学》2018 年第 5 期。

3. 刘敬东："国际贸易法治的危机及克服路径"，载《法学杂志》2020 年第 1 期。

4. 李雪平："国际贸易法制的变迁原理及中国的政策选择"，载《法学评论》2021 年第 2 期。

5. 何力："国际贸易法的统一模式与 CISG 的历史地位"，载《国际商务研究》2013 年第 5 期。

6. 韩世远："CISG 在中国国际商事仲裁中的适用"，载《中国法学》2016 年第 5 期。

7. 韩世远："中国合同法与 CISG"，载《暨南学报（哲学社会科学版）》2011 年第 2 期。

8. 贺辉："我国法院适用 CISG 的问题、成因及改进"，载《法学》2019 年第 4 期。

9. 刘瑛："论《联合国国际货物销售合同公约》在中国法院的适用"，载《法律科学（西北政法大学学报）》2019 年第 3 期。

10. 王海峰、张丝路："《联合国国际货物销售合同公约》在中国法院的适用"，载《人民司法》2021 年第 31 期。

11. 连俊雅："《联合国国际货物销售合同公约》在中国的司法适用困境及应对——以当事人协议选择中国法为视角"，载《国际法研究》2023 年第 1 期。

12. 齐鹏、王荐举："《联合国国际货物销售合同公约》中'镜像规则'之突破——兼评我国合同立法下要约与承诺的合意判定"，载《法学杂志》2017 年第 5 期。

13. 黄涧秋："《国际商事合同通则》法律适用规则评析"，载《苏州大学学报》2002 年第 1 期。

14. 陈立虎："试论国际贸易法的定义、范围和渊源"，载《华东船舶工业学院学报（社会科学版）》2001 年第 3 期。

15. 吴兴光："合同法统一化进程的第二个里程碑——《国际商事合同通则》探讨（一）"，载《国际经贸探索》1997 年第 1 期。

16. 左海聪："试析《国际统一私法协会国际商事合同通则》的性质和功能"，载《现代法学》2005 年第 5 期。

17. 吴德昌："强制性规则对《国际商事合同通则》适用的制度性限制"，载《法学论坛》2011 年第 1 期。

18. 朱雅妮："《国际商事合同通则》作为补充或解释相关法律文件的原理及实践"，载《湖南社会科学》2009 年第 5 期。

19. 邓旭："《2010 年国际贸易术语解释通则》的主要变化和发展"，载《国际经贸探索》2011 年第 12 期。

20. 高祥："Incoterms® 2020 的适用范围与译法选择"，载《法学杂志》2021 年第 6 期。

21. 姚新超、肖岚："新版国际贸易术语的发展变化及应用策略"，载《国际贸易》2020 年第 5 期。

22. 王庆颖："《2020 年国际贸易术语解释通则》的新变化及应用解析"，载《中国科技术语》2021 年第 1 期。

23. 李巍："国际货物销售风险转移问题探讨"，载《政法论坛》2003 年第 4 期。

24. 李巍："中国合同法的司法解释对国际货物买卖的影响——与《联合国国际货物销售合同公约》的比较"，载《政法论丛》2016 年第 3 期。

25. 吴志忠："试论国际货物买卖中的风险转移"，载《中南财经政法大学学报》2002 年第 6 期。

26. 宣行："从英美案例中看承运人管货义务的标准"，载《中国海事》2006 年第 8 期。

27. 丁莲芝："承运人责任限额之货币计算单位研究"，载《中国海商法研究》2014 年第 1 期。

28. 徐新铭："不同海运公约下承运人单位赔偿责任限额评析——兼评各国司法制度的差异对公约实施的影响"，载《中国海商法年刊》1998 年卷。

29. 傅廷中："我国海商法中的实际承运人制度及其适用"，载《当代法学》2014 年第 5 期。

30. 郭瑜："论海上货物运输中的实际承运人制度"，载《法制与社会发展》2000 年第 3 期。

31. 郭萍、张文广："《鹿特丹规则》述评"，载《环球法律评论》2009 年第 3 期。

32. 张永坚："从《鹿特丹规则》看国际货物运输法律的统一"，载《中国海商法研究》2012 年第 3 期。

33. 司玉琢、蒋跃川："国际货物运输的世纪条约——再评《鹿特丹规则》"，载《法学杂志》2012 年第 6 期。

34. 司玉琢："《鹿特丹规则》的评价与展望"，载《中国海商法年刊》2009 年第 Z1 期。

35. 朱曾杰："再评《鹿特丹规则》"，载《中国海商法研究》2012 年第 1 期。

36. 李广辉："海上货物运输公约的新发展——《鹿特丹规则》之评析"，载《比较法研究》2012 年第 3 期。

37. 冷柏军、姚新超："《鹿特丹规则》下承运人责任与义务的变化及其影响"，载《国际贸易问题》2011 年第 7 期。

38. 袁发强："海上货物运输实体法律统一化的冷静思考"，载《华东政法大学学报》2010 年第 6 期。

39. 袁发强："谨慎迈进——中国对待《鹿特丹规则》的应有态度"，载《当代法学》2013 年第 4 期。

40. 邹盈颖："中国法视角下对《鹿特丹规则》评估的认识"，载《法学》2010 年第 11 期。

41. 韩宝庆："国际托收中代行收法律地位的再思考"，载《国际商务（对外经济贸易大学学报）》2006 年第 4 期。

42. 邓旭："复代理抑或委托：国际托收中委托人和代收行之间的法律关系辨析"，载《国际贸易问题》2010 年第 4 期。

43. 刘定华、李金泽："关于信用证欺诈例外的若干问题研究"，载《中国法学》2002 年第 3 期。

44. 何波："信用证交易中的欺诈例外"，载《法学研究》2002 年第 2 期。

45. 龙东华："信用证欺诈的民事救济——兼评最高人民法院《关于审理信用证纠纷案件若干问题的规定》"，载《国际经贸探索》2006 年第 5 期。

46. 郭瑜："论信用证欺诈及其处理"，载《南京大学法律评论》1999 年第 2 期。

47. 史晓丽："信用证欺诈之法律研究"，《中国人民大学学报》1996 年第 4 期。

48. 吕苏榆："我国信用证欺诈例外制度再探——兼评《最高人民法院关于审理信用证纠纷案件若干问题的规定》"，载《国际经贸探索》2007 年第 8 期。

49. 姜爱丽、王靖靖："UCP600 规则下我国针对信用证欺诈的立法完善"，载《山东大学学报（哲学社会科学版）》2012 年第 6 期。

50. 王锐："国际保理合同的认定与裁判方法——基于一起典型案例的分析"，载《法律适用（司法案例）》2019 年第 2 期。

51. 魏冉："保理的概念及其法律性质之明晰"，载《华东政法大学学报》2021 年第 6 期。

52. 赵维田："论 GATT/WTO 争端解决机制"，载《法学研究》1997 年第 3 期。

53. 余敏友："论我国对世界贸易组织争议解决机制的对策"，载《中国法学》1996 年第 5 期。

54. 屠新泉："WTO 争端解决机制：规则与权力并重"，载《世界经济与政治》2005 年第 4 期。

55. 齐飞："WTO 争端解决机构的造法"，载《中国社会科学》2012 年第 2 期。

56. 左海聪："论 GATT/WTO 争端解决机制的性质"，载《法学家》2004 年第 5 期。

57. 张潇剑："WTO 争端解决机制中的专家决策与公众参与"，载《河北法学》2007 年第 3 期。

58. 杨国华："WTO 上诉机构的产生与运作研究"，载《现代法学》2018 年第 2 期。

59. 杨国华："WTO 上诉仲裁机制的建立"，载《上海对外经贸大学学报》2020 年第 6 期。

60. 胡加祥："上诉机构'停摆'之后的 WTO 争端解决机制何去何从"，载《国际经贸探索》2020 年第 1 期。

61. 陈凤英、孙立鹏："WTO 改革：美国的角色"，载《国际问题研究》2019 年第 2 期。

62. 于鹏："WTO 争端解决机制危机：原因、进展及前景"，载《国际贸易》2019 年第 5 期。

63. 王燕："全球贸易治理的困境与改革：基于 WTO 的考察"，载《国际经贸探索》2019 年第 4 期。

64. 梁意："论上诉机构存废背景下的 WTO 争端解决机制改革"，载《法学》2022 年第 12 期。

65. 李晓玲："世贸组织上诉机构改革的谈判进程与岔路口选择"，载《国际经贸探索》2020 年第 4 期。

66. 彭德雷："十字路口的世贸组织上诉机构：改革观察与最新实践"，载《国际经贸探索》2020 年第 9 期。

67. 石静霞："世界贸易组织上诉机构的危机与改革"，载《法商研究》2019 年第 3 期。

67. 孔庆江："一个解决 WTO 上诉机构僵局的设想"，载《清华法学》2019 年第 4 期。

69. 孔庆江："美欧对世界贸易组织改革的设想与中国方案比较"，载《欧洲研究》2019 年第 3 期。

70. 宁红玲："WTO 争端解决机制的历史与演进：权力与规则的博弈"，载《岭南学刊》2020 年第 5 期。

71. 都亳："上诉机构停摆后的 WTO 争端解决"，载《南大法学》2021 年第 1 期。

72. ［意］米切尔·波乃尔："国际商事合同通则与国际贸易货物销售合同公约——是二者择一或相互补充"，梁慧星译，载《外国法译评》1999 年第 2 期。

73. Alberto Alvarez-Jimenez, "The WTO Appellate Body Decision—Making Process：A Perfect Model for International Adjudication?", *Journal of International Economic Law*, Vol. 12, Iss. 2, 2009.

74. Alejandro M. Garro, "The Gap——Filling Role of the UNIDROIT Principles in International Sales Law：Some Comments on the Interplay Between the Principles and the CISG", *Tulane Law Review*, Vol. 69, Iss. 1, 1995.

75. Alec Stone Sweet and Thomas L. Brunell "Trustee Courts and the Judicialization of International Regimes：The Politics of Majoritarian Activism in the European Convention on Human Rights, the European Union, and the World Trade Organization", *Journal of Law and Courts*, Vol. 1, Iss. 1, 2013.

76. Alan Yanovich, Tania Voon, "Completing the Analysis in WTO Appeals：The Practice and its Limitations", *Journal of International Economic Law*, Vol. 9, Iss. 4, 2006.

77. Andreas F. Lowenfeld, "Remedies along with Rights：Institutional Reform in the New GATT", *American Journal of International Law*, Vol. 88, Iss. 3, 1994.

78. Donald McRae. "The WTO Appellate Body：A Model for an ICSID Appeals Facility?", *Journal of International Dispute Settlement*, Vol. 1, Iss. 2, 2010.

79. Ian M. Sheldon, Daniel C. K. Chow and William McGuire, "Trade Liberalization and Constraints on Moves to Protectionism：Multilateralism vs. Regionalism", *American Journal of Agriculture Economics*, Vol. 100, Iss. 5, 2018.

80. Jacob Katz Cogan, "Competition and Control in International Adjudication", *Virginia Journal of International Law*, Vol. 48, 2008.

81. Joost Pauwelyn, "WTO Dispute Settlement Post 2019：What to Expect? What Choice to Make?" *Journal of International Economic Law*, Vol. 22, Iss. 3, 2019.

82. Joseph Lookofsky, "The Limits of Commercial Contract Freedom：Under the UNIDRIOT 'Restatement' and Danish Law", *The American Journal of Comparative Law*, Vol. 46, Iss. 3, 1998.

83. Judith Hippler Bello, "The WTO Dispute Settlement Understanding：Less is More", *American*

Journal of International Law, Vol. 90, Iss. 3, 1996.

84. Klaus Peter Berger, "International Arbitral Practice and the UNIDROIT Principles of International Commercial Contracts", *The American Journal of Comparative Law*, Vol. 46, Iss. 1, 1998.

85. Michael Joachim Bonell, "The UNIDROIT Principles and Transnational Law", *Uniform Law Review*, Vol. 5, Iss. 2, 2000.

86. Michael F. Sturley, "The History of COGSA and the Hague Rules", *Journal of Maritime Law and Commerce*, Vol. 22, Iss. 1, 1991.

87. Pieter Jan Kuijper, "The US Attack on the WTO Appellate Body", *Legal Issues of Economic Integration*, Vol. 45, Iss. 1, 2018.

88. Robert Howse, "The World Trade Organization20 Years On: Global Governance by Judiciary", *European Journal of International Law*, Vol. 27, Iss. 1, 2016.

89. Ronald A. Brand, "Competing Philosophies of GATT Dispute Resolution in the Oilseeds Case and the Draft Understanding on Dispute Settlement", *Journal of World Trade Law*, Vol. 27, Iss. 6, 1993.

90. Shoaib A. Ghias, "International Judicial Lawmaking: A Theoretical and Political Analysis of the WTO Appellate Body", *Berkeley Journal of International Law*, Vol. 24, Iss. 2, 2006.